高等院校专升本／考研用书

现代汉语辅导

秦存钢　编著

山东教育出版社
·济南·

图书在版编目（CIP）数据

现代汉语辅导 / 秦存钢编著. ——济南：山东教育
出版社，2025. 3. ——（高等院校专升本／考研用书）.
ISBN 978-7-5701-3626-1

Ⅰ. H109.4

中国国家版本馆 CIP 数据核字第 20254NE358 号

GAODENG YUANXIAO ZHUANSHENGBEN / KAOYAN YONGSHU

XIANDAI HANYU FUDAO

高等院校专升本/考研用书

现代汉语辅导

秦存钢　编著

主管单位：山东出版传媒股份有限公司

出版发行：山东教育出版社

　　　　　地址：济南市市中区二环南路 2066 号 4 区 1 号　　邮编：250003

　　　　　电话：（0531）82092660　　网址：www.sjs.com.cn

印　　刷：山东星海彩印有限公司

版　　次：2025 年 3 月第 1 版

印　　次：2025 年 3 月第 1 次印刷

开　　本：710 毫米 ×1000 毫米　1/16

印　　张：20

字　　数：318 千

定　　价：58.00 元

（如印装质量有问题，请与印刷厂联系调换）印厂电话：0531-88881100

前　言

　　"现代汉语"课程是汉语言文学专业、汉语国际教育专业和很多外语类、新闻类专业的基础课。黄伯荣、廖序东主编的《现代汉语》教材(简称"黄廖本"),是我国同类教材中发行量最大的教材,不但本科院校使用,很多专科院校也使用。很多高校把它列为考研必读教材或参考教材,甚至不少开展专升本的省市也把这部教材当作出题的重要依据。

　　由于《现代汉语》教材的内容具有一定的深度和广度,知识点繁多,理论性又较强,这给学习者带来了一定的困难。为了帮助读者更好地掌握教材的知识体系,应对课程考试,我们编写了这本《现代汉语辅导》。

　　希望购买此书的同学要正确处理好主教材与本辅导的关系。认真钻研教材是学好课程的必要前提,阅读辅导只是辅助手段。

　　要学好"现代汉语",尤其是做好考研的准备,仅凭一本教材往往是不够的,还要参考其他教材。目前,除"黄廖本"外,比较流行的高校教材有:

　　胡裕树主编《现代汉语》(重订本),上海教育出版社。

　　邵敬敏主编《现代汉语通论》,上海教育出版社。

　　张斌主编《新编现代汉语》,复旦大学出版社。

　　兰宾汉、邢向东主编《现代汉语》,中华书局。

　　邢福义主编《现代汉语》(国家精品资源共享课配套教材),高等教育出版社。

　　北大中文系现代汉语教研室编《现代汉语》(增订本),商务印书馆。

　　以上这些教材,任意一本都可拿来作参考。

　　本辅导除"引言"外,共分七章,前六章分别对应教材的"绪论、语音、文字、词汇、语法、修辞"等章,每一章都按"知识要点、必会技能、复习提示、重点难点讲析、强化练习"的顺序安排内容。第七章是综合练习,由十份成套试卷构成,供考前练兵选用。

本书把知识点分为两个层次：专科层次和本科层次。专科层次的内容是最基本的，凡是学过"现代汉语"课程的学生都应该掌握（本书不作标记）。本科层次的内容（在前面加"▲"号标示）在专科层次的基础上有所深化，有些内容是为考研同学准备的。由于专科内容是最基本的，掌握好专科内容，即使本科生在期末考试时也能达到及格。

本书充分利用网络和融媒体技术，书上练习和试卷的答案，用手机扫描下列或书后二维码即可获得；本书的扩展内容，也放到了网站上，同样可扫码获得。

练习答案

扩展资源

此外，作者还在哔哩哔哩上注册了"黄廖本编者"的账号，开展网络讲座和答疑，并在小红书上以"现代汉语辅导"的账号发布相关视频，敬请关注。

书稿写成后，承蒙本课程一线教师孟晓慧、卜祥忠等同志提出许多宝贵意见；责任编辑李俊亭先生认真审读，提出中肯的编校意见；出版社网络中心的赵鑫莹先生积极调试本书的网络资源。字库开发专家朱信先生，给本书的符号制作提供有力的技术支持。谨向他们表示诚挚的感谢！

本书在写作过程中，除了参考注明出处的文献资料，还参考了一些网络资源，可惜出处失记。在此专门向这些作者致谢。

大家如果发现书上的二维码失效或书中及答案中的错误，都可以与作者联系。作者的联系方式是 sdqcg@qq.com。

秦存钢

2025 年 3 月 15 日

目 录

引言：关于复习考试的那点事儿 ………………………………… 1

第一章　绪论 ………………………………………………… 11

第二章　语音 ………………………………………………… 16

　　附录　普通话音节结构分析举例 ………………………… 40

第三章　文字 ………………………………………………… 41

　　附录　汉字笔顺例示 ……………………………………… 67

第四章　词汇 ………………………………………………… 71

第五章　语法 ………………………………………………… 107

　　附录一　几种常见教材词类划分比较表 ………………… 223

　　附录二　文章的句法成分分析 …………………………… 224

第六章　修辞 ………………………………………………… 225

第七章　综合练习 …………………………………………… 264

　　现代汉语(上册)期末考试模拟试卷(专科A) ………… 264

　　现代汉语(上册)期末考试模拟试卷(专科B) ………… 268

　　现代汉语(下册)期末考试模拟试卷(专科A) ………… 273

　　现代汉语(下册)期末考试模拟试卷(专科B) ………… 277

　　现代汉语(上册)期末考试模拟试卷(本科A) ………… 281

　　现代汉语(上册)期末考试模拟试卷(本科B) ………… 286

　　现代汉语(下册)期末考试模拟试卷(本科A) ………… 291

　　现代汉语(下册)期末考试模拟试卷(本科B) ………… 296

　　2024年4月高等教育自学考试全国统一命题考试
　　　现代汉语(A) …………………………………………… 301

　　2024年4月高等教育自学考试全国统一命题考试
　　　现代汉语(B) …………………………………………… 306

引言：关于复习考试的那点事儿

—

学习"现代汉语"课程的主要目的，是在当代语言学理论的指导下，科学地认识我们的母语，掌握普通话的语音、词汇、语法的结构和特点。由于汉字是记录汉语的文字，也要对汉字有个科学的认识。修辞活动是语言应用的范畴，修辞规律则是语言学的研究对象。至于说这门课对提高语言应用能力有多大帮助，多数任课老师是不敢有很高期望的。这就决定了复习考试的范围一般以普通话的基本知识和与普通话相关的语言学常识为主。

语言应用能力的培养是个很复杂的问题，语言能力与思维能力紧密相关。学习现代汉语课程有助于提高遣词造句的能力，但词语的积累是一个漫长的过程。提高语言能力的重要途径是阅读，而不是系统地掌握现代汉语教材上的知识。这也是"古代汉语"课程必须讲授文选的原因。

现代汉语课程涉及的很多知识是通过平时日积月累而掌握的，比如汉字尤其是多音字的读音、词汇的丰富等，现代汉语作为理论课，是不能代替平时的苦功的。只有下"笨"功夫，知识才扎实。

每门课程几乎都有如下特点：老师必讲的内容不一定考，教师在课堂上没讲的内容反而会出现在试卷上。以"词汇"一章来说，同义词、反义词的作用，教材上有这两部分内容，有的老师也在课堂上讲，但笔者从教三十多年，在受邀担任电大、自学考试辅导教师时也研究过很多电大、自考试卷，从来就没见考过这两方面的内容。以上说的是老师直接手动命题的情况。现在情况有所变化，因为出现了"题库"。笔者也主持过"现代汉语试题库"的编制。题库一般有数量要求，为了达到这个量，老师手动命题不可能出现的题目，也出现了，只要"教学大纲"有的知识点、教材上讲过的内容，不管重点不重点，统统变成了题库的试题，这就分散了课程的重点，给应考增加了难度。自学考试是题库抽题，虽然人工可以干预，但干预有限。好在考研和专升本的题库没有建立起来，基本是人工命题，老师是可以划重点的。

学习的目的不是为了应付考试，有些知识即使不考也应该掌握，比如汉字的笔顺，就很少出现在考卷中。但考虑到许多大学生对规范笔顺掌握得并不很好，因此本书还是附录了《汉字笔顺例示》，其中的 180 个字是笔者在三十多年的教学中发现学生在书写时笔顺错误最多的字。虽然国家发布了《现代汉语通用字笔顺规范》(1997 年，收字 7000 个)、《通用规范汉字笔顺规范》(GF0023-2020，收字 8105 个)，字数这么多，几乎没人从头读到尾。但只要掌握了这 180 个字的笔顺，再加上类推，就基本掌握了汉字的笔顺。

现代汉语课程的特点，决定了"练习"的重要性。以汉语言文学专业、汉语国际教育专业而论，除了"现代汉语""古代汉语"，其他课程很少有练习题；然而不做一定的练习就很难培养出语言分析能力。做多少练习合适呢？课程很多，我们不可能把所有的精力都放在现代汉语的学习上，因此笔者提倡做练习要适度，要精练。但这必须以练习题的编写符合科学性为前提。练习题必须难度适中，类型完备，至少要包含主要类型。比如汉语的句子、短语是数不清的，盲目地做题会事倍功半。因此我们在设计练习的时候尽量做到各种结构类型的材料都具备，这样，做较少的题目就可以全面掌握各类短语、句子的结构特点和分析方法。

语音、词汇、语法是语言的三要素，也是我们课程学习的重点；文字、修辞在课程体系中的重要性，比不过它们。在上册考试中，一般是绪论占 10%，语音占 45%，文字占 15%，词汇占 30%。在下册考试中，一般是语法占 80%，修辞占 20%。

二

要学好"现代汉语"，仅使用一本教材往往是不够的。目前最流行的或比较流行的高校教材有：

黄伯荣、廖序东主编《现代汉语》，高等教育出版社。

胡裕树主编《现代汉语》(重订本)，上海教育出版社。

邵敬敏主编《现代汉语通论》，上海教育出版社。

　　张斌主编《新编现代汉语》，复旦大学出版社。

　　兰宾汉、邢向东主编《现代汉语》，中华书局。

　　邢福义主编《现代汉语》（国家精品资源共享课配套教材），高等教育出版社。

　　北大中文系现代汉语教研室编《现代汉语》（增订本），商务印书馆。

　　以上教材的知识体系差别并不很大，都是讲"语音""文字""词汇""语法"和"修辞"，但黄伯荣、廖序东主编的《现代汉语》影响最大，发行量占同类教材的3/4以上，被学界称为"黄廖本"。绝大多数高校把该教材列为硕士研究生考试的必读教材或参考教材。本辅导的编写，主要依据黄廖本，同时，也参照其他版本的教材。

　　所有教材都讲的内容，往往是本课程的最基本的知识。有的教材讲而有的教材不讲的内容，一般说来不是本课程的最基本的知识。我们的复习，应该抓住最基本的知识。

　　笔者经常被学生问到，几部教材讲的不一样，究竟应该按哪部教材回答问题？这要看是什么类型的考试。如果是学业考试（期中、期末考试），就以老师指定的教材为准。如果是自学考试，就以自考教材为准。如果是专升本考试或研究生考试，而且没有专门指定教材，就以黄廖本的讲法为准。

　　在研究生招生考试中，如果指定了两部教材，而这两部教材的讲法不一样，该如何处理？这就涉及如何看待几部教材之间的分歧问题。比如国际音标的送气符号，黄廖本用新符号"ʰ"，有的教材用旧符号"ʻ"。这两个符号是等价的，用哪个都可以，但建议用新符号。再如韵母"ê"，黄廖本认为是"舌面前、半低、不圆唇元音"，国际音标写作[ɛ]，而马庆株本认为是"舌面前、中、不圆唇元音"，国际音标写作[E]，还有的专著认为是"舌面前、次低、不圆唇元音"，国际音标写作[æ]。究竟哪种说法正确呢？参照国际音标舌位图，这个"ê"应该在[e]和[a]之间，有人认为是开口度很小的[E]，有人认为是开口度很大的[æ]，有人认为是介于[E]和[æ]之间的[ɛ]。大家有不同的认识，这很正常，教材上标[E][ɛ][æ]都是正确的。考研试卷上"ê"的音标，[E][ɛ][æ]标哪个都不影响得分，因为阅卷教师都是专业课老师或汉语方面的专家，各个教材的差别，他们是了解的。

还要辨别各种教材的术语，要分清不同术语的内涵和外延。比如黄廖本的"短语"，胡裕树教材和北大教材叫"词组"；黄廖本的"定中""状中"，邢福义本叫"定心""状心"；黄廖本的"同位短语"，《中学教学语法系统提要（试用）》叫"复指短语"。这是异名同实。黄廖本把带宾语的成分叫"动语"，北大本把带宾语的成分叫"述语"；黄廖本把带补语的成分叫"中心语"，北大本把带补语的成分也叫"述语"。很显然，黄廖本的"动语"不等于北大本的"述语"。只有厘清这些关系，才能把握不同概念的内涵和外延。如果所报考的学校没有指定参考书，用黄廖本的术语来解题是允许的。

考试时回答问题一定要用学科的术语。学科的术语也叫行话，属于语言中的非基本词汇。汉语中的基本词汇，我们在上小学前就已经掌握得差不多了，从上小学后我们是一直在学习各种"行话"。比如小学数学课堂上学除法时，我们掌握了"除数""被除数""商"。学习"现代汉语"，我们又接触到一些新概念，如"音节、音素、音位、调位、韵头、韵腹、韵尾、主语、谓语、动语、宾语、施事、受事"等等，这些概念，我们不仅要会解释，而且在答题时要自觉运用。我们无论学习什么课程，掌握并使用学科术语，都是基本要求。答卷中正确运用学科术语，在阅卷老师的眼里，是考生训练有素的表现，会增加情感分。有的同学在答题时抛开学科术语，用自己的一套话语作答，虽然有时阅卷老师也发现表述的基本意思是正确的，但在他的心里，这总是"野路子"，会留下"外行"的印象。

重要的概念一定要书写正确，不要出现错别字。比如，造字法的"象形""指事"，有的同学写成"像形""指示"；又如，个别同学把复句关系的"递进"写成"递近"，把辞格"回环"写成"迥环"。这些错别字，无论出现在什么题型的答案中，都是要扣分的。

黄廖本从增订五版（2011年）开始，每节的前面都增加了"目的要求"，这是我们复习的重要参考。如果把各章节的"目的要求"组合起来，便是一份"复习大纲"。

考研的同学还要注意"现代汉语"与"古代汉语"和"语言学概论"等课程的衔接与照应。一般是大一开设"现代汉语"，大二、大三再开设"语言学概论""古代汉语"。我们最先学习的是"现代汉语"，这门课成为另外两门课程的基础课①，语言学的一些基本概念最早是从"现代汉语"课程上接触到的。俗话说，先入为主。好在黄廖本讲问题往往从概念的定义入手，重要概念往往还采用黑体字标明，这都为我们的学习提供了很大的方便。大部分高校采用叶蜚声、徐通锵的《语言学纲要》作为语言学概论课教材，而该教材缺少概念定义，不便于学生对术语的掌握。先学黄廖本，再学叶徐本，正好弥补了叶徐本的不足。**即使考语言学概论，按黄廖本对概念的解释回答也是可以的②**。黄廖本"文字"部分介绍了"造字法"、《说文解字》等知识，古代汉语也讲这些知识。在考研复习时，两门课的知识相互印证，方可融会贯通。

三

无论学习什么知识，一定要牢记正确知识，不要过多关注错误的例子，现代汉语也不例外。比如《汉语拼音方案》中的"ün"只包含两个音素："ü""n"。可是在分析音节结构时经常见学生写成"üen"。笔者讲评作业时多次指出："不要把'ün'误作'üen'。"可是在考试时，仍然有学生还是犯这样的错误。后来，笔者换了一种讲法，只讲"ün"是两个音素，不讲错误的例子，下次考试时反而出错的少了。后来，在指导学生阅读"文字"一章的附录一《容易写错的字》和附录二《容易读错的字》时，把其中的错误例子和提示删除后发到班级群里，让同学们记住正确的写法、正确的读音就行了，这样不容易混淆。如果老是从纠正错误入手，过分强调一个词不该怎么写、该怎么写，一个字不读什么、该读什么，这类东西接触多了，就分不清哪是正确的，哪是错误的了，会对正确的记忆形成干扰。在很多情况下，正确的写法、正确的读音只有一种，错误的有很多种，记住正确的，就能分辨出错误的了。所以，我们在"强化练习"中，没有涉及很多改错题。但在成套试卷中，却不回避改错题。

---

① 其实"现代汉语"课程是所有后续课程（包括中国古代文学、现当代文学、外国文学等）的基础课。这里只论及"现代汉语""古代汉语""语言学概论"三门课程的关系，因而这样说。

② 语言学里并不是所有的概念都能下定义，比如"名词、动词、形容词、区别词、副词、连词"等词类名称，是无法下定义的。黄廖本只是通俗的描述，不是严格的科学定义。

记少不记多，也是一种有效的记忆方法。比如有的人平、翘舌不分。普通话读平舌音的少，读翘舌音的多，我们只要记住平舌音就可以了，其余都是翘舌音。

四

考试是检查学习效果的手段。考试的过程是考生与命题老师书面交流的过程。既然是交流，就必须弄清老师出某题的目的——究竟是考查哪个知识点。笔者在监考时经常见到学生端详着试卷会心一笑，很可能他准确地分析到了题目的知识点。

答题的技巧是建立在对教材内容熟悉的基础上的。通过对近年的试卷分析，我们发现，影响考生成绩的原因很多，答题方法是其中的一个因素。有些扣分，只要稍加注意，就可以避免。

（一）概念解释题

一个好的概念解释，没有固定的标准，但其基本要求应该是：不明白这个概念的人，看了你的解释，明白了。不但自己要会，而且要把你掌握的知识在试卷上表达出来。概念解释一般应具备三个要素：一是概念的基本含义（逻辑学上叫概念的内涵）；二是举例（逻辑学上叫揭示概念的外延）；三是对举例进行必要的分析。所举例子，一般要求在类型上要有典型性。若是举两个或两个以上例子，要兼顾类型。请大家记住，**例子是会说话的**。

概念解释题的分值在评分标准中是按概念的各要素分配的。下面几个概念的分值就是这样分配的（假定每个概念5分）：

① 复元音——一个音节中连续出现的两个或几个元音。（2分）复元音在发音时，舌位、唇形要发生一些变化。从一个音快速滑向另一个音，中间有一连串的过渡音。（1分）例如，普通话的"怪"（guai），就包含复元音"uai"。发音时"u-a-i"三个音一气呵成，中间没有停顿。（2分）

② 联绵词——指两个不同的音节连缀成一个语素表示一个意义的词。多由古代传承下来。（3分）例如"仿佛"（双声词）、"从容"（叠韵词）、"芙蓉"（非双声叠韵词）。（2分）

③ 谓语——句法成分之一，是指陈述主语的成分。大部分由谓词

性词语充当，少部分由体词性词语充当。(3分)例如，"妈妈看电视、妹妹很漂亮、爸爸山东人"中的"看电视、很漂亮、山东人"都是谓语，它们是分别陈述主语"妈妈、妹妹、爸爸"的。(2分)

普通话复元音有13个，例①只举了1个，并且有简单的分析。联绵词，教材上共列出三种类型，例②每种类型举了一个，并且用括号标注了类型。这例也可以改成：

　　　　②′联绵词指两个不同的音节连缀成一个语素表示一个意义的词。多由古代传承下来。包括三种类型：a. 双声的，例如"仿佛"；b. 叠韵的，例如"从容"；c. 非双声叠韵的，例如"芙蓉"。

这只是叙述方式的差别，与前一个解释并没有本质的区别。例③动词、形容词经常作谓语，我们各举了一例；名词偶尔作谓语，我们也举了一例。至于其他的词作谓语，比如数词("你第一，我第二"中的"第一""第二")、量词短语("两块钱一斤"中的"一斤")，我们并没有举出相应的例子。"谓语"是相对于主语而言的，没有主语，便无谓语；同理，没有谓语，也便没有主语。"主语、谓语"是一对关系概念①。主语是谓语的陈述对象，谓语是陈述主语的。无论解释"主语"还是"谓语"，举例时都必须举主谓短语。解释"主语"时，举完主谓短语的例子，还要指出哪部分是主语；解释"谓语"时，举例后还要指出哪部分是谓语。

　　为什么在举例时，有的只举一个，有的要举三个呢？

　　从各类辞典对专业词语的解释和我们做题的实践来看，概念解释题，举例以1～3个为宜。如果所解释的概念恰巧有三个类型，那我们就举三个不同类型的例子，比如例②。如果所释概念的类型超出了三个，我们根据情况任意举出三个不同类型的例子即可，比如"名词""动词""补语"这些概念，教材列出了五个以上的类型，解释这些概念时举两三个不同类型的例子即可，最多不超过三个。

————————

　　① 关系概念是逻辑学术语，指几个概念存在某种关系。分为两种情况：一类是同等的。比如"邻居""同学"等。甲和乙是邻居/同学，乙和甲也一定是邻居/同学。另一类是相互依存的。比如"父亲、儿子"和"主语、谓语"等，每组内前后两个概念相互依存。"父亲"这个概念暗含着"××的父亲"，"儿子"这个概念暗含着"××的儿子"。同理，"主语"也暗含着"××的主语"，"谓语"也暗含着"××的谓语"的意思。

下面这两个概念解释，在举例上都有瑕疵：

*④ 声母——位于音节前段，主要由辅音构成。例如：b、p、m、f、d、t、n、l、g、k、h、j、q、x、zh、ch、sh、r、z、c、s。

*⑤ 偏正短语——由修饰语和中心语两部分构成。普通话的修饰语通常在中心语之前。例如"他的态度、学习的榜样"。

例④前半的语句与教材中的解释一致，但后面的举例就存在问题了。因为在"ān（安）""yán（延）"中的n并不是声母，而是韵尾。这是要扣分的。"音节、声母、韵母、声调"是一组关系概念，以音节为基础才能把概念解释清楚。可以把举例更改为："例如'shēntǐ（身体）'当中的'sh、t'就是声母。"例⑤"偏正短语"包含"定中短语"和"状中短语"两种类型。这里只举了定中短语，而遗漏了状中短语，也是要扣分的。可以把举例更换为"他的态度、迅速地移动"。

有时，一个概念可以有多种解释：

短语——由两个或两个以上的词按一定的语法规则构成的没有语调的语言片段。它往往可以独立成句，也可以充当句法成分。例如"一件新衬衫"（偏正短语）、"伟大而平凡"（联合短语）、"今天星期五"（主谓短语）等。

短语——从句子当中切分出来的没有语调的可以充当句法成分的两个或两个以上的词的组合。一个能够分析句法成分的句子（非独词句），去掉语调，就是短语。例如："我们认真学习祖国的语言。"其中，"我们认真学习祖国的语言"是个主谓短语，谓语"认真学习祖国的语言"是个偏正短语，谓语中心语"学习祖国的语言"是个动宾短语，宾语"祖国的语言"是个偏正短语。

以上这两种解释反映了对短语认知的不同。第一种解释不以句子为参照，第二种解释以句子为参照，两种解释都算对。

（二）辨析题

辨析题一般是辨析异同。很多内容都可以出辨析题。比如：辨析两个或几个音素（或音位）的异同，辨析同义词，辨析句子、辞格等。辨析题失分最多的现象是，只说不同点，不说相同点。

在这里给大家一个做辨析题的程式：**先说同，后说异**；说异时，要**先总说，后分说**。总说就是概括地说，分说就是具体地说。

为了使大家便于理解，我们先举几个例子。

例1：试从发音部位和发音方法上辨析下列各组的异同。

①b—p　同：双唇、清、塞音。异：发音时气流的强弱不同。前者发音时气流弱，是不送气音；后者发音时气流强，是送气音。

②f—h　同：清、擦音。异：发音部件不同。前者是唇齿音，后者是舌面后音。

例2：辨析下列同义词。

① 优秀—优异　它们都具有"好"的意思，但二者的语义轻重不同："优异"比"优秀"好的程度更高，它含有"异乎寻常的好""特别好""出色"等意思。

② 爸爸—父亲　二者所指相同，是子女对母亲配偶的称呼。但，第一，它们的语体色彩不同：前者多用于口语，后者多用于书面语。第二，它们的使用场合不同：前者用于面称，后者用于背称。

③ 出现—涌现—呈现　它们都含有"显露出来"的意思，但适用的范围大小不同。"出现"使用的范围广，不论是人或事，具体的还是抽象的，好的还是坏的，多的还是少的，都可使用；"涌现"多指具体的，好的，而且是大量的；"呈现"多用于景象、状态方面，不用于人或具体的事物，它反映的可以是好的，也可以是坏的，而且多指全貌，因此它常与"一片""一派"等词连用。

（三）问答题

问答题、论述题，做这种题时应归纳、整理成若干个要点，每个要点分段叙述。最好是一个要点一个自然段，把每一个要点概括成一个核心句，放在每一自然段的开头。切不可不分主次，把若干要点放在一个自然段里。尽量做到：(1) 叙述有条理，层次清晰。(2) 答案要点显豁，阅卷时能一目了然。(3) 举例恰当，分析准确。(4) 字迹工整，标点正确。这四条除第三条外，都是形式方面的要求。举例部分可参考"概念解释题"的有关说明，内容部分可以参考我们的相关答案。

　　虽然老师阅卷是按答案要点给分,但对于论述题,老师还是注重材料的组织能力的。法官判案在法律允许的范围内有自由裁量权,老师给分也有一定幅度的自主权。一个好的论述题答案,就是一篇小论文。平时要多训练写小论文,不要急来抱佛脚。若在答案中能提出自己的观点,一般会加分。举例部分可参考"概念解释题"的有关说明,内容部分可以参考我们的相关答案。

　　认真审题很重要。比如词汇部分经常考的题目是"举例说明多义词与同形同音词的区别"。从题目中我们可以知道,讲两种词的区别,一定要举"词"的例子,不能举语素的例子。可是有人却不注意这个问题,甚至有的教材也忽视了这个问题。例如:

　　　　同音词和多义词都是用同一语音形式来表示不同的意义内容。但多义词指的是一个词具有几个不同的意义,这些意义之间有一定联系;同音词则是几个意义不同的词具有相同的语音形式,它们在意义上没有联系。例如,"鲜花、雪花、礼花、花白、眼花、校花"中的"花",它们在意义上有联系,都是从"花朵"的"花"这一基本义派生出来的,因此是一个多义词;而"花钱、花时间"中的"花"跟"花朵"的"花"虽然语言形式相同,意义上却没有联系,它们就不是一个多义词,而是两个同音词。

　　以上对同音词和多义词的界说是正确的,但举例就有问题了。"鲜花、雪花、礼花、花白、眼花、校花"这六个词《现代汉语词典》都收录了。"花"在这些词中只是构词的元素(语素),不是词。讲词的区别而举语素的例子,是不是不伦不类? 如果改成:"'一朵花'的'花'和'他的眼已经花了'的'花',在意义上有联系,是一词多义。"这是不是好一些?

　　问答题的例子请参看本书"强化练习"的答案,兹不赘述。

第一章 绪 论

一 知识要点

1. 现代汉语包括汉民族共同语和多种方言。现代汉民族共同语是以北京语音为标准音，以北方话为基础方言，以典范的现代白话文著作为语法规范的普通话。

普通话是以北京语音为标准音，以北方话为基础方言，以典范的现代白话文著作为语法规范的现代汉民族共同语。

2. 普通话是国家法定的全国通用语言。

3. 民族共同语和方言。基础方言。

民族共同语是一个民族全体成员通用的语言。民族共同语是在一种方言的基础上形成的，作为民族共同语基础的方言就叫作基础方言。

方言是某民族语言区域内局部地区的人们使用的语言。有些方言是形成民族共同语的基础；在民族共同语形成之后，方言仍可以与共同语同时存在。形成方言的原因。

4. 七大方言区及代表地点。

5. 现代汉语语音特点：①没有复辅音。②元音占优势。③音节整齐简洁。④有声调。

6. 现代汉语词汇特点：①单音节语素多，双音节词占优势。②构词广泛运用词根复合法。③同音语素多。

7. 现代汉语语法特点：①汉语表示语法意义的手段不大用形态，主要用语序和虚词。这里所说的形态，主要指表示语法意义的词形变化。②词、短语和句子的结构规则基本一致。③词类和句法成分关系复杂。④量词和语气词十分丰富。

8. 现代汉语的国际地位：汉语是联合国的六种工作语言之一（另外五种工作语言是英语、法语、俄语、西班牙语、阿拉伯语）。

9. 现代汉语规范化。

语言规范化就是确定并推行某一语言应用的统一标准。

现代汉语规范化就是确立现代汉民族共同语明确、一致的标准，消除语音、词汇、语法等方面存在的一些分歧，同时对它的书写符号——文字的形、音、义各个方面制定标准进行规范。

现代汉语规范的标准：①在语音方面，以北京语音为标准音。②在词汇方面，以北方话为基础方言。③在语法方面，以典范的现代白话文著作为语法规范。

10.《中华人民共和国国家通用语言文字法》(2000年10月31日第九届全国人民代表大会常务委员会第十八次会议通过)，是我国历史上第一部关于语言文字的专门法。

11. 语言是社会的产物，它随着社会的产生而产生，随着社会的发展而发展。

12. 文学语言：又称标准语，是民族语言中经过高度加工并符合规范的语言。文学语言的形成和发展，以书面语的产生和演进为先决条件。

13. 语言是以语音为物质外壳、以词汇为建筑材料、以语法为结构规律而构成的体系，是音义结合的符号系统，是人类最重要的交际和思维的工具。

14. 汉语属于汉藏语系、汉傣语族。

二　必会技能

本章无必会技能。

三　复习提示

对七大方言区及其代表地点，建议采取列表记忆的方法。

方言区	北方方言	吴方言	湘方言	赣方言	客家方言	闽方言	粤方言
代表地点	北京	上海或苏州	长沙	南昌	梅州	闽东：福州 闽南：厦门	广州

四　重点难点讲析

1. 对"现代汉语"概念的理解

现代汉语是现代汉民族所使用的语言，包括民族共同语（普通话）和各种方言。民族共同语的高级形式称为"文学语言"，它是民族语言中经过高度加工并符合规范化的书面语言。不能把语言学上的"文学语言"仅仅理解为文艺作品的语言，我们在中学学过的"政治""历史""地理""物理""化学""生物"等课程也都是用文学语言写成的。

2. 对"方言"的理解

教材说"汉语方言俗称地方话，只通行于一定的地域，是局部地区人们所使用的语言"。这话不严密，我们国内除了汉语，还有很多少数民族的语言，它们"只通行于一定的地域"，然而它们并不是汉语的方言。所以笔者建议修改为："方言是某民族语言区域内局部地区的人们使用的语言。"

五　强化练习

（一）填空题

1. 现代汉民族共同语是以＿＿＿＿＿语音为标准音，以＿＿＿＿＿方言为基础方言，以＿＿＿＿＿＿＿＿＿＿＿为语法规范。

2. 现在，全国通用的语言叫＿＿＿＿＿。

3. 吴方言的代表地点是＿＿＿＿＿或＿＿＿＿＿。

4. 经过加工和规范化的书面语言叫＿＿＿＿＿，它是书面语的高级形式。

5. 现代汉语中，＿＿＿＿＿和虚词是表达语法意义的主要手段。

▴6. 闽东话以＿＿＿＿＿话为代表，闽南话以＿＿＿＿＿话为代表。①

7. 现代汉语声调最多的方言是＿＿＿＿＿。有入声但无入声韵尾的方言是＿＿＿＿＿。

8. 20世纪50年代中期，中央确定的语言文字工作的三大任务是："＿＿＿＿＿＿＿＿＿＿＿＿＿、＿＿＿＿＿＿＿＿＿＿＿、实现汉语规范化。"

9. 海南省的大部分地区属于＿＿＿＿＿方言区，台湾省属于＿＿＿＿＿方言区。

———————————

① 题目前的小三角号（▴）表示是非基本内容的题，专科生可以忽略。

10. 国务院规定，从1998年开始，每年_____月的第_____周为全国推广普通话宣传周。

（二）判断题

1. 北京话就是普通话。（   ）

2. 语言有着鲜明的阶级性。（   ）

3. 客家方言不属于现代汉语。（   ）

4. 语言是人类区别于其他动物的本质特征之一。（   ）

5. 文字、旗语、手势、表情等也是人类的交际工具。（   ）

6. 语言是音义结合的符号系统。（   ）

7. 现代汉语语汇在音节上以双音节为主。（   ）

8. 现代汉语规范主要涉及方言区的人，北京人不包括在内。（   ）

9. 普通话中是存在复辅音的。（   ）

10. 汉语是世界上唯一的几千年来一直使用表意体系文字的语言。
（   ）

（三）单项选择题

1. 云南、贵州的大部分地区属于（   ）

　　A. 北方方言区　　　　　　　　B. 湘方言区

　　C. 粤方言区　　　　　　　　　D. 赣方言区

2. 语言诸要素中发展变化最快最大的是（   ）

　　A. 语音　　　　B. 词汇　　　　C. 语法　　　　D. 语音和语法

3. 从书面资料看，汉语存在共同语的最早时代是（   ）

　　A. 春秋时代　　　B. 战国时代　　　C. 明代　　　　D. 清代

4. 粤方言的代表是（   ）

　　A. 成都话　　　B. 福州话　　　C. 香港话　　　D. 广州话

5. 广东省梅州市的方言属于（   ）

　　A. 闽方言　　　B. 粤方言　　　C. 客家方言　　　D. 赣方言

6. 下列各项，不属于现代汉语语音方面特点的是（   ）

　　A. 元音占优势　　　　　　　　B. 没有复辅音

　　C. 有声调　　　　　　　　　　D. 单音节词占优势

7. 方言是（　　）

　　A. 与普通话并立的独立语言　　B. 包含于民族共同语的语言

　　C. 汉民族共同语的地域分支　　D. 汉民族共同语的高级形式

8. 普通话的标准音是（　　）

　　A. 重庆语音　　B. 北京语音　　C. 长春语音　　D. 天津语音

（四）多项选择题

1. 语言的构成要素是指（　　）

　　A. 语音　　B. 词汇　　C. 语法　　D. 文字　　E. 语素

2. 现代汉语的语音特点是（　　）

　　A. 没有复辅音　　　　　　　B. 元音占优势

　　C. 有声调　　　　　　　　　D. 音节整齐简洁

　　E. 有儿化

（五）概念解释题

1. 普通话

2. 基础方言

3. 文学语言

4. 语言规范化

（六）简答题

1. 简述现代汉语在语音方面的特点。

2. 简述现代汉语在词汇方面的特点。

3. 简述现代汉语在语法方面的特点。

4. 简述现代汉语规范化的标准。

扫描书后二维码可获得以上练习题答案。

第二章 语 音

1. 什么是语音？语音是人类发音器官发出的代表一定意义的声音。

2. 语音的性质：物理性质，生理性质，社会性质。

语音的物理四要素：音高、音强、音长、音色（音质）。

造成音色差别的条件：①发音体不同。②发音方法不同。③发音时共鸣器的形状不同。

社会属性是语音的本质属性。

3. 语音单位的概念：音素、音节，元音、辅音。声母、韵母和声调。音位。辅音与声母的关系，元音与韵母的关系。

4.《汉语拼音方案》的基本内容。

5. 辅音的不同是由不同的发音部位和发音方法决定的。依发音方法分类：塞音，擦音，塞擦音，鼻音，边音；清音，浊音；送气音，不送气音。依发音部位分类：双唇音，唇齿音，舌尖前音，舌尖中音，舌尖后音，舌面前音，舌面后音（舌根音）。

掌握普通话22个辅音的发音方法和发音部位。

6. 韵母。韵母的分类：单元音韵母（10个），复元音韵母（13个），鼻音尾韵母（16个）。

7. 四呼。押韵和韵辙。

8. 声调。调值和调类。普通话的声调。

9. 古今调类比较。

10. 声母、韵母的配合规律。

11. 拼写音节必须注意的事项。

12. 音节结构的分析。

13. 语流音变的种类。变调：上声的变调，去声的变调，"一、不"的变调。轻声的性质和作用，轻读的规律。儿化的性质和作用，儿化音变的主要规律。语气词"啊"的音变。

14. 音位。音位与音位变体。划分音位的原则。音质音位：普通话元音音位、辅音音位。非音质音位：声调音位。

15. 语调：停顿，重音，句调。语调和字调的关系。

16. 语音规范化的内容：确立正音标准，推广标准音。

二　必会技能

1. 会说普通话。

2. 掌握《汉语拼音方案》，能够熟练地用汉语拼音为汉字注音和拼写词句。

3. 会分析普通话字音的结构。

4. 能够熟练地运用国际音标为汉字注音和拼写词句。

三　复习提示

认真阅读《汉语拼音方案·韵母表》后面的注释。

掌握与《汉语拼音方案》相对应的国际音标。

牢记教材中的下列图表：

《普通话辅音总表》，掌握每个辅音的发音条件。

《舌面元音舌位唇形图》，掌握单元音韵母的发音条件。

《普通话韵母总表》，学会按"四呼"给韵母分类。

扫描书后的二维码可以下载打印以上空白图表，填写几遍后就能记住。

四　重点难点讲析

1. 音高与音强的区分

音高与音强都属于语音的物理四要素。音高指的是声音的高低，它决定于发音体振动的快慢。音强指的是声音的强弱，它与发音体振动幅度的大小有关。语音的高低，跟声带的长短、厚薄、松紧有关。发音人可以通过拉紧或放松声带来控制声音的高低，也可以通过控制气流的大小来改变声音的强弱。音高高不一定音强强，音强强也不一定音高高。我们看电影时，经常看到主人公来到一个山头大声喊："我来了——"此时，只是音高高，而音强并不强。当看战争片时我们的部队为了获取情报而抓俘虏（俗称"抓舌头"），我们的战士总是把枪从后面抵住敌人的腰部，压低声音说："别叫喊！举起手来！"此时，只是音强强，而声音并不高。

2. 为什么说语音的社会属性是语音的本质属性？

语音具有物理属性（包括音高、音强、音长、音质）、生理属性和社会属性。但语言是社会现象，语音是语言的物质外壳，也是一种社会现象。

第一，我们之所以说社会属性是语音的本质属性，是因为用什么语音形式表示什么意义，完全是由社会约定俗成的；声音与它所代表的意义之间没有本质的必然的联系。

首先，同一意义，在不同的语言或方言中，可以用不同的语音形式表示。比如说"装订成册的著作"，汉语普通话用"[ʂu⁵⁵]（书）"表示，山东滕州话用"[fu²¹³]（书）"表示，英语用"[buk]（book）"表示。

其次，同样的语音形式，在不同的语言或方言中，可以用来表示不同的意义。中古汉语中表示"侧门、小门"之义的"阖"，郑张尚芳拟音为[kʌp]，[kʌp]在现代英语中却是"杯子"（cup）的意义。同样一个意义又可以有多种语音形式，如普通话的"臂"和"胳膊"是同一事物的两个不同的名称。如果有人不顾社会的约定俗成，擅自改动词语的语音形式或任意赋予某一语音形式以不同的内容（意义），那么别人就听不懂他的话，也就无法达到同别人交际的目的。

第二，语音的社会属性还表现在语音的系统性上。

不同的语言或方言有不同的语音系统，从物理属性和生理属性的角度看并不相同的音，在语言中可能认为是相同的音，例如汉语塞音中的不送气塞音d[t]与送气塞音t[tʰ]分属两个不同的语音单位，"du[tu]"（肚）中的"d[t]"与"tu[tʰu]"（兔）中的"t[tʰ]"不同。英语塞音中的不送气音和送气音却算是同一语音单位,例如"stop"中的"t"念不送气音,"top"里的"t"念送气音,不同的塞音却在词典里用一个音标/t/表示。仅此一点,就可以看出这两种语言的语音系统不一样。语音中相同的要素在不同的语音系统中的作用是不一样的。

　　以上两点说明,语音不仅具有物理属性和生理属性,还具有社会属性。社会属性才是语音的本质属性。

⁺3. 关于音节的构成要素

　　汉语的音节究竟包括不包括声调? 黄廖本不同版本的表述是矛盾的。有的时候表述是"音节"不包含声调。增订三版明确指出:"声调不是音节的组成部分。普通话的音节都带有特定的声调,英语音节就没有特定的声调。"①增订四版基本坚持此说②。增订五版说:"汉藏语系一些语言的音节是附有声调的。但印欧语系等世界大多数语系的音节有音高,但都没有声调音高格式,所以被公认为没有声调的语言。可见声调不是音节中不可或缺的组成成分。但就有声调的汉语来说,表示语素的音节一定有一个或几个声调,不表示语素的音节是没有声调的。"③增订六版删除了以上的话,对音节所下的定义是:"音节是由音素构成的语音片断,是听话时自然感到的最小的语音单位。"④增订七版沿袭增订六版的说法,未作修改。看到了吧,音节由音素构成,没有声调什么事儿。但是后面讲音节结构分析的时候,各个版本又无一例外地把音节分为"声母""韵母"和"声调",并指出"汉语音节不能没有声调"。这究竟是怎么回事呢?

　　从语言学上来看,有两种不同的音节。

　　一种是"音节由音素构成,声调不是音节的组成部分"。如果坚持此说,黄廖本第二章第五节的标题应该由"音节"改为"字音"。套用朱德熙先生的一句话,绕开音节的定义,用走后门的办法把它硬塞进去是不行的⑤。前面

---

① 黄伯荣、廖序东主编《现代汉语》(增订三版),高等教育出版社2002年版,第90页。
② 黄伯荣、廖序东主编《现代汉语》(增订四版),高等教育出版社2007年版,第73页。
③ 黄伯荣、廖序东主编《现代汉语》(增订五版),高等教育出版社2007年版,第63、75页。
④ 黄伯荣、廖序东主编《现代汉语》(增订六版),高等教育出版社2007年版,第20页。
⑤ 朱德熙:《语法答问》,商务印书馆1985年版,第21页。原句是这么说的:"绕开分类标准,用走后门的办法把它硬塞进去是不行的。"

说声调不是音节的组成部分,后面又说声调是音节的组成部分,这不是自相矛盾吗?声调不是音节的组成部分,而是汉语字音的组成部分。这将有效调和以上矛盾。

另一种是声调可以是音节的组成部分。这要修改音节的定义。笔者对音节的定义是这样修改的:

> 音节是由音位构成的语音片段,是听别人说话时自然感受到的最小语音单位。

汉语的音位由音质音位(元音音位、辅音音位)和非音质音位(调位)构成,这自然把声调这个元素包括在了音位中。英语的音节没有调位,所以英语的音节不包括声调。这样下定义有普通语音学上的意义。

提出这个问题,是为了引起大家的思考。

4. 读懂《汉语拼音方案》

《汉语拼音方案》由五部分组成。《字母表》中有26个拉丁字母,由于"V只用来拼写外来语、少数民族语言和方言",《汉语拼音方案》中实际能用的字母只有25个,这25个字母中有5个(a、e、i、o、u)是表示纯元音的,18个是表示纯辅音的,2个(y、w)是表示半元音的。

可是《声母表》中列出了21个辅音声母。《汉语拼音方案》是如何用18个辅音字母表示21个辅音声母的呢?

21个辅音声母中有18个是用一个字母表示的:b、p、m、f、d、t、n、l、g、k、h、j、q、x、z、c、s、r,有3个是用双字母实现的,在平舌音z、c、s的后面加上一个"h",形成了zh、ch、sh。"h"可以看作是卷舌符号。

此外,普通话中还有一个不作声母只作韵尾的辅音"ng",也是用双字母表示的。

细心的同学会发现,《普通话韵母总表》中列出了39个韵母,《汉语拼音方案·韵母表》中列出了35个韵母。这究竟是怎么回事呢?

对照两个表,我们发现:10个单元音韵母,《汉语拼音方案·韵母表》只列出了6个:a、o、e、i、u、ü,未列出 -i[ɿ]、-i[ʅ]、er、ê 这4个。其实在《汉语拼音方案·韵母表》的注释里已经把未列出的这4个单元音韵母交代得很清楚了:

(1) "知、蚩、诗、日、资、雌、思"等七个音节的韵母用 i, 即: 知、蚩、诗、日、资、雌、思等字拼作 zhi、chi、shi、ri、zi、ci、si。

(2) 韵母儿写成 er, 用作韵尾的时候写成 r。例如:"儿童"拼作 értóng,"花儿"拼作 huār。

(3) 韵母世单用的时候写成 ê。

韵母表中,"er"是用两个字母表示一个音素,"r"可以看作卷舌符号,意即卷起舌头发"e"。"iong"中的"io"和"ng"也都是用两个字母表示一个音素(音位)的。

此外,字母"u"在普通话中出现的频率很高,但它的手写体易与"w、n、ɑ"相混;而字母"o"在普通话中出现的频率相对较低。为了降低"u"的出现频率,《汉语拼音方案》在有的韵母中用"o"代替了"u",比如"ung""ɑu""iɑu"写作"ong""ɑo""iɑo"。"üng"中的"ü"是非拉丁字母符号,写起来不方便,则用"io"代替了"ü",比如"üng"写作"iong"。

5. 关于"四呼"

"四呼"是传统音韵学对韵母按首音进行分类的术语。

开口呼:韵母不是 i、u、ü 和不以 i、u、ü 起头的韵母属于开口呼。

齐齿呼:i 或以 i 起头的韵母属于齐齿呼。

合口呼:u 或以 u 起头的韵母属于合口呼。

撮口呼:ü 或以 ü 起头的韵母属于撮口呼。

下面的几个韵母必须注意:

(1) -i[ɿ]、-i[ʅ]属于开口呼,不属于齐齿呼。"七十四"三个字,前一个字的韵母是齐齿呼,后两个字的韵母都是开口呼。

(2) ong[uŋ]属于开口呼,iong[yŋ]属于撮口呼。《普通话韵母总表》的注释②说:"ong[uŋ]放在合口呼、iong[yŋ]放在撮口呼,是按它们的实际读音排列的。《汉语拼音方案》用'ong、iong'表示[uŋ]、[yŋ],没有采用'ung、üng',是为了使字形清晰,避免手写体 u 和 w 相混。"

▲6. "阴平、阳平、上声、去声"这些名字是怎么来的?

汉语的"平上去入"四声是南朝的宋、齐人在转读佛经的影响下发现的。他们发现汉语有四种不同的声调,从每种声调中选取一个字作为代表,"平"是从平声字中选取的,"上"是从上声字中选取的;余类推。到了宋末、元初,入声开始消失。原来读入声的字并没有消失,有的被读成了平声,有的被读成了上声,还有的被读成了去声。这就是所谓"入派三声"。元代人周德清以大都(北京)话为基础,编写了《中原音韵》,就反映了这种变化。在入派三声的同时,平声又分化为两类,原来读清声母的平声为一类,从这类诸多字中找出一个"阴"字作为代表;原来读浊声母的字为一类,又从中找出一个"阳"字作为代表。这便是普通话"阴平、阳平、上声、去声"名字的由来。

现代南方许多方言中唐宋时读入声的字,到现在绝大部分不与其他声调相混,自成一类,这叫保留入声。比如客家方言、闽方言、粤方言(以上入声带 [p] [t] [k] 韵尾)、吴方言(入声带 [ʔ] 韵尾)、湘方言(无入声韵尾)都保留入声。

7. 分析音节结构应该注意的问题

分析音节结构应该注意:

(1) zh、ch、sh、ng、er、io 是两个字母表示一个音素,不能再切分。

(2) y、w 不是声母。当 y、w 出现在一个音节的开头时,这个音节一定是零声母。零声母音节应先正确地写出韵母原形,再进行分析。 如:yīn(因)→ in, yān(烟)→ ian;yuān(渊)→ üan;wū(屋)→ u,wā(挖)→ ua。

(3) 省略的要补出。iou、uei、uen 在与辅音声母相拼时,韵腹要省略;撮口呼韵母在与 j、q、x 声母相拼时,省略了 ü 上两点;如果声调符号恰巧标在 i 上,i 上的点也要省略。在分析音节结构时,省略的都要补出。

(4) ie、üe 的韵腹 e 实际是 ê, iong 的韵腹 io 实际是 ü, ong 开头的 o 和 ao、iao 末尾的 o 实际是 u。

(5) ün 只包含"ü"和"n"两个音素。

(6) i 代表三个音素。①在 z、c、s 声母后是舌尖前高不圆唇元音 -i[ɿ];②在 zh、ch、sh、r 声母后是舌尖后高不圆唇元音 -i[ʅ];③在其他情况下是舌面前高不圆唇元音 i[i]。 -i[ɿ]、-i[ʅ] 前面的短横和后面的国际音标不能省。专科学生不要求掌握国际音标,-i[ɿ] 也可写作 -i(前),-i[ʅ] 也可写作 -i(后)。

(7) 一个音节只有一个元音时,那么这个元音一定是韵腹。

(8) 零声母要用"∅"表示。"∅"既不是拼音字母,也不是国际音标,而是中国汉语界创造的表示汉语零声母的专用符号。

8. 关于轻声的性质

教材上说:

> 轻声是四声在一定条件下变成比原调又轻又短的声调变体。"轻"是就音节的音强而言的,音波振幅比原调小,听起来声音轻些、弱些;"短"是就音长而言的,轻声音节比原调音节听起来时间短一些。[①]

虽然叫"轻声",但实验语音学认为,音强在辨别轻重音方面起的作用很小。在普通话轻声音节中,音强不起明显作用。轻声音节听感上轻短模糊,是心理感知作用。由于轻声音节音长短,读音时所需能量明显减少,但音强并不一定比正常重读音节弱。

轻声音节特性是由音高和音长这两个比较重要的因素构成的。从音高上看,轻声音节失去原有的声调调值,变为轻声音节特有的音高形式,构成轻声调值。从音长上看,轻声音节一般短于正常重读音节的长度,甚至大大缩短,音长短是构成轻声特性的另一重要因素。尽管轻声音节音长短,但它的调形仍然可以分辨,并在辨别轻声时起着不可忽视的作用。

轻声作为一种变调的语音现象,一定体现在词语和句子中,因此轻声音节的读音不能独立存在。固定读轻声的单音节助词、语气词也不例外,它们的实际轻声调值也要依靠前一个音节的声调来确定。绝大多数的轻声现象表现在一部分老资格的口语双音节词中,长期读作"重·最轻"的轻重音格式,使后一个音节的原调调值变化,构成轻声调值。[②]

˄9. 正确书写国际音标

国际音标(IPA)所用的符号基本上采用拉丁字母和希腊字母,字母的大写体、小写体、手写体和印刷体在国际音标中往往表示不同的音素。例如,ʌ a ɑ 在国际音标中分别代表三个元音音素。有时候也采用一些字母的

---

① 黄伯荣、廖序东主编《现代汉语》(增订七版)上册,高等教育出版社2024年版,第85页。

② 参考国家语言文字工作委员会普通话培训测试中心编制《普通话水平测试实施纲要》,商务印书馆2004年版, 第35-36页。

倒写、反写、连写或添加附加符号的办法来补充。例如：ɔ ɘ 分别是 c e 的反写，ɐ ɒ ʌ ɯ 分别是 a ɑ v m 的倒写。t s 连写构成 ts，o e 连写构成 œ。国际音标中有很多字母虽然来源于拉丁字母，但与通常拉丁字母的书写形体还是有区别的：

Aa　Bb　Ee　Gg　Ii　Nn　Rr　Yy

ᴀa　ʙb　ᴇe　ɢg　ɪi　ɴn　ʀr　ʏy

上一行是拉丁字母，下一行是国际音标，国际音标的大写字母在三分格中只占一格。

国际音标字母的高低，往往表示不同的音素：

ø∅ ɤʏ tʈ θθ xχ ʃɭ ʅʮ ʊʋ zʐ

第一组的 ø 是元音；∅ 不属于国际音标字母，而是中国语言学家制作的专门表示零声母的符号。第二组的 ɤ 仅见于国内的书刊，应该是元音 ʏ 的印刷体，ɣ 是辅音。其他字母的含义请看教材的《国际音标简表》。

国际音标有很多字母是拉丁字母或希腊字母的变形，有些字母样子很相近，要注意辨别：

nɴ ɳɲŋ ʙbβ ɷɵɘ gɡ dɖɗ mɱɯ lʟɬɭ ʃjɟ

字母组合构成的音标字符，只表示一个音素。在书写时不要把它们隔开：

pf dz ɖʐ dʒ ts tʂ ʧ tɕ ɮ ɮ æ œ

国际音标有许多附加符号，比如 pʰ 右上角的 "ʰ" 表示送气，ʂ 下面的钩表示卷舌，iː 后面的两点表示长元音。在使用时要注意位置：

ʂ ɕ ã ɖ̥ ŋ̊ ç ĕ pʰ tɕʰ kʰ tʷ d̪ ẹ ŋ̩

国际音标从1888年发布以来，经过了多次修订，最近的一次修订是2015年。新版本与30年前的旧版相比，基本符号没有大的变化，但也有个别变动的地方，例如：把 [ɷ] 改成 [ʊ]，送气符号由前单引号改为上标 "ʰ"（汉语拼音的p，过去用国际音标写为 [p']，现在写作 [pʰ]）。

10. 如何用国际音标拼写普通话词语和短文？

教材练习中有用国际音标拼写词语和短文的题目，考研时有的学校也考国际音标注音（有方言研究方向的学校，往往考国际音标）。

国际音标注音分为宽式和严式两种。黄廖本上的《三种记音符号对照表》(精简本上有《汉语拼音字母与国际音标对照表》),表后"注"说:"本表的国际音标大体上接近严式音标。如果用宽式音标,其中的a,ʌ,ɑ和i与n之间的ɛ都可标作a。"我们一般的考试,能按这个对照表上的国际音标拼写就行了。但遇到动词助词"的、地、得",要写成[tə],语气词"了"要写成[lə]。声调是按变调标注还是按原调标注,要看题目要求。题目没有特别要求的,除"一、不"外,可以按原调标注。按原调标注时,轻声可以用"0"表示,例如"他来了",标注成[tʰʌ⁵⁵ lai³⁵ lə⁰]。

教材第二章第一节的《三种记音符号对照表》中的国际音标还不是真正的严式音标,关于严式音标的知识,请扫描书后二维码,查阅有关资料。

五 强化练习

(一)填空题

1. ＿＿＿＿＿＿ 是语言的物质外壳,它是由人的发音器官发出的＿＿＿＿＿＿ 的声音。

2. ＿＿＿＿＿ 年2月由第一届全国人大第五次会议批准推行的《汉语拼音方案》,全文共分为 ＿＿＿＿＿ 个部分。

3.《汉语拼音方案·字母表》中规定,字母＿＿＿＿＿＿只用来拼写外来语、少数民族语言和方言。

4.《汉语拼音方案》规定以 ＿＿＿＿＿ 开头的音节连接在其他音节后面的时候,如果音节界限发生混淆,用 ＿＿＿＿＿ 隔开。

5. 音素是 ＿＿＿＿＿＿＿＿ 单位。

6. "这朵花儿真漂亮"这句话共有 ＿＿＿ 个音节,其中"亮"这个音节有 ＿＿＿＿ 个音素。

7. 普通话共有 ＿＿＿＿＿＿ 个辅音声母, ＿＿＿＿＿ 个韵母。

8. 不同的声母是由不同的 ＿＿＿＿＿＿＿ 和 ＿＿＿＿＿＿＿＿ 决定的。

9. 双唇、送气、清、塞音声母是 ＿＿＿＿＿ ,舌面后、不送气、清、塞音声母是 ＿＿＿＿＿ 。

10. 普通话的辅音中，_____ 只能作韵尾；_____ 既能作声母，又能作韵尾。

11. 普通话的非鼻音浊音声母有 _____ 和 _____。

12. 普通话有 _____ 个浊辅音，有 _____ 个后响复韵母。

13. 普通话声母 f 是 _____ 接近 _____ 而形成的音。

14. 普通话有 _____ 个清辅音声母，有 _____ 个浊辅音声母。

15. 根据 _____ 和 _____ 的不同方式，可以把声母分为塞音、擦音、塞擦音、鼻音、边音五类。

16. 发音时，气流受到阻碍的位置叫 _____。

17. 普通话的舌尖前音有 _____ 个，舌尖后音有 _____ 个。

18. 普通话声母 d 是 _____ 抵住 _____ 而形成的音。

19. 普通话声母 _____ 是舌尖抵住或接近上齿背而形成的音。

20. 普通话中的"四呼"是韵母按 _____ 分出的类型。

21. 单韵母的发音特点是发音时 _____、_____ 始终不变。

22. 前鼻韵母由元音和鼻辅音 _____ 组成，普通话共有 _____ 个前鼻韵母。

23. 由元音和辅音 _____ 组成的韵母叫后鼻韵母，普通话共有 _____ 个后鼻韵母。

24. 舌面前、半低、不圆唇元音是 _____，舌面后、高、圆唇元音是 _____。

25. 舌尖后、送气、清、塞擦音声母是 _____，舌面前、送气、清、塞擦音声母是 _____。

26. 普通话共有 _____ 个舌面单韵母，_____ 个舌尖单韵母。

27. 普通话共有 _____ 个前响复韵母，_____ 个后响复韵母。

28. 普通话共有 _____ 个复元音韵母，其中中响复韵母有 _____ 个。

29. 汉语音节中，辅音只在音节的 _____ 或 _____ 出现。

30. 汉语字音不可缺少的成分是 _____ 和 _____。

31. 普通话语音系统中，能与"四呼"中各呼韵母相拼的辅音声母是 _____。

32. 普通话的某些轻声音节具有 _____ 和 _____ 的作用。

33. 普通话语音系统中，韵母除 ＿＿＿＿ 和 ＿＿＿＿ 外，都可儿化。

34. "你可要为我们做主啊！"句末语气词"啊"应读作 ＿＿＿＿，汉字一般写作 ＿＿＿＿。

35. "这闺女真俊啊！"句中的"啊"应读作 ＿＿＿＿＿，汉字一般写作 ＿＿＿＿＿。

36. 《普通话异读词审音表》于 ＿＿＿＿＿ 年 12 月 27 日公布，并规定自公布之日起，普通话异读词的读音、标音，都以此为准。

37. "应"在"应届"一词中读 ＿＿＿＿＿＿，在"应用"一词中读 ＿＿＿＿＿。

38. 根据产生的原因，可以把重音分为 ＿＿＿＿ 重音和 ＿＿＿＿ 重音两种。

39. 一个音节最多有 ＿＿＿＿ 个音素，最少有 ＿＿＿＿ 个音素。

40. "决"的调值是 ＿＿＿＿＿，韵腹是 ＿＿＿＿＿。

（二）判断题

1. 凡是人的发音器官发出来的音都是语音。（ ）

2. 任何语音都具有物理属性、生理属性和社会属性。（ ）

3. 语音中的重音、轻音是由音强的不同造成的。（ ）

4. 普通话和某种方言，调值相同的，调类却不一定相同。（ ）

5. 普通话语音中一个字母就代表一个音素，例如"pà"中有两个字母，就有两个音素。（ ）

6. "阿谀"的"阿（ē）"的声母是零声母，"谀（yú）"的声母是 y。（ ）

7. "哀怨（āiyuàn）"这两个音节的声母都是零声母。（ ）

8. 零声母音节就是没有辅音声母的音节。（ ）

9. 能充当韵头的只限于主要元音前的三个高元音 i、u、ü。（ ）

10. 韵尾指主要元音后面的音素。（ ）

11. 一种方言中，所有的字音，能念出几种区别意义的不同的高低升降来，就有几个调类。（ ）

12. 音高在任何语言中都有区别意义的作用。（ ）

13. 音强指的是声音的强弱，它决定于发音体振动的频率。（ ）

14. 音节中，只要含有高元音 i、u、ü，那它就一定是韵头。（ ）

15. 能充当韵尾的元音音素，只有 i、u(o) 两个。（　　）

16. 普通话所有的单韵母都只用一个字母表示。（　　）

17. er 韵母是由一个元音音素加一个辅音音素构成的。（　　）

18. 不管韵头如何，只要韵腹、韵尾相同，就算同一个"韵"。（　　）

19. 通过十三辙和十八韵的对照可以知道，"中东"辙与十八韵里的"东"韵是一对一的关系。（　　）

20. 通过十三辙和十八韵的对照可以知道，"坡梭"辙包括十八韵里的"波"韵和"歌"韵。（　　）

21. 所有的音素都可以用来充当韵腹。（　　）

22. 舌面前音 j、q、x 只跟齐齿呼、撮口呼韵母相拼，不跟开口呼、合口呼韵母相拼。（　　）

23. "一""不"在去声前，一律变为阳平。（　　）

24. "一"在单念或在词句末尾时，念阴平调。（　　）

25. "小曲儿""脸蛋儿"中的"儿"含有小、喜爱的感情色彩。（　　）

26. "你请坐啊"中的"啊"，音变为"ya"，汉字写作"呀"。（　　）

27. 异读词审音的标准，是根据北京音系，即每个字必须符合北京语音的一般发展规律。（　　）

28. 异读词必须同多音字加以区别，如"散 (sàn) 布、松散 (sǎn)""五更 (jīng)、更 (gēng) 换"中的"散""更"属多音字，而不是异读现象。（　　）

29. "石榴、事情、上去、脸上"等词语的第二个音节都读轻声。（　　）

30. 普通话语音系统中，元音占优势，一个音节最少 1 个、最多 3 个元音音素。（　　）

31. 普通话语音中的"花儿 (huār)"是一个音节。（　　）

32. 普通话的 zh、ch、sh、r 和 z、c、s 都不能和齐齿呼韵母相拼。（　　）

33. 韵母"er""ueng"只在零声母音节中出现，而不与任何辅音声母相拼。（　　）

34. 普通话语音系统中，可以充当韵尾的只有元音 i、u(o) 和鼻辅音 n、ng。（　　）

35. 普通话音节"yuē（约）"，可以分析为：y 为声母，ü 为韵头，e

为韵腹。（ ）

36. "火""友""跑""楼"四个音节的韵腹都是"o"。（ ）

37. "句""雨""运"三个音节的韵腹都由"u"来担任。（ ）

38. "举""就""裙""论"四个音节中充当韵腹的都是"u"。（ ）

39. "规""困""文"三个音节中充当韵头的都是"u"。（ ）

40. "展览、赶早、老虎、远景"的第一个音节都变读得像阳平。（ ）

41. "不屈不挠、不管不顾"中的"不"都应读本调。（ ）

42. "一板一眼、一模一样"中的"一"都应变读去声。（ ）

43. 轻声对韵母有影响。如"豆腐"由（doufu）变成（douf），"腐"的韵母丢失了，只剩下了声母。（ ）

44. 如果一个音节中有三个元音音素，那么这三个元音音素分别充当韵头、韵腹、韵尾。（ ）

45. 普通话里 m、n、l、r 四个浊声母的阴平字很少，并且限于口语常用的字。（ ）

46. 所谓"平分阴阳"指的是古清声母字归入阴平，如"夫汤妻诗"等字；古浊声母字归入阳平，如"门难符糖"等字。（ ）

47. "螫"字，读 shì，口语读 zhē。（ ）

48. "自作自受"的"作"应读去声。（ ）

49. 普通话有 10 个元音音位，22 个辅音音位。（ ）

50. "e、en、er、ie"的韵腹都是"e"。（ ）

（三）单项选择题

1. 语言中的重音、轻声是由于（ ）的不同造成的

　　A. 音高　　　　B. 音强　　　　C. 音长　　　　D. 音色

2. 汉语字音的声调，主要由（ ）构成

　　A. 音高　　　　B. 音强　　　　C. 音长　　　　D. 音色

3. 《汉语拼音方案》采用的是（ ）

　　A. 拉丁字母　　B. 英文字母　　C. 希腊字母　　D. 斯拉夫字母

4. 普通话语音中元音与辅音的数量分别为（ ）

　　A. 5，22　　　B. 5，21　　　C. 10，22　　　D. 10，21

5. "准允"这两个音节的韵母分别属于（　　）

　　A. 合口呼、撮口呼　　　　　　　B. 合口呼、合口呼

　　C. 撮口呼、撮口呼　　　　　　　D. 开口呼、撮口呼

6. 声母 r 发音时（　　）

　　A. 软腭上升，气流不振动声带

　　B. 软腭下降，气流不振动声带

　　C. 软腭上升，气流振动声带

　　D. 软腭下降，气流振动声带

7. 声母 n 发音时（　　）

　　A. 两个发音部位完全闭塞，软腭上升

　　B. 两个发音部位完全闭塞，软腭下降

　　C. 两个发音部位接近，软腭上升

　　D. 两个发音部位接近，软腭下降

8. 普通话语音的基本音素共有（　　）

　　A. 10 个　　　　　B. 22 个　　　　　C. 26 个　　　　　D. 32 个

9. "曲儿（qǔr）"所包含的音素为（　　）

　　A. 3 个（q、u、r）　　　　　　B. 3 个（q、ü、r）

　　C. 2 个（q、u）　　　　　　　D. 2 个（q、ü）

10. 声音的高低取决于（　　）

　　A. 发音体振动频率的大小　　　B. 发音体振动幅度的大小

　　C. 发音体振动时间的长短　　　D. 发音体振动形式的不同

11. 发音时，舌尖与上齿龈接触，气流从舌头的两边通过，这样发出来的音是（　　）

　　A. 卷舌音　　　B. 舌面音　　　C. 边音　　　　D. 塞擦音

12. 普通话中"妨"的调型是（　　）

　　A. 高平调　　　B. 高升调　　　C. 高降调　　　D. 降升调

13. "自己去"这三个音节的韵母分别属于（　　）

　　A. 齐齿呼、齐齿呼、合口呼　　B. 齐齿呼、齐齿呼、撮口呼

　　C. 开口呼、齐齿呼、合口呼　　D. 开口呼、齐齿呼、撮口呼

14. 普通话在儿化时，丢掉韵尾，主要元音卷舌的韵母是（　　）
　　A. in、ün　　　B. ing、iong　　　C. in、ing　　　D. ün、iong

15. ü 和 u 与 ü 和 i 的不同分别是因为（　　）
　　A. 舌位前后不同、嘴唇圆展不同
　　B. 舌位高低不同、嘴唇圆展不同
　　C. 舌位前后不同、舌位高低不同
　　D. 舌位高低不同、舌位前后不同

16. 下列各组词，全为平舌声母的一组是（　　）
　　A. 挣扎、踟蹰、彩绸、私自　　　B. 组织、支持、资财、失实
　　C. 松树、事实、送丧、桑椹　　　D. 洒扫、色彩、参赛、遵从

17. 下列人名完全按音序排列的一组是（　　）
　　A. 陈子昂、杜荀鹤、柳宗元、刘方平、刘长卿
　　B. 杜审言、皮日休、秦韬玉、宋之问、王昌龄
　　C. 白居易、金昌绪、李群玉、贺知章、温庭筠
　　D. 刘禹锡、陆龟蒙、聂夷中、孟浩然、骆宾王

18. "韵身"是指（　　）
　　A. 韵母　　　B. 韵头和韵腹　　　C. 韵腹　　　D. 韵腹和韵尾

19. 发音部位是指（　　）
　　A. 发音时气流透出的部位
　　B. 发音时舌位隆起的最高点
　　C. 发音时舌面接近或接触的部位
　　D. 发音时气流受到阻碍的位置

20. m, d, k, z 四个声母按发音部位归类分别属于（　　）
　　A. 鼻音、舌尖中音、舌面后音、舌尖前音
　　B. 唇齿音、舌尖后音、舌面音、舌尖前音
　　C. 双唇音、舌尖中音、舌面后音、舌尖前音
　　D. 双唇音、舌尖中音、舌面后音、舌尖后音

21. 下列各组字，声母相同的一组是（　　）
　　A. 荣、龙　　　B. 吃、产　　　C. 志、字　　　D. 坐、决

22. "清音"和"浊音"的主要区别是（　　　）

    A. 声带振颤与否　　　　　　B. 声音清晰与混浊

    C. 声带的松与紧　　　　　　D. 声音的大与小

23. 普通话去声的调值是（　　　）

    A. 214　　　　B. 35　　　　C. 51　　　　D. 55

24. "群体"这两个音节的韵母分别属于（　　　）

    A. 撮口呼、开口呼　　　　　B. 合口呼、开口呼

    C. 撮口呼、齐齿呼　　　　　D. 合口呼、齐齿呼

25. 普通话的复元音韵母共有（　　　）

    A. 7个　　　　B. 10个　　　　C. 13个　　　　D. 16个

26. 普通话的清声母共有（　　　）

    A. 4个　　　　B. 17个　　　　C. 21个　　　　D. 22个

27. 普通话的单元音韵母共有（　　　）

    A. 7个　　　　B. 10个　　　　C. 13个　　　　D. 16个

28. "集体"这两个音节的韵母属于四呼中的（　　　）

    A. 开口呼　　　B. 齐齿呼　　　C. 合口呼　　　D. 撮口呼

29. 发音部位的某两部分靠近形成窄缝，气流从窄缝中挤出而发出来的音是（　　　）

    A. 塞音　　　　B. 塞擦音　　　C. 擦音　　　　D. 边音

30. "生日"两个音节的声母发音区别是（　　　）

    A. 发音部位不同　　　　　　B. 阻碍气流的方式不同

    C. 气流的强弱不同　　　　　D. 清、浊不同

31. 单元音 e 和 o 的区别是（　　　）

    A. 舌位高低不同　　　　　　B. 唇形圆展不同

    C. 舌位前后不同　　　　　　D. 开口度大小不同

32. 下列各音节中，韵头相同的一组是（　　　）

    A. 砖、元　　B. 瓦、扎　　C. 贵、学　　D. 顺、国

33. 下列各音节中，韵腹相同的是（　　　）

    A. 准、去　　B. 斗、国　　C. 规、区　　D. 补、具

34. 下列各成语中，两个"一"读音不同的是（   ）

    A. 一张一弛   B. 一板一眼

    C. 一朝一夕   D. 一模一样

35. 下列成语中，两个"不"读音相同的是（   ）

    A. 不卑不亢   B. 不骄不躁

    C. 不破不立   D. 不伦不类

36. 下列成语中"一""不"都读变调的成语是（   ）

    A. 不一而足   B. 不堪一击

    C. 不屑一顾   D. 不可一世

37. "ba、jian、fan、shang"这四个音节中的"a"在实际发音中（   ）

    A. 有差异，能区别意义   B. 有差异，不能区别意义

    C. 没有差异，能区别意义   D. 没有差异，不能区别意义

38. 可以与舌面后音 g、k、h 相拼的韵母是四呼中的（   ）

    A. 开口呼与齐齿呼   B. 齐齿呼与撮口呼

    C. 开口呼与合口呼   D. 合口呼与齐齿呼

39. "叨教、叨光"的"叨"应读（   ）

    A. dāo   B. dáo   C. tāo   D. táo

40. 下列各词注音完全正确的是（   ）

    A. 涂改 (tǔgǎi)   B. 吐血 (tùxiě)

    C. 糊涂 (hútū)   D. 呕吐 (ōutú)

41. "差强人意"的"差"应读（   ）

    A. chā   B. chà   C. chāi   D. cī

42. 轻声音节读得最低的是（   ）

    A. 阴平音节后，如"说吧"

    B. 阳平音节后，如"来吧"

    C. 上声音节后，如"走吧"

    D. 去声音节后，如"去吧"

43. 下列词中的"子"读得最高的是（   ）

    A. 桌子   B. 椅子   C. 凳子   D. 席子

44. 下列各组词语中，加点的字都读轻声的一组是（　　）

　　A. 看过　包袱　外面　行李

　　B. 棋子　窗户　坐坐　商量

　　C. 木头　干部　笼头　停顿

　　D. 活了　眼睛　重音　方向

45. 下列语气词"啊"的读音变化相同的是（　　）

　　A. 看啊听啊　　B. 猫啊狗啊　　C. 跑啊追啊　　D. 揉啊搓啊

46. "皮袄""感恩""阿姨"拼写正确的一组是（　　）

　　A. píǎo gānēn āi　　　　　B. pi'ǎo gǎn'ēn ā'í

　　C. pi'ǎo gān'ēn ā'yí　　　D. pí'ǎo gǎn'ēn āyí

47. 下列各音节中，韵头相同的一组是（　　）

　　A. 软、源　　B. 月、错　　C. 玩、扬　　D. 旋、远

48. 下列词语中，前一个音节全都变读阳平的是（　　）

　　A. 典雅　我的　脸谱　　　B. 把守　宝塔　打扫

　　C. 祖国　古典　苦恼　　　D. 短跑　笔耕　凯歌

49. 下列词语的拼写全都正确的是（　　）

　　A. 长城 cháng chéng　　　B. 泰山 Tàishān

　　C. 明史 míngshǐ　　　　　D. 程先生 chéng xiānshēng

50. 下列音节拼写正确的是（　　）

　　A. 那儿 nàer　　　　　　　B. 这儿 zhè'er

　　C. 哪儿 nǎr　　　　　　　D. 那儿 nà'ér

（四）多项选择题

1. 造成不同音色的条件是（　　）

　　A. 发音体不同　　　　　　B. 发音时发音体振动的快慢不同

　　C. 发音方法不同　　　　　D. 发音时共鸣器的形状不同

2. 下列各词中，两个音节均为零声母的是（　　）

　　A. 呜咽　　B. 元音　　C. 语法　　D. 隐喻

3. 下列音节韵母为 -i（前）的是（　　）

　　A. 持　　　B. 祠　　　C. 雌　　　D. 侈

4. 下列各项中,声母都是舌尖后音的为（   ）

    A. 惩处　　　　　B. 忠贞　　　　　C. 操场　　　　　D. 事实

5. 下列各词中,韵母都是前响复韵母的是（   ）

    A. 靠近　　　　　B. 开拓　　　　　C. 收买　　　　　D. 栽培

6. 下列各词中,韵母都是后响复韵母的是（   ）

    A. 留心　　　　　B. 嫁接　　　　　C. 削弱　　　　　D. 压缩

7. 下列各词中,韵母都是中响复韵母的是（   ）

    A. 乖巧　　　　　B. 睡眠　　　　　C. 亏损　　　　　D. 药水

8. 下列各词中,韵母都是前鼻韵母的是（   ）

    A. 晚会　　　　　B. 盛情　　　　　C. 困难　　　　　D. 近年

9. 下列各词中,韵母都是后鼻韵母的为（   ）

    A. 完全　　　　　B. 证明　　　　　C. 形象　　　　　D. 印染

10. 下列各项中,声母都为擦音的是（   ）

    A. 风尚　　　　　B. 胜任　　　　　C. 惊奇　　　　　D. 和谐

11. 下列各项声母都符合"舌尖后、擦音"条件的是（   ）

    A. 如实　　　　　B. 重视　　　　　C. 奢侈　　　　　D. 胜任

12. 下列各项声母都符合"清音、送气音"条件的是（   ）

    A. 前途　　　　　B. 杜绝　　　　　C. 快车　　　　　D. 抛弃

13. 发音器官中起共鸣作用的是（   ）

    A. 喉头　　　　　B. 声带　　　　　C. 口腔　　　　　D. 鼻腔

14. 普通话塞音声母发音时（   ）

    A. 发音部位闭塞　　　　　　　B. 软腭上升,气流不振动声带

    C. 发音部位接近　　　　　　　D. 发音短促,不能任意延长

15. 以下音素中,既能充当韵头又能充当韵尾的是（   ）

    A. n　　　　　　B. ng　　　　　C. i　　　　　　D. u

16. 以下各项中,符合"舌面、后、圆唇"条件的是（   ）

    A. a　　　　　　B. o　　　　　　C. e　　　　　　D. u

17. 下列各项中的音节均由四个音素构成的是（   ）

    A. 鲜花儿　　　　B. 赡养　　　　　C. 顺便　　　　　D. 留念

18. 下列各成语中,两个"一"读音相同的有(　　)

　　A. 一字一板　　　　　　　B. 一唱一和

　　C. 一举一动　　　　　　　D. 一丝一毫

19. 下列各句中都含有多音字"拧",其中应读níng的是(　　)

　　A. 把螺丝拧上　　　　　　B. 这孩子是个拧脾气

　　C. 把毛巾拧干　　　　　　D. 咱应该拧成一股绳

20. 在语流中,下列各词前一个音节变得像阳平的是(　　)

　　A. 守法　　　B. 处暑　　　C. 施舍　　　D. 脂粉

21. 下列句子应选用升调的有(　　)

　　A. 天安门多雄伟壮观啊!

　　B. 这件事,是他办的?

　　C. 雪山草地都走过来了,一点困难算什么?

　　D. 任务完成了。

22. 下列各词语中加点的字,属于异读范围的是(　　)

　　A. 粳米 (jīngmǐ)　　　　　粳米 (gēngmǐ)

　　B. 发酵 (fāxiào)　　　　　酵母 (jiàomǔ)

　　C. 理发 (lǐfà)　　　　　　奋发 (fènfā)

　　D. 停泊 (tíngbó)　　　　　湖泊 (húpō)

23. 下列关于句末语气词"啊"的读音变化正确的是(　　)

　　A. 这是金丝猴啊! (hóuwa "哇")

　　B. 快开门儿啊! (ménna "哪")

　　C. 快跑啊! (pǎoya "呀")

　　D. 谁出的主意啊! (yìya "呀")

24. 普通话音节所不可缺少的是(　　)

　　A. 声母　　　B. 韵头　　　C. 韵腹　　　D. 声调

25. 下面各字的韵母属于开口呼的是(　　)

　　A. 师生　　　B. 我们　　　C. 纸张　　　D. 东方

26. 下列声母能与齐齿呼韵母拼合的是(　　)

　　A. zh　　　　B. j　　　　C. f　　　　D. m

27. 普通话中的撮口呼韵母可以拼以下声母中的（　　）

    A. 唇齿音　　　　　　　　　　B. 舌尖中音n、l

    C. 舌面前音　　　　　　　　　D. 零声母

28. 下列关于音节的说法正确的是（　　）

    A. 音节是语音的基本结构单位

    B. 如果一个音节只有一个音素，这个音素一般是元音

    C. 音节是自然感到的最小语音单位

    D. 在音节末尾出现的辅音仅限于n和ng

29. 下列各项中，第一个音节都变读半上声的是（　　）

    A. 捕捉　永恒　著名　　　　　B. 枕巾　晚霞　选购

    C. 纵横　举办　喜欢　　　　　D. 你的　港币　景观

30. 下列音节的拼写符合汉语拼音规则的是（　　）

    A. 配偶pèi'ǒu　　　　　　　　B. 进而jìn'ér

    C. 额外é'uài　　　　　　　　　D. 防疫fáng'ì

（五）实践题

1. 按要求给下列声母归类。

    b，t，h，j，c，zh，sh

不送气音：　　　　　　　　　　塞音：

送气音：　　　　　　　　　　　塞擦音：

2. 填空。

(1) 根据下面所提供的发音条件，填上相应的音素。

① 双唇、不送气、清、塞音（　　）

② 双唇、浊、鼻音（　　）

③ 唇齿、清、擦音（　　）

④ 舌尖中、送气、清、塞音（　　）

⑤ 舌尖后、不送气、清、塞擦音（　　）

⑥ 舌面前、清、擦音（　　）

⑦ 舌尖前、送气、清、塞擦音（　　）

⑧ 舌尖后、高、不圆唇元音（　　）

⑨ 舌面央、低、不圆唇元音（　　）

⑩ 舌面后、半高、圆唇元音（　　）

⑪ 舌面后、高、圆唇元音（　　）

⑫ 舌面前、半低、不圆唇元音（　　）

(2) 写出下列音素的发音条件。

① p　　② sh　　③ l　　④ r　　⑤ j　　⑥ q

⑦ n　　⑧ -i[ʅ]　　⑨ e　　⑩ er　　⑪ i　　⑫ u

3. 给下列加点的汉字注音。

间断（　　）　　请帖（　　　）　　角色（　　）（　　　）

佣工（　　）　　伯父（　　　）　　酝酿（　　）（　　　）

4. 用汉语拼音拼写下列词语和句子。

法规　言论　凉快　喝彩　牟利　劲旅　解元　对付　恩爱　反而

航运　耳朵　改造　规矩　多亏　花费　活泼　歌剧　关系　晕车

墨水儿　蜗牛儿　红裙儿　木橛儿　一块儿　笔杆儿　电影儿

您这儿有学习普通话和汉语拼音方面的书吗？

5. 用国际音标拼写下列词语和句子。

幼儿园　号码儿　豆芽儿　书桌儿　烟卷儿　纸船儿　笔尖儿

房间的墙上挂着小张全家的照片。

国家推广全国通用的普通话。

6. 用国际音标为下列古诗注音。

望庐山瀑布

李　白

日照香炉生紫烟，遥看瀑布挂前川。

飞流直下三千尺，疑是银河落九天。

7. 列表分析下列汉字的音节结构。

山 明 水 秀 科 学 规 律 奋 起 直 追

儿 童 乐 园 延 女 发 音 凶 鹅 俊 杰

（六）概念解释题

1. 音素　2. 辅音　3. 元音　4. 音位　5. 音节　6. 声母　7. 韵母

8. 声调 9. 国际音标 10.《汉语拼音方案》 11. 发音部位 12. 发音方法 13. 塞音 14. 擦音 15. 塞擦音 16. 鼻音 17. 边音 18. 双唇音 19. 唇齿音 20. 舌尖中音 21. 舌面前音 22. 单元音 23. 复元音 24. 韵头 25. 韵腹 26. 韵尾 27. 四呼 28. 押韵 29. 调值 30. 调类 31. 平仄 32. 隔音符号 33. 变调 34. 轻声 35. 儿化 36. 音质音位 37. 非音质音位 38. 音位变体 39. 调位 40. 重音 41. 句调 42. 异读词

（七）问答题

1. 为什么说社会属性是语音的本质属性？

2. 辅音和元音有什么区别？

3. 声母与辅音有何不同？韵母和元音有何不同？

4.《汉语拼音方案》中，"i"可代表三个元音音素，请写出每个音素的发音条件及它们作为单韵母时在音节中的出现条件。

5.《汉语拼音方案·韵母表》中未列入的韵母有哪几个？请分别写出这几个韵母的发音条件。

6. 举例说明汉语音节与音素的联系与区别。

7. 单韵母的发音应从哪几方面分析？举例说明。

8. 举例说明调值与调类的联系与区别。

9. 请分别写出普通话十个单元音韵母的发音条件。

10. 简述普通话音节结构的特点。

11. ü上两点在什么条件下省略，在什么条件下不能省略？为什么？请举例说明。

12. 举例说明形容词重叠后的变调规律。

13. 什么是儿化？举例说明儿化的作用。

14. 什么是轻声？举例说明轻声的作用。

15. 举例说明什么是音位和音位变体。

16. 划分音位的标准是什么？请举例说明。

17. 轻声不仅引起音高的变化，改变了原来的调值，而且有的还影响字音的声母和韵母，引起音色的变化。试举例说明。

扫描书后二维码可获得以上练习题答案。

附录

普通话音节结构分析举例

汉字	音节	声母	韵母原形	韵头	韵腹	韵尾	调类	调值	四呼类别
阿	ā	零	a		a		阴平	55	开口呼
姨	yí	零	i		i		阳平	35	齐齿呼
悠	yōu	零	iou	i	o	u	阴平	55	齐齿呼
久	jiǔ	j	iou	i	o	u	上声	214	齐齿呼
体	tǐ	t	i		i		上声	214	齐齿呼
温	wēn	零	uen	u	e	n	阴平	55	合口呼
翁	wēng	零	ueng	u	e	ng	阴平	55	合口呼
巍	wēi	零	uei	u	e	i	阴平	55	合口呼
峨	é	零	e		e		阳平	35	开口呼
我	wǒ	零	uo	u	o		上声	214	合口呼
们	men	m	en		e	n	轻声	轻读	开口呼
送	sòng	s	ong		o[u]	ng	去声	51	合口呼
春	chūn	ch	uen	u	e	n	阴平	55	合口呼
归	guī	g	uei	u	e	i	阴平	55	合口呼
吞	tūn	t	uen	u	e	n	阴平	55	合口呼
五	wǔ	零	u		u		上声	214	合口呼
岳	yuè	零	üe	ü	ê		去声	51	撮口呼
字	zì	z	i		-i（前）		去声	51	开口呼
药	yào	零	iao	i	a	o[u]	去声	51	齐齿呼
此	cǐ	c	i		-i（前）		上声	214	开口呼
奥	ào	零	ao		a	o[u]	去声	51	开口呼
运	yùn	零	ün		ü	n	去声	51	撮口呼
结	jié	j	ie	i	ê		阳平	35	齐齿呼
婚	hūn	h	uen	u	e	n	阴平	55	合口呼
巡	xún	x	ün		ü	n	阳平	35	撮口呼
逻	luó	l	uo	u	o		阳平	35	合口呼
学	xué	x	üe	ü	ê		阳平	35	撮口呼
余	yú	零	ü		ü		阳平	35	撮口呼
浓	nóng	n	ong		o[u]	ng	阳平	35	合口呼
须	xū	x	ü		ü		阴平	55	撮口呼
女	nǔ	n	ü		ü		上声	214	撮口呼
儿	ér	零	er		er		阳平	35	开口呼
日	rì	r	i		-i（后）		去声	51	开口呼
企	qǐ	q	i		i		上声	214	齐齿呼
穷	qióng	q	iong	io（ü）		ng	阳平	35	撮口呼

第三章 文 字

1. 文字的性质：文字是记录语言的书写符号系统，是最重要的辅助性交际工具。人类有了文字，就突破了语言在时间和空间上的限制，扩大了语言的交际功能。

文字一般起源于图画或刻画符号。

2. 汉字是记录汉语的书写符号系统。汉字是世界上起源很早的文字之一。从殷商时代的甲骨文算起，汉字已经有3000多年的历史了。

历史上流传的汉字是仓颉一个人创造出来的说法不可信。文字在人民间萌芽。仓颉是黄帝的史官，他可能从事过汉字的整理工作。

3. 汉字的特点：①汉字是表意体系的文字。②汉字是形体复杂的方块结构。③汉字有很强的分化同音词的能力。④汉字具有超时空性。

4. 汉字的地位：汉字是中华民族的宝贵财富，是我国法定的通用文字。在历史上，汉字也曾被我们的邻国越南、朝鲜、韩国、日本借去记录各自的民族语言。

5. 汉字字体的演变：甲骨文、金文、大篆、小篆、隶书、楷书。辅助性字体：草书、行书。

6. 现行汉字的形体：①手写体（楷书、行书）；②印刷体（楷书在印刷上的变体，常见的有宋体、仿宋体、楷体、黑体等）。

7. 汉字的三级结构单位：笔画、部件和整字。

笔画是构成汉字字形的最小单位。笔画的具体形状称为笔形。楷书汉字的基本笔形有五种：一（横）、丨（竖）、丿（撇）、丶（点）、乛（折）。

笔画的组合有三种方式：

相离：二三川八小儿心习

相接：人入几乃刀工上山

相交：十七九力丰井也韦

多数汉字是综合运用上述两种或三种方式构成的。

部件是由笔画构成的具有组配汉字功能的构字单位，一个合体字由两个或两个以上的部件构成。

现行汉字中的部件，按照不同标准可以分成不同的类型。

①按照现在能否独立成字划分，可以分为成字部件和非成字部件两类。

②按照笔画的多少划分，可以分成单笔部件、多笔部件两类。单笔部件只有一个笔画，多笔部件有两个或两个以上笔画。

③按照能否再切分成小的部件划分，可以分成单一部件和复合部件两类。单一部件又称单纯部件、基础部件、末级部件，不能再被切分成更小的部件；复合部件又称合成部件，可以再被切分成更小的部件。

④按照部件切分先后层次划分，可以分成一层部件、二层部件、三层部件等。

8. 独体字、合体字。偏旁和部首，部首的规范。

由一个基础部件构成的字叫独体字，由两个或两个以上的基础部件构成的字叫合体字。

合体字部件的组合方式主要有五大类：

①左右组合（a. 左右结构；b. 左中右结构）。

②上下组合（a. 上下结构；b. 上中下结构）。

③包围组合（a. 两面包围；b. 三面包围；c. 四面包围）。

④框架组合（a. 一层框架；b. 二层框架）。

⑤品字组合。

偏旁是部件的通俗叫法。

部首是字书中各部领头的部件或笔画，具有字形归类作用。大部分部首是汉字的部件；有的部首是单一部件中的一个笔画；有的部首可以分成几个部件。因此，部首不等于部件。

采用部首给汉字归类，始于东汉许慎的《说文解字》，它把9353个汉字归为540部。其后《字汇》《康熙字典》均为214部。新版《新华字典》《现代汉语词典》和《现代汉语规范词典》都是201部。

9. 常见汉字的笔顺。

10. 汉字的造字法。六书：象形、指事、会意、形声、转注、假借。

11. 形声字。亦声字。为什么形声的方法成为占优势的造字方法？形旁和声旁的局限性。

12. 汉字改革包括哪些内容？汉字的整理包括哪些内容？

13. 汉字简化的方法：类推简化、同音或异音代替、草书楷化、换用简单的符号、保留特征或轮廓、另造新的形声字或会意字。

14. 什么是异体字？整理异体字的原则。

15. 汉字标准化——四定：定量、定形、定音、定序。

16. 通用字、规范字、错别字、新旧字形。

二　必会技能

1. 掌握规范汉字。

2. 正确书写汉字（包括汉字的形体、笔顺）。

3. 会查常见的字典。

三　复习提示

汉字的掌握和使用是一个长期积累的过程，不可能靠突击的办法一蹴而就；但汉字的基本理论是可以在短时间内掌握的。本章学习的重点是科学地认识汉字。文字是记录语言的书写符号系统，先有语言，后有文字。文字和它所记录的语言没有本质的必然的联系。

汉字是记录汉语的书写符号系统。汉字是世界上起源很早的文字之一。汉字是一种自源文字，它是中华民族的瑰宝。热爱汉字、正确使用规范汉字是文化自信的表现。

甲骨文是一种成熟的文字；小篆是中国历史上第一次汉字规范化的结果；隶书摆脱了汉字象形的特点，使汉字向符号化过渡；楷书产生于东汉末年，一直流传到现代。小学生学写汉字就是学的楷书。宋体、仿宋体、黑体都是以楷书为基础,是楷书的变体。

当前最重要的工作是推行《通用规范汉字表》。

可以找一些《容易读错的字》《容易写错的字》《容易出错的笔顺》《常用字的造字方法》等资料来翻翻,以弥补平时积累的不足。

四　重点难点讲析

1. 简体字与繁体字

简体字和繁体字有广狭二义,广义的解释是,一个字写得简单些就是简体字,或者说笔画少的字就是简体字;与简体字相对的是繁体字。简体字与繁体字的对立从甲骨文就存在了。比如:

从右到左,一个比一个简单,最左边的,可以称之为简体字;最右边的,可以称之为繁体字。

狭义的"简体字"是指1955年之后政府公布的简化汉字,狭义的"繁体字"是指与简化字相对应的写法比简化字复杂的字。2013年公布的《通用规范汉字表》附件1《规范字与繁体字、异体字对照表》中,列出了2546个简化字与繁体字的对应关系。超出字表的繁体字,一般不再简化。

2. 传承字

传承字是从古至今字形没有被精简、简化而目前仍使用的楷体(或楷体的变形宋体、仿宋体、黑体)汉字。请看下面一句话:

A. 毛泽东同志是中华人民共和国的主要缔造者之一。

B. 毛澤東同志是中華人民共和國的主要締造者之一。

记录同一句话的字体不同。A使用的是简化字,B使用的是繁体字。这两句中大部分字不管用简化字书写还是用繁体字书写,都出现了"毛、同、志、是、中、人、民、共、和、的、主、要、造、者、之、一",这些字便是传承字。我们平时使用最多的是传承字,简化字不到1/5。

3. 整理异体字与简化汉字的关系

异体字是音同、义同而形体不同的字。孔乙己说"茴"字有四种写法,这四种写法互为异体字。异体字整理之后，一般把每组保留的字叫正体字，其余淘汰不用的字叫异体字。

简化字一般专指《简化字总表》里所列的简化字，它相对于繁体字而言。

简化汉字必须以整理异体字为基础。一个字有几种写法，究竟如何简化呢？**先整理异体字，再进行简化**。1955年12月22日，中华人民共和国文化部、中国文字改革委员会联合公布了《第一批异体字整理表》，并要求全国从1956年2月1日起实施。1956年1月28日国务院通过并公布了《汉字简化方案》，就对《第一批异体字整理表》中的保留字（或叫选用字、正体字）进行了简化。比如："寶〔寳〕"简化为"宝"，"鷄〔雞〕"简化为"鸡"。

整理异体字的目的是减少汉字的字数，但整理异体字的原则之一是"从简"，也就是对于几个不同写法的字，选择笔画少的，所以，很多保留的异体字，大家也当作简体字对待（每组异体字中，括号内是被淘汰的字，括号外是保留或选用的正体字）：

悴〔顇〕　　哄〔閧鬨〕　　法〔灋泑〕　　呼〔虖嘑謼〕

杠〔槓〕　　挂〔掛罣〕　　焊〔釬銲〕　　雕〔彫鵰凋琱〕

然后，在异体字整理的基础上，对异体字表保留字中的繁体字再进行简化。例如：

動〔働〕→动　　　寶〔寳〕→宝　　　参〔叅〕→参

幇〔幫幇〕→帮　　鋤〔鉏耡〕→锄　　創〔剏剙〕→创

鬥〔鬦鬬鬭〕→斗　歡〔懽讙驩〕→欢

但《第一批异体字整理表》中已经淘汰的异体字不再进行简化。比如"歡〔懽讙驩〕"这组异体字，只对"歡"进行简化，括号内的"懽讙驩"都不能再进行简化，有人把"驩"简化成"驭"是错误的。

对于《第一批异体字整理表》选用字中不符合印刷体规范的，由1965年颁布的《印刷通用汉字字形表》进行规范。例如：

并〔併並竝〕　　迫〔廹〕

"并"的新印刷字形是"并"，"迫"的新印刷字形是"迫"。（此部分的内容请参看《新旧字形对照表》。）

4. 宋体字产生于宋代吗？

我们日常接触最多的汉字印刷体，便是宋体。有人总结宋体的特点是："横细竖粗撇如刀，点如瓜子捺如扫，横笔末端小三角。"宋体字产生于宋代吗？张秀民在《中国印刷史》中说，被称为"宋体"的字体，在宋版书里并不存在，而是在三四百年以后的明朝中期才逐渐形成的。

宋体与真正的宋版字无瓜葛。宋代印刷书刊的字体，大都是模仿名家的毛笔楷体字（欧体、颜体、柳体）。我们所称为"宋体"的字体出现于明朝的木版印刷中，是明代人在继承宋人刻字工艺过程中创新的结果。楷体毛笔字不便于雕刻，效率低，不能满足当时的印量和印刷周期。刻工们利用汉字横多于竖的特点，将笔画较少的竖笔加粗，而横画更细一些，既便于走刀，又解决了笔画间空隙较小、笔画宽度窄与着墨不均匀所导致的不易辨认可读性差的问题。而日本于19世纪从上海美华书馆引进的字体仿自明朝万历年间，所以日本称之为"明朝体"，简称"明体"。

明明是"明体"，又为什么称之为"宋体"呢？这来源于皇权。清朝康熙皇帝在《文献通考》的序里规定："此后刻书，凡方体称宋体字，楷书均称软字。"他大概不喜欢明朝，非要指鹿为马，称"明体"为"宋体"，后人也就跟着皇帝把"明体"称为"宋体"，一直流传到今天。"宋体"的名称就是这样来的。

网上还有人说，宋体是秦桧发明的，更是无稽之谈。

5. 什么是常用字、通用字、规范字？

常用字是指经常使用的、阅读一般报刊必须掌握的汉字，通常有三四千字。1988年，国家语委、国家教委公布了《现代汉语常用字表》，收字3500个，分常用字2500个，次常用字1000个。2013年，国务院公布了《通用规范汉字表》，收字8105个，其中一级字表为常用字集，收字也是3500个。常用字是中小学识字教学的重要标准。

通用字的范围比常用字大，它是指一个时期的出版印刷、辞书编纂和汉字信息处理所需要使用的汉字。现代汉语通用字则是指现代以上领域所需要使用的汉字，它不包括很生僻的用字，也不包括特殊专业的用字。有人统计，从商代到现代，一般使用的汉字数量没有显著的变化，大约在五千至八千个。近年来制订的具有通用字表性质的汉字标准，基本上维持了这一数目。《印刷通用汉字字形表》(1965年)收字6196个，国家标准《信息交换用汉字编码字符表》(1980年)收字6763个，《现代汉语通用字表》(1988年)收字7000个。国务院2013年6月5日公布的《通用规范汉字表》则收字8105个。

　　规范字是经过政府相关部门发布的字形符合国家标准的汉字。规范是一个地域性、时效性很强的概念。日本、新加坡等国家公布的规范汉字，在中国人看来，不一定是规范的。中国执行自己的规范标准。昨天符合某种规范的汉字，今天又发布了新标准，昨天那些不符合最新标准的汉字，就变成不规范的了。比如1955年12月公布的《第一批异体字整理表》规定在"幫幚幇"这组异体字中，"幫"是规范字。但1956年1月公布的《汉字简化方案》中，"幫"又简化为"帮"，于是"幫"由一个月前的规范字变成了不规范字，简化字"帮"又成了新的规范字。再比如"好xiàng""liào望"两个词中的"xiàng""liào"，在1956年1月至1986年10月，写作"象""了"是规范的，但1986年10月《简化字总表》重新发表后，这两个词中的"xiàng""liào"必须写成"像""瞭"才符合规范。

　　2013年《通用规范汉字表》公布后，凡是符合这个字表的，都是规范的；凡是与此表不一致的，都是不规范的。

　　但规范也有个范围问题。翻印古籍，整理古文字，可以使用字表中淘汰的繁体字和异体字。

6.《通用规范汉字表》

　　目前，最规范、最权威的字表，就是国务院2013年6月5日公布的《通用规范汉字表》。《国务院关于公布〈通用规范汉字表〉的通知》中指出："《通用规范汉字表》是贯彻《中华人民共和国国家通用语言文字法》，适应新形势下社会各领域汉字应用需要的重要汉字规范。其制定和实施，对提升国家通用语言文字的规范化、标准化、信息化水平，促进国家经济社会和文化教育事业发展具有重要意义。《通用规范汉字表》公布后，原有相关字表停止使用。"

　　这里的"原有相关字表"，指的是《第一批异体字整理表》(1955年)、《简

化字总表》(1986年)[①]、《现代汉语常用字表》(1988年)、《现代汉语通用字表》
(1988年)[②]。

该字表由教育部、国家语言文字工作委员会组织制定。

该字表收字8105个，分为三级：一级字表为常用字集，收字3500个，主
要满足基础教育和文化普及的基本用字需要。二级字表收字3000个，使用
度仅次于一级字。一、二级字表合计6500字，主要满足出版印刷、辞书编纂
和信息处理等方面的一般用字需要。三级字表收字1605个，是姓氏人名、
地名、科学技术术语和中小学语文教材文言文用字中未进入一、二级字表的
较为通用的字，主要满足信息化时代与大众生活密切相关的专门领域的用
字需要。表后附《规范字与繁体字、异体字对照表》，与规范字相对应的繁
体字、异体字在社会语文生活中一律停止使用。

7. 如何标示汉字的笔顺？

标示汉字的笔顺，可以用三种形式表示：一是跟随式，一笔接一笔地写
出整字；二是笔画式，用"一、丨、丿、丶、乛"五个基本笔画表示；三是序号式，
用横、竖、撇、点、折五个基本笔画的序号1、2、3、4、5表示。例如"库"字的
笔顺是：

　　　　① 跟随式：丶 亠 广 广 庐 庐 库

　　　　② 笔画式：丶 一 丿 一 乛 一 丨

　　　　③ 序号式：4 1 3 1 5 1 2

1997年4月7日，国家语言文字工作委员会和新闻出版署公布了《现
代汉语通用字笔顺规范》(语文出版社1997年版)，列出了以上三种形式
的7000字的笔顺。同时，明确了字表中难以根据字序推断出规范笔顺的

---

① 1956年1月28日国务院通过并公布了《汉字简化方案》，之后又对该方案进行了
数次调整。1964年编印成《简化字总表》，1986年国务院对该表进行了微调，重新发表。
1986年版《简化字总表》代替了1964年版《简化字总表》，1964年版《简化字总表》停止
使用。2013年《通用规范汉字表》颁布后，1986年版《简化字总表》也停止使用。

② 1965年1月30日文化部和文改会联合发布了《印刷通用汉字字形表》，收字6196
个。它提供了现代通用汉字的字形规范，是印刷铅字字形的统一标准。1988年3月25
日国家语言文字工作委员会、新闻出版署联合发布了《现代汉语通用字表》，收字7000个，
取代了《印刷通用汉字字形表》。

"火""叉""錾""爽"等一些字的笔顺,调整了"敝""脊"两个字的笔顺。
2020年11月23日,教育部、国家语言文字工作委员会发布了《通用规范汉字笔顺规范》(商务印书馆2021年版),列出了8015字的跟随式笔顺和序号式笔顺,后者对前者的笔顺规则完全继承,只是增加了一些汉字。

˄8. 中华人民共和国成立之前的汉字简化

汉字简化工作,并不是从中华人民共和国成立之后才开始的。高更生《现行汉字规范问题》(商务印书馆2002年版)有一节专门介绍"历史上的汉字简化",涉及"古文字的简化""隶书的简化"和"楷书的简化"。辛亥革命之后,民国政府成立。1935年8月21日,国民政府教育部公布《第一批简体字表》,共324字。基本上都是从钱玄同《简体字谱》中选出的。《第一批简体字表》的选字原则是:"(一)依述而不作之原则;(二)择社会上比较通行之简体字,最先采用;(三)原字笔画甚简者,不再求简。"《第一批简体字表》在说明中进一步阐述了收字的范围:"一、本表所列之简体字,为便俗易识,且适于刊刻计,故多采宋元至今习用之俗体。古字与草书,间亦采及,古字如'气、无、处、广'等,草书如'时、实、为、会'等,亦皆通俗习用者。""二、本表对于用同音假借之简体字,别择极严,必通用已久,又甚普遍,决不至于疑误者,方采用之,如'异、机、旧、丰'等。"

该字表公布后受到了广大人民群众和有识之士的欢迎。红军到达陕北后,也积极推行简化字。汉字简化却遭到了以戴季陶为代表的国民党顽固派的强烈反对。国民政府教育部于1936年2月5日奉行政院的命令,训令"简体字应暂缓推行"。表面说是"暂缓",但一直到1949年国民党政权垮台也未再提此事。刚刚公布几个月的《第一批简体字表》就这样夭折了。新中国成立后,为了提高人民群众的科学文化水平,人民政府才把国民政府中止的汉字简化工作继续做下去。

据统计,《第一批简体字表》中有一半以上的字与《通用规范汉字表》中的简化字相同。

五　强化练习

(一)填空题

1. 文字是记录语言的＿＿＿＿＿＿＿系统,是最重要的＿＿＿＿＿＿交际工具。

2. 目前世界上的文字基本上可以为两大类,一类是＿＿＿＿＿＿,一类是＿＿＿＿＿＿。

3. 有了文字,人类社会才有了＿＿＿＿语言,使语言的加工和规范化更容易进行,因此,文字＿＿＿＿了语言的发展。

4. 人类有了文字,就突破了语言在＿＿＿＿＿＿上的限制,＿＿＿＿了语言的交际功能。

5. 甲骨文是指＿＿＿＿时代刻在＿＿＿＿上的文字。

6. 大篆一般以＿＿＿＿和＿＿＿＿为典型代表。

7. 古代铸或刻在青铜器上的文字叫＿＿＿＿,又叫＿＿＿＿。

8. 秦代篆、隶并用,＿＿＿＿是正体,＿＿＿＿是俗体。

9. 秦统一六国后在全国推行的标准文字是＿＿＿＿。

10. 楷书出现于＿＿＿＿,一直沿用到今天。

11. 近于楷书而书写灵活,近于草书而不任意挥洒,这是＿＿＿＿的特点。

12. ＿＿＿＿是秦统一六国后汉字规范化的结果。

13. ＿＿＿＿的产生,打破了古代汉字象形的传统,奠定了现行汉字的基础,是汉字发展史上的一个转折点。

14. 把偏旁作为一个系统进行研究,始于东汉时_____的《说文解字》。

15. 现行汉字的合体字,大多来源于古代"六书"的_____字和_____字。

16. 现行汉字印刷体常用的有下列四种:_____、_____、楷体和黑体。

17. 古代讲的"六书",除"象形、指事、会意、形声"以外,还有_____、_____两种。

18. 汉字的构造方式是指_____。

19. 现行汉字的结构单位有三级:一是_____,二是_____,三是整字。

20. 构成汉字的各种点和线叫_____。

21. 笔顺就是汉字笔画的_____。

22. "区"字共有_____画,第四笔的笔画名称是_____。

23. "成"字共有_____画,第五笔的笔画名称叫_____。

24. "鼎"字共有_____画,第六笔的笔画名称是_____。

25. "考"字的第五笔的笔画名称是_____。

26. "羞"字有_____画,在新版《新华字典》中,应查_____部。

27. 国家语委和国家教委在1988年1月26日发布的《现代汉语常用字表》共收字_____个,其中收录最常用的字_____个,次常用字_____个。

28. 1988年3月25日,国家语言文字工作委员会、新闻出版署联合公布了《现代汉语通用字表》,共收汉字_____个。

29. 2013年6月5日,国务院公布了《通用规范汉字表》,收字_____个。该字表把汉字分为三级:一级字表为常用字集,收字_____个;二级字表收字_____个;三级字表收字1605个。

30. 汉字的"四定"工作包括定量、_____、定音和_____。

31. 现代汉字的独体字,大多来源于古代的_____字和_____字。

32. 汉字形体发展的总趋势是_____。

33. 用会意兼形声的方法造出来的汉字,叫_____字。

34. _____年12月公布的《普通话异读词审音表》，是现行汉字的定音标准。

35. 多音字指的是一个字具有_____，而同音字则是几个字有_____。

36. 1981年5月国家标准局发布的GB2312-80《信息交换用汉字编码字符集》（基本集），收一级汉字_____个，二级汉字_____个。

37. 汉字的整理包括两项内容：一个是_____，一个是_____。

38. 整理异体字应遵循_____、_____和书写方便的原则。

39. 当前汉字输入的主要手段是：_____输入、_____输入和键盘输入。

40. 汉字输入的编码方案尽管"万码奔腾"，但概括起来也就三种，搜狗拼音属于____码，五笔字型属于____码。

（二）判断题

1. 从有社会存在的时候起，就有文字的存在。（　　）

2. 文字和语言之间没有必然的联系。（　　）

3. 汉字是表意文字，汉字的形体中没有表音的成分。（　　）

4. 汉字是记录音节的，所以也可以称为音节文字。（　　）

5. 文字和语言，都是交际工具。（　　）

6. 小篆的出现，标志着当时汉字的进一步统一，它对汉字的规范化起过重要作用。（　　）

7. 隶书出现后，汉字的方块形状基本定型了。（　　）

8. 隶书产生于汉代。（　　）

9. 甲骨文出现后，汉字的方块形状基本定型了。（　　）

10. 在摆脱古汉字的图画意味上起决定性作用的是楷书。（　　）

11. 行书兼有楷、草两体的优点，字形灵活流畅，较易辨认。（　　）

12. "臣"字共有6画，第二笔是"竖"。（　　）

13. "保、奔、间、寒、道"都是会意字。（　　）

14. "补、衷、裁"的形旁都是"衣"。（　　）

15. "抬、怠、笞"都是形声字，并且声旁都是"台"。（　　）

16. "六书"中的"转注"和"假借"是用字法,不是造字法。（　　）

17. 形声字的形旁有表义作用,因此也叫"意符"。（　　）

18. 形声字形旁表示的是字的确切意义。（　　）

19. 象形字和会意字都是独体字。（　　）

20. "析"是会意字。（　　）

21. 象形字是构成汉字的基础,大部分会意字和形声字是以象形字为构字部件构成的。（　　）

22. "凸"和"凹"的笔画分别是五画和四画。（　　）

23. 采用部首给汉字归类,始于明代梅膺祚的《字汇》,他把9353个汉字归为540部。（　　）

24. "区"字的第二笔是"丨"。（　　）

25. "津、美、宫、贯"四字的笔画数相同。（　　）

26. "肺"和"诞"都是八画。（　　）

27. 现行汉字的部首都能独立成字。（　　）

28. 形旁和声旁有多种组合方式,其中最常见的是左形右声,其次是上形下声。（　　）

▲29. 偏旁和部首实际上是一样的,只是名称叫法不同罢了。（　　）

30. 错别字的产生全是客观原因造成的。（　　）

31. 汉字最小的构字部件是偏旁。（　　）

32. 现行的《汉语拼音方案》,既是帮助学习汉字和推广普通话的注音工具,又是代替汉字的拼音文字。（　　）

▲33. "后、只、尘、泪"四字的简化方法都是同音代替。（　　）

▲34. "叠"是"迭"的繁体字,"楞"是"愣"的异体字,所以"叠"与"楞"不宜作为规范字使用。（　　）

35. 从造字法看,"武"和"燃"都是会意字。（　　）

36. "瘦、搜、艘"的声旁都是"叟"(sǒu),因此,它们的声母也都跟"叟"一样读作"s"。（　　）

37. "叠"与"迭"在用法上是有区别的。在"重叠、叠床架屋、叠衣服"等词中用"叠",在"更迭、迭次、忙不迭"等词中用"迭"。（　　）

38. 把"醜恶"的"醜"简化为"丑",是采用同音代替的方法。（　　）

39. 把"筆"简化为"笔",是采用构成新的会意字的方法。（　　）

40. 当前最新的汉字规范标准是国务院2013年6月5日公布的《通用规范汉字表》。（　　）

（三）单项选择题

1. 汉字的本质特点是（　　）

　　A. 汉字是表音文字　　　　　　B. 汉字是表意文字

　　C. 汉字是方块汉字　　　　　　D. 汉字是表音兼表意的文字

2. 从时间上看,语言和文字的关系是（　　）

　　A. 语言和文字同时产生　　　　B. 先有文字后有语言

　　C. 先有语言后有文字　　　　　D. 不存在什么先后问题

3. 文字在交际上的作用是（　　）

　　A. 文字是人类最重要的交际工具

　　B. 文字是人类一般性的交际工具

　　C. 文字是人类最重要的辅助性交际工具

　　D. 文字是记录语言的书写符号系统

4. 语言和文字的关系是（　　）

　　A. 文字是语言的一个子系统

　　B. 文字比语言更重要

　　C. 语言是第一性的,文字是第二性的

　　D. 文字是语言的一种

5. 关于汉字的产生,正确的说法是（　　）

　　A. 汉字是仓颉创造的

　　B. 汉字是少数造字专家创造的

　　C. 汉字是按"六书"的方法造出来的

　　D. 汉字是劳动人民集体智慧的结晶

6. 下列汉字中,起笔笔形相同的一组是（　　）

　　A. 艳 样 莫 砻 女　　　　B. 逊 鸠 脏 炙 疑

　　C. 费 逮 限 惠 心　　　　D. 占 皆 盛 戚 韭

7. 汉字的最小结构单位是（　　　）

　　A. 笔画　　　　　B. 偏旁　　　　　C. 独体字　　　　D. 部首

8. 下列关于汉字书写，正确的说法是（　　　）

　　A. "凸、弗、引、卡" 都是五笔

　　B. "衷、裹、固、囿" 都是外形内声字

　　C. "龙、兴、尚、远" 的起笔都是 "丶"

　　D. "慕、怀、思、志" 都是形声字，且形符都是 "心"

9. 下列说法，正确的是（　　　）

　　A. 根据现有资料可以断定最早的汉字距今已有两千多年

　　B. 语言和文字是同时产生的，有语言，就一定有文字

　　C. 文字是记录语言的最重要的辅助性交际工具

　　D. 文字和语言一样，具有鲜明的阶级性

10. 下面各字的笔顺、笔画，叙述正确的是（　　　）

　　A. 耳：第六笔是竖，共6画

　　B. 延：第一笔是撇，共7画

　　C. 世：第一笔是横，共5画

　　D. 出：第三笔是竖，共6画

11. 下列汉字中，笔画数相同的一组是（　　　）

　　A. 衷　哥　弱　诞　　　　　B. 逸　偃　祭　插

　　C. 长　瓦　丐　鸟　　　　　D. 印　凸　丝　巨

12. 下列汉字中，部首相同的一组是（　　　）

　　A. 桃　挑　佻　逃　　　　　B. 沾　贴　玷　拈

　　C. 熨　烧　焱　荧　　　　　D. 湍　揣　端　喘

13. 从《新华字典》或《现代汉语词典》中查找下列各组汉字，按各字后标明的部首、笔画，能查检出来的一组是（　　　）

　　A. 闱：门部，四画　　　夷：大部，三画

　　B. 敝：攵部，八画　　　疑：匕部，十二画

　　C. 世：一部，四画　　　靡：广部，十六画

　　D. 戕：戈部，四画　　　永：丶部，六画

14. 下列各字的笔画,标注全对的是(　　　)

    A. 承(8 画)　　　贰(9 画)　　　肉(8 画)

    B. 汛(6 画)　　　佛(7 画)　　　秉(8 画)

    C. 弓(4 画)　　　丑(4 画)　　　臼(6 画)

    D. 莺(10画)　　　蚓(11画)　　　馏(13画)

15. "凸"字第四笔的笔画名称是(　　　)

    A. 横　　　　B. 横折　　　　C. 竖折　　　　D. 横折折

16. 下列汉字中,笔画数有差别的一组字是(　　　)

    A. 册 厄 丝 北　　　　　　B. 惕 庶 萧 爽

    C. 察 逸 埠 贻　　　　　　D. 兼 倏 都 涡

17. 下列各组字,全为形声字的是(　　　)

    A. 江 梁 贷　　　　　　　B. 警 采 核

    C. 从 铀 梨　　　　　　　D. 垦 济 月

18. 下列形声字结构相同的一组是(　　　)

    A. 描 情 忆 掌 净　　　　B. 想 裘 利 怒 蒌

    C. 宇 雾 究 蘑 竿　　　　D. 阐 问 阅 阔 闸

19. "步"字是(　　　)

    A. 象形字　　　B. 会意字　　　C. 指事字　　　D. 形声字

20. 下列四组字中,归类正确的是(　　　)

    A. 网 豆 瓜 斤 寸 矢　　　(象形)

    B. 亦 甘 白 刃 牟 上　　　(指事)

    C. 匠 涉 伐 首 闭 烦　　　(会意)

    D. 恭 起 策 唐 徒 含　　　(形声)

21. 从造字法上看,"二、三、亦"三个字都是(　　　)

    A. 象形字　　　B. 指事字　　　C. 会意字　　　D. 形声字

22. 从造字法上看,"及、史、友"三个字都是(　　　)

    A. 象形字　　　B. 指事字　　　C. 会意字　　　D. 形声字

23. 含有表音成分的是(　　　)

    A. 象形字　　　B. 指事字　　　C. 会意字　　　D. 形声字

24. 下列各组字,造字方法相同的是(　　　)

    A. 刀　刃　放　很　水　火

    B. 期　牧　休　桐　功　从

    C. 山　石　忠　荒　部　羊

    D. 忘　驾　怠　瞥　膏　盲

25. 下列各组字,全部属于独体字的一组是(　　　)

    A. 土　米　良　反　干　我

    B. 蚊　牛　月　栗　集　竹

    C. 火　水　日　月　明　寒

    D. 吊　小　大　天　歪　禾

26. 下列汉字的造字法,判断完全正确的是(　　　)

    A. "象、门、龟、首"都是象形字

    B. "休、歪、轰、果"都是会意字

    C. "甘、刃、十、手"都是指事字

    D. "沐、袖、衙、牧"都是形声字

27. 下列对造字方法的判断,完全正确的一组是(　　　)

    A. 兵:象形　　　　森:会意　　　　图:形声

    B. 看:会意　　　　笔:形声　　　　手:象形

    C. 衣:象形　　　　恭:形声　　　　二:指事

    D. 一:象形　　　　林:会意　　　　庭:形声

28. 现行汉字的独体字,大多来源于古代的(　　　)

    A. 象形字和指事字　　　　B. 象形字和会意字

    C. 指事字和形声字　　　　D. 形声字和会意字

29. 现行汉字的合体字,大多来源于古代的(　　　)

    A. 象形字和形声字　　　　B. 形声字和会意字

    C. 会意字和指事字　　　　D. 指事字和象形字

30. 下列各组字,全为形声字的一组是(　　　)

    A. 材编比惜霜梨　　　　B. 牧圃阁婆恩欣

    C. 警晨期颈蝗飘　　　　D. 众望盲苞男字

31. 下列各组字，造字法相同的一组是（　　）

    A. 材 颈 管 慈 衷　　　　　　B. 默 羔 牧 姑 荟

    C. 森 花 舟 晨 灾　　　　　　D. 射 旗 裁 明 颖

32. 下列各字归类正确的一组是（　　）

    A. 象形字：鸟 网 切 瓜 月 角

    B. 指事字：本 寸 刃 末 甘 亦

    C. 会意字：休 采 炙 上 从 班

    D. 形声字：江 诗 园 牧 鸠 恭

33. 下列各组字，全为形声字的一组是（　　）

    A. 邮 纸 印 新 维 涛 洁 梨 走 浓

    B. 帮 梅 闻 阀 斧 漂 功 區 载 管

    C. 祥 现 颂 贵 想 缝 腰 然 阳 矗

    D. 场 空 明 清 简 迟 称 流 组 荣

34. 下列各组字，全部属于会意字的是（　　）

    A. 尘 炙 尖 未 签　　　　　　B. 涉 祭 焚 籴 囚

    C. 看 幕 闩 闪 车　　　　　　D. 众 森 笔 灶 清

35. 下列各组字，不含形声字的一组是（　　）

    A. 避 伸 怒 晶　　　　　　　B. 信 劣 明 众

    C. 他 慈 牧 秋　　　　　　　D. 功 尖 好 森

36. 关于"病、货"的形旁和声旁，下列分析正确的是（　　）

    A. "疒""化"为形旁，"丙""贝"为声旁

    B. "疒""贝"为形旁，"丙""化"为声旁

    C. "丙""化"为形旁，"疒""贝"为声旁

    D. "丙""贝"为形旁，"疒""化"为声旁

37. "锦"字的声旁是（　　）

    A. 金　　　　　B. 白　　　　　C. 巾　　　　　D. 帛

38. 下列四组字中，归类正确的是（　　）

    A. 旗 爬 题 匙 （声居一隅）

    B. 荆 颖 载 疆 （形居一隅）

C. 裹 衙 襄 器 （形被拆开、声居中间）

D. 辩 随 陋 隧 （声被拆开、形居中间）

39. 汉字造字的基础是（　　）

A. 象形字　　　B. 会意字　　　C. 形声字　　　D. 偏旁

40. 下列各组内三个字的造字方法各不相同的是（　　）

A. 飘 莫 灸　　　　　　　B. 病 牧 心

C. 舟 目 窍　　　　　　　D. 炙 晨 采

41. 从造字法的角度说，"臭"字应属于（　　）

A. 象形字　　B. 指事字　　C. 会意字　　D. 形声字

42. 秦始皇统一六国后，在全国采用的标准文字是（　　）

A. 大篆　　　B. 小篆　　　C. 秦隶　　　D. 籀文

43. 汉字"四定"中的定音就是确定每个汉字的标准读音，需要定音的主要是（　　）

A. 同音字　　　　　　　B. 多音字

C. 多音多义字　　　　　D. 异读字

44. 现行汉字的最常用字体是（　　）

A. 行书和草书　　　　　B. 楷书和草书

C. 楷书和行书　　　　　D. 楷书和隶书

45. 形同、音同、义不同的字是（　　）

A. 异读字　　B. 多义字　　C. 异体字　　D. 多音多义字

46. 改造汉字结构，打破古代汉字象形特点，使汉字符号化的是（　　）

A. 甲骨文　　B. 金文　　C. 小篆　　D. 隶书

47. 秦朝通行的汉字形体是（　　）

A. 大篆和小篆　　　　　B. 籀文和隶书

C. 金文和篆书　　　　　D. 小篆和秦隶

48. 下列关于汉字演变过程的说法，正确的一组是（　　）

A. 甲骨文→大篆→金文→隶书→小篆→楷书

B. 甲骨文→金文→大篆→小篆→隶书→楷书

C. 甲骨文→大篆→小篆→金文→隶书→楷书

D. 甲骨文→金文→小篆→大篆→隶书→楷书

49. 下列各组字,全为多音字的一组是(　　　)

    A. 燕　尽　瑰　屏　　　　　B. 区　靡　劲　法

    C. 辟　发　浸　殷　　　　　D. 艾　奇　稽　单

50. 音同义同而形不同的字是(　　　)

    A. 异读字　　　B. 多义字　　　C. 异体字　　　D. 多音多义字

51. 形同义同而音不同的字是(　　　)

    A. 异读字　　　B. 多义字　　　C. 异体字　　　D. 多音多义字

52. "戏、对、劝"等字中的"又"(　　　)

    A. 是声旁　　　　　　　　　B. 是形旁

    C. 既是声旁也是形旁　　　　D. 既非声旁也非形旁

53. "赵"字的简化方法是(　　　)

    A. 简化偏旁　　　　　　　　B. 同音代替

    C. 草书楷化　　　　　　　　D. 换用简单符号

54. "为"字的简化方法是(　　　)

    A. 草书楷化　　　　　　　　B. 同音代替

    C. 局部删除　　　　　　　　D. 另造会意字

55. 下列简化字中,采用同音代替方法的一组是(　　　)

    A. 斗　几　丑　只　　　　　B. 边　达　脏　运

    C. 宪　洼　卫　叹　　　　　D. 听　涂　盐　样

56. 下列成语中,书写正确的一组是(　　　)

    A. 肆无忌惮　声名狼籍　如火如荼　气势凶凶

    B. 潸然泪下　礼尚往来　众目睽睽　却之不恭

    C. 蓬筚生辉　寥寥无几　陈词烂调　胜券在握

    D. 变本加利　再接再厉　脍炙人口　巧亏一篑

57. 下列成语中,有错别字的一组是(　　　)

    A. 生杀予夺　跋山涉水　妄加揣测　指桑骂槐

    B. 不期而遇　夸夸其谈　睹物思人　顾影自怜

    C. 横征暴敛　临危不惧　不绝如缕　细致入微

    D. 卓有成效　爽心悦目　别俱一格　大雨滂沱

58. 根据句意,下列各句方框内应依次填入(　　)

　　　①反映上海浦东开发建设的录□放映后,观众赞不绝口。

　　　②采访团对造成小清河污染的违法现象进行了□光。

　　　③古玩□定,按难易程度来说,首推字画。

　　　④他们坚持原则,凭质量和信誉□到了多项开发工程。

　　　A. 像　暴　鉴　览　　　　　B. 像　曝　鉴　揽

　　　C. 相　曝　鉴　揽　　　　　D. 相　曝　签　拦

59. 下列各句"□"内应依次填入(　　)

　　　①谭嗣同是□□变法的主要领导者之一。

　　　②为祖国□守边疆,是一个军人的神圣职责。

　　　③李将军一生□马倥偬,却落得个被害致死的下场。

　　　A. 戊、戍、戊、戎　　　　　B. 戍、戊、戎、戍

　　　C. 戍、戊、戊、戎　　　　　D. 戊、戌、戍、戎

60. "咀嚼"的"嚼"字应读作(　　)

　　　A. jiáo　　　　B. jué　　　　C. jiào　　　　D. juè

(四)多项选择题

1. 下列说法有错误的是(　　)

　　　A. 汉字是表意体系的文字

　　　B. 汉字是以表音为主,表意为辅的文字

　　　C. 汉字是仓颉创造出来的

　　　D. 汉字基本上是记录音节的,即一个音节只用一个汉字记录

2. 下列汉字中,起笔笔形有差异的一组是(　　)

　　　A. 止　业　旧　申　北　　　　B. 击　页　艳　手　奏

　　　C. 迹　亮　被　妆　义　　　　D. 乱　旮　盈　危　贺

3. 下列各字中,造字方法相同的一组是(　　)

　　　A. 瓜　刀　甘　象　甲　文　　　B. 炎　磊　卉　采　看　分

　　　C. 忘　闷　攻　妈　辨　碰　　　D. 疆　墓　笑　篱　语　奖

4. 下列各字在《新华字典》中与"羹"属于同一部首的有(　　)

　　　A. 羞　　　　B. 群　　　　C. 兰　　　　D. 盖

5. 下面说法正确的是（　　　）

　　A. 偏旁就是部首

　　B. 偏旁不一定是部首，但部首一般都是偏旁

　　C. 偏旁都是表意的

　　D. 偏旁可分为成字偏旁和不成字偏旁两类

6. 下列词语中，偏旁有错误的是（　　　）

　　A. 响午　　　　　B. 跋涉　　　　　C. 阻绕　　　　　D. 光猾

7. 下列各组汉字的部首和检字笔画数的说明有错误的是（　　　）

　　A. 傅：亻部，七画　　　　　牵：大部，六画

　　B. 拗：扌部，四画　　　　　亟：口部，四画

　　C. 迓：辶部，四画　　　　　贵：贝部，五画

　　D. 背：月部，四画　　　　　冰：冫部，四画

8. 下列各字的注音、造字法、笔画数说得全对的有（　　　）

　　A. 椽　　chuán　　形声　　十四画

　　B. 骸　　hài　　　形声　　十五画

　　C. 瓜　　guā　　　象形　　五画

　　D. 盥　　guàn　　会意　　十六画

9. 下列汉字，按造字法分类正确的是（　　　）

　　A. 炙　见　磊　益　帘　　　B. 炙　起　躬　星　鼻

　　C. 几　鱼　井　田　目　　　D. 一　二　三　个　仄

10. 下列各组字，笔画数不相同的有（　　　）

　　A. 姑　刮　贩　房　　　　　B. 访　放　防　饭

　　C. 各　巩　沟　谷　　　　　D. 乖　贯　龟　柜

11. 下列各组字，全组都是象形字的有（　　　）

　　A. 网　鸟　瓜　月　角　　　B. 日　木　羊　山　门

　　C. 目　皿　牛　明　刀　　　D. 雨　龟　亦　恭　园

12. 下列各组字，造字方法相同的是（　　　）

　　A. 休　佛　人　背　　　　　B. 寐　楷　盲　荆

　　C. 持　灶　赳　裹　　　　　D. 戈　来　易　手

13. 下列各字属会意字的是（　　　）

    A. 从　　　　　　B. 戍　　　　　　C. 采　　　　　　D. 鹿

14. 下列字体，与"卜辞"指同一汉字形体的是（　　　　　）

    A. 钟鼎文　　　B. 殷契　　　　　C. 石鼓文　　　　D. 甲骨文

15. 下列各字中属于形声字的有（　　　）

    A. 肺　　　　　　B. 篇　　　　　　C. 好　　　　　　D. 膏

16. 秦始皇统一中国前，曾经出现过的汉字形体有（　　　　　　）

    A. 甲骨文　　　B. 大篆　　　　　C. 章草　　　　　D. 金文

17. 下列词语，书写完全正确（没有错别字）的是（　　　　　）

    A. 朗读　　　　B. 惨愧　　　　　C. 督促　　　　　D. 开僻

18. 整理异体字的原则包括（　　　）

    A. 从简的原则　　　　　　　　B. 从俗的原则

    C. 照顾书写方便的原则　　　　D. 有利于海峡两岸交流的原则

19. 下列词语中，有错别字的是（　　　）

    A. 尊敬　　　　B. 松懈　　　　　C. 绉纹　　　　　D. 保垒

20. 下列加点的字，注音正确的是（　　　）

    A. 嫡 (dí) 传　　　　　　　　B. 衣钵 (bē)

    C. 暧昧 (mèi)　　　　　　　 D. 天籁 (lài)

21. 下列汉字每组都符合《通用规范汉字表》字形标准的是（　　　　）

    A. 印刷　字形　　　　　　　 B. 临河　丑时

    C. 现代　汉语　　　　　　　 D. 瓦房　门户

22. 下列词语中加点的字，注音、字形完全正确的有（　　　　）

    A. 铁砧 (zhēn)　　　　铁臼 (jòu)

    B. 白芨 (jī)　　　　　驱遣 (qiǎn)

    C. 搀和 (chān huo)　　拌和 (bàn huò)

    D. 粗略 (luè)　　　　　缺憾 (hàn)

23. 下列各字中，七画的汉字有（　　　）

    A. 尬　　　　　　B. 医　　　　　　C. 走　　　　　　D. 阿

24. 下列成语中，字形、注音完全正确的是（　　　）

A. 前仆 (pū) 后继　不稂不莠 (yǒu)　见微知著 (zhù)　为 (wèi) 渊驱鱼

B. 血流漂杵 (chǔ)　万事亨 (kēng) 通　痴 (chī) 心妄想　扣人心弦 (xián)

C. 不期 (qī) 而遇　直言不讳 (huì)　户枢 (shū) 不蠹　燃 (rán) 眉之急

D. 煽 (shān) 风点火　安土重 (zhòng) 迁　拭 (shì) 目以待　喜闻乐 (lè) 见

25. 国务院规定:"《通用规范汉字表》公布后……原有关字表停止使用。"这里的"原有关字表"指的是（　　　）

A.《第一批异体字整理表》(1955)

B.《简化字总表》(1986)

C.《现代汉语常用字表》(1988) 和《现代汉语通用字表》(1988)

D. GB 18030—2022《信息技术　中文编码字符集》

（五）实践题

1. 写出下列各字的笔画顺序并注明各字的笔画数。

例如:成　一 厂 厂 成 成 成 (6画)

长 方 区 凹 凸 臣 母 连 延 卑 再 承 鸟 世 肃 叟 函

2. 给下列汉字按造字方法分类。

母 亦 文 朱 生 上 伏 见 旗 闷 起 斧

象形字:　　　　　　　　　　指事字:

会意字:　　　　　　　　　　形声字:

3. 给下列语句中加点的字注音。

A. 准备得差不多了（　　　）　　B. 他找到了一个差事（　　　）

C. 参差不齐（　　　）　　D. 差之毫厘,谬以千里（　　　）

E. 和盘托出（　　　）　　F. 和风细雨（　　　）

G. 在面里和点糖（　　　）　　H. 随声应和（　　　）

I. 真暖和（　　　）　　J. 曲高和寡（　　　）

4. 根据注音的提示,在括号内填写合适的规范汉字。

A. 不可 yú（　　　）越　　B. 前 jù（　　　）后恭

C. 相得益 zhāng（　　　）　　D. yōu（　　　）柔寡断

E. 好高 wù（　　　）远　　F. 初出茅 lú（　　　）

G. 翻天 fù（　　　）地　　H. 耳濡目 rǎn（　　　）

5. 把下面的成语补写完整。

A. 相（　）相成　　　B. 相（　）见绌　　　C.（　）声匿迹

D. 笑容可（　）　　　E. 不（　）一格　　　F. 不寒而（　）

G. 既往不（　）　　　H. 不（　）而走　　　I. 不（　）之论

J.（　）手可得　　　K. 形影相（　）　　　L. 厉兵（　）马

6. 请用横线标出每组中的错别字，并改正在括号内。

A. 恐惧　造诣　防碍　驱逐　功名利禄　虎啸猿啼　（　　　）

B. 推敲　殷商　憧憬　蜿蜒　虚涨声势　正宗嫡传　（　　　）

C. 肤浅　慰勉　褴褛　疲惫　宽厚仁慈　多多宜善　（　　　）

D. 粗忽　寓所　道歉　妖娆　韦编三绝　自栩渊博　（　　　）

7. 指出下列形声字的形旁。

牍（　）　踩（　）　暮（　）　霭（　）　题（　）

颖（　）　裁（　）　衙（　）　街（　）　豪（　）

宴（　）　旗（　）　寐（　）　瓣（　）　闻（　）

叩（　）　疆（　）　群（　）　切（　）　衷（　）

（六）概念解释题

1. 文字　2. 汉字　3. 异体字　4. 多音字　5. 甲骨文　6. 金文　7. 大篆
8. 小篆　9. 隶书　10. 楷书　11. 草书　12. 行书　13. 简化字　14. 繁体字
15. 传承字　16. 笔画　17. 偏旁　18. 部首　19. 独体字　20. 合体字
21. 造字法　22. 六书　23. 象形字　24. 指事字　25. 会意字　26. 形声字
27. 四定　28. 规范字　29. 印刷体　30.《通用规范汉字表》　31. 亦声字

（七）问答题

1. 汉字简化的方法主要有哪些？请各举一例说明。

2. 偏旁和部首有无联系和区别？举例说明。

3. 形声字的形旁和声旁各有什么作用？这种作用有什么局限性？

4. 从造字法的角度看，"步"的下半部为什么不能写作"少"？"爬"的左边为什么不能写作"瓜"？

5. 现代造新字基本上不用象形法，会意法也用得不多，这是什么原因？

6. 试分析汉字没有发展成拼音文字的原因。

7. 语言和文字有什么不同？

8. 汉字笔顺的基本规则是什么？结合下列汉字说明。

　　人　入　十　丰　闭　同　辨　川　国　目　承　水

9. 形声字和会意字有什么异同？

10. 为什么形声造字法能成为一种占优势的造字法？

11. 汉字笔画的组合有哪些方式？举例说明。

12. 什么是象形？什么是指事？它们有什么区别？

扫描书后二维码可获得以上练习题答案。

附录

汉字笔顺例示

此表凡180字,选自中华人民共和国教育部、国家语言文字工作委员会于2020年11月23日联合发布的《通用规范汉字笔顺规范》(GF 0023 — 2020)。

2 画				丏	一 丁 丏 丏
匕	ノ 匕			廿	一 廿 廿 廿
九	ノ 九			艺	一 艹 艺 艺
刁	フ 刁			五	一 厂 五 五
乃	フ 乃			卅	一 十 卅 卅
3 画				区	一 フ 区 区
与	一 与 与			匹	一 厂 兀 匹
万	一 丆 万			车	一 左 车 车
山	丨 凵 山			巨	一 厂 三 巨
及	ノ 乃 及			戈	一 弋 戈 戈
门	丶 门 门			比	一 上 比 比
丫	丶 ソ 丫			瓦	一 厂 瓦 瓦
义	丶 丿 义			止	丨 卜 止 止
之	丶 フ 之			内	丨 冂 内 内
尸	一 フ 尸			水	丨 刂 水 水
也	フ 也 也			长	ノ 匚 长 长
女	〈 女 女			片	ノ 丨 丨 片
飞	フ 飞 飞			凶	ノ 乂 凶 凶
叉	フ 又 叉			分	ノ 八 分 分
马	フ 马 马			仓	ノ 人 仓 仓
4 画				氏	ノ 厂 氏 氏
丰	一 二 三 丰			丹	ノ 刀 丹 丹

方	、	一	亠	方		永	、	丁	才	永	永
火	、	ソ	火	火		出	乚	屮	出	出
为	、	ノ	为	为		皮	一	厂	广	皮	皮
忆	、	丶	忄	忆		母	乚	乜	母	母	母
心	、	丶	心	心	心

6 画

丑	刁	刀	丑	丑
巴	丶	刀	巴	巴
以	丶	丶	以	以
予	丶	刁	予	予
毋	乚	母	毋	毋

5 画

击 一 二 击 击 击
戋 一 二 戋 戋 戋
甘 一 十 廿 甘 甘
世 一 十 廿 世 世
可 一 丆 可 可 可
龙 一 ナ 尤 龙 龙
轧 一 车 车 轧 轧
北 丨 丬 扎 北 北
凸 丨 凵 凸 凸 凸
由 丨 冂 冃 由 由
冉 丨 冂 内 冉 冉
凹 丨 凵 凹 凹 凹
生 ノ 牛 牛 生 生
印 丶 臼 臼 印 印
乐 一 丘 乐 乐
册 ノ 刀 刑 册 册
鸟 丶 鸟 鸟 鸟
写 丶 写 写 写
必 丶 心 心 必 必
讯 丶 讠 讯 讯 讯

6 画

戎 一 二 于 式 戎 戎
考 一 十 耂 考 考 考
老 一 十 耂 老 老 老
耳 一 丁 丌 耳 耳
亚 一 丁 亚 亚 亚
臣 一 丁 臣 臣
再 一 丆 丙 再 再
有 一 ナ 才 有 有 有
成 一 厂 成 成 成
岁 一 屮 岁 岁 岁
年 一 二 年 年
臼 丶 臼 臼 臼 臼
延 丿 正 延 延
舟 丿 舟 舟 舟
兆 丿 兆 兆 兆
妆 丿 妆 妆 妆
衣 一 衣 衣 衣
问 丶 门 问 问 问
忖 丶 忄 忖 忖 忖
迅 乛 卂 迅 迅

7 画

麦 一 二 丰 声 麦 麦
戒 一 二 于 开 戒 戒
吞 一 二 天 天 吞 吞
走 一 十 土 走 走 走
巫 一 丅 巫 巫 巫

医　一　丆　丆　三　至　矢　医
尢　一　十　九　尢　尢　尢　尢
连　一　七　车　车　连　连
轩　一　土　车　车　轩　轩　轩
里　丨　冂　曰　旦　甲　甲　里
岖　丨　山　山　山　屿　岖　岖
我　一　二　于　手　我　我　我
每　一　一　亡　勾　每　每　每
卵　一　午　午　卯　卯　卵　卵
迎　一　午　午　印　印　迎　迎
这　一　二　文　文　文　这　这
沛　一　冫　氵　汇　汇　沛　沛
怅　一　丬　忄　忄　忄　怅　怅
词　一　讠　讠　讵　讵　词　词
阿　一　阝　阝　阿　阿　阿　阿

8 画
武　一　二　干　干　于　正　武　武
莞　一　十　卝　艹　芇　莞　莞　莞
丧　一　十　十　市　市　丧　丧　丧
轰　一　七　车　车　车　丧　轰　轰
转　一　七　车　车　车　转　转　转
非　丨　丨　丨　丨　丨　非　非　非
垂　一　二　千　千　千　垂　垂　垂
吏　一　一　口　口　旦　吏　吏
版　丿　丬　片　片　片　版　版　版
卑　丿　丬　白　白　白　卑　卑
肺　丿　月　月　月　肸　肸　肺　肺
狐　一　午　犭　犭　狐　狐　狐　狐
夜　一　二　广　疒　疒　夜　夜　夜
疟　一　二　广　广　疒　疒　疟　疟
郅　一　二　口　四　军　军　郅　郅

译　一　讠　讠　讵　讵　讵　译
肃　一　一　彐　聿　肃　肃　肃
承　一　了　了　了　手　承　承　承
陋　一　阝　阝　阼　阼　陋　陋
戕　一　丬　丬　丬　丬　牀　戕　戕
函　一　了　了　丞　丞　函　函
贯　一　口　四　毋　毋　贯　贯

9 画
甚　一　十　廿　甘　甘　其　其　甚
鸦　一　二　于　牙　牙　鸦　鸦
虐　一　广　广　卢　卢　虐　虐
曷　一　口　曰　甲　号　号　曷
骨　一　口　口　四　骨　骨　骨
幽　丨　丨　幺　幺　丝　丝　幽　幽
叟　一　午　午　臼　臼　叟　叟
将　一　丬　丬　护　护　将　将
度　一　广　广　产　产　庹　度
美　一　兰　兰　兰　兰　美　美
癸　丿　丁　癶　癶　癶　癶　葵　葵

10 画
敖　一　二　耂　耂　寺　寺　
　　 敖　敖　敖
载　一　十　士　士　吉　吉　
　　 载　载　载
哥　一　丆　可　可　可　哥　
　　 哥　哥　哥
逐　一　丆　丌　豕　豕　豕　
　　 逐　逐　逐
乘　一　二　千　千　乖　乖　
　　 乖　乖　乘
般　丿　丬　白　白　自　自　舟

舟 股 般

豳

脊

蚩

难

11 画

匮

曹

爽

兜

象

商

率

敝

渊

12 画

插

辈

鼎

番

13 画以上

肆

勤

颐

蒇

臧

舞

漆

矗

巍

第四章　词　　汇

一 ▦ 知识要点

1. 什么是词汇？词汇又称语汇，是一种语言里所有的（或特定范围内的）词和固定短语的总和。还可以指某一个人或某一作品所用的词和固定短语的总和。词汇是众多词语的汇集，即词的集合体，词汇和词的关系是集体和个体的关系。

词汇是语言的建筑材料。

2. 词汇单位有三种：语素、词、固定短语。

3. 语素：语素是最小的有音又有义的语言单位。既有词汇意义又有语法意义的语素叫实语素；只有语法意义没有词汇意义的语素叫虚语素。

现代汉语的语素绝大部分是单音节的，两个或两个以上音节的比较少。双音节语素有一部分是从外语借来的，三音节和三音节以上的语素大都是从外语借来的。

确定语素可以采用替代法，用已知语素替代有待确定是不是语素的语言单位。

语素可以根据不同的标准分出各种类型。①按音节多少，可分为单音节语素和多音节语素。②按语素的构词能力，可分为成词语素（能够独立成词的语素，成词语素能够单独成词，也能够跟其他语素组合成词）、不成词语素。③从语素的位置来分，有定位语素和不定位语素。（按：并不是所有的语素都能划分为定位语素和不定位语素。有的语素只能独立成词，如"的士""叽里咕噜"，不存在位置问题。有的语素构词能力很弱，只构成一个词，如"菠菜"的"菠"、"基础"的"础"，似乎是定位语素，但它们确确实实是实语素，不属于词缀。）

4. 词根、词缀。表示词的基本意义的语素叫词根。词根由成词语素和不定位不成词语素充当。表示词的附加意义或起语法作用的语素叫词缀。词缀由定位不成词语素充当。

现代汉语里的语素（词根和词缀），多数是由古代汉语的词演变来的。由于汉语的词逐渐由单音节向双音节发展，古代汉语的许多词（成词语素）在现代汉语中变成构词成分，成为不成词语素。

5. 语素与汉字。语素是语言单位，汉字是记录语素的书写符号。一般来说，汉语的一个汉字就记录一个音节，所以单音节语素用一个汉字记录，双音节语素用两个汉字记录，多音节语素用多个汉字记录。

6. 词与短语。词是语言中最小的能够独立运用的有音有义单位。句子中的成词语素只要不与别的语素组词，便都是能独立运用的单位——词。短语是由词逐层组成的没有语调的语言单位。

7. 词与语素的辨别。

词和语素都是音义结合体。但词以"独立运用"为前提，语素不以"独立运用"为前提。当语素能"独立运用"时既是词，又是语素，属于"成词语素"；不能"独立运用"时便仅仅是语素，属于"不成词语素"。

8. 词与短语的辨别。

词和短语都是能独立运用的语言单位，但是它们存在着区别。

第一，词是语言中最小的能够独立运用的语言单位，短语在能独立运用的语言单位中不是"最小的"。

第二，词一般不能扩展，中间不能插入其他成分；短语一般可以扩展，中间能够插入其他成分。

第三，词当中的"离合词"，合起来算一个词，当中间插入别的语言成分，分开用时算两个词。

9. 固定短语和临时短语。固定短语是词跟词的固定组合，一般不能任意增减、改换其中的词语。与之相对的叫临时短语，临时短语是词跟词按表达需要而形成的临时组合体。临时短语不属于词汇而属于语法的研究范围。固定短语一般不能任意增减、改换其中的词语，其作用相当于一个词，属于词汇的研究范围。所以固定短语是词汇单位，临时短语不是词汇单位。固定短语可分为专名短语、术语短语和熟语三类。

10. 词的结构类型：单纯词、合成词。

由一个语素构成的词，叫作单纯词。单纯词包括联绵词、叠音词、音译的外来词和拟声词。

联绵词指两个不同的音节连缀成一个语素，表示一个意义的词。联绵词多由古代传承下来。其中有双声的，有叠韵的，有非双声叠韵的。

叠音词由不成语素的音节重叠构成，重叠后仍只是一个双音语素，是单语素词，不是词的形态变化。

由两个或两个以上的语素构成的词，叫作合成词。合成词有复合式、附加式、重叠式三种构词方式。

11. 区分叠音单纯词和重叠式合成词。

12. 多语素词的层次结构分析。

13. 词义。词义是词的意义，即词的内容，包括词汇意义和语法意义。

14. 词义的性质。词义具有概括性、模糊性、民族性。

15. 词义的构成。词义由概念义和色彩义构成。

词义中同表达概念有关的意义部分叫概念义，又叫理性义，或主要意义。概念义是词义中的主要部分。

附属于概念义的附属义，叫色彩义。色彩义包括感情色彩、语体色彩和形象色彩。

16. 词义的理解和运用。

17. 义项。义项，是词的理性意义的分项说明。

有的词有几个义项，几个义项之间的地位并不是平等的，其中至少有一个义项是基本的、常用的；其他的义项一般是由这个义项直接或间接地发展转化来的。前者叫作基本义，后者叫作转义。基本义是对转义而言的，并不一定都是词源学上说的词的原始意义。

词的转义主要是通过引申和比喻两种方法产生的。

在基本义的基础上经过推演发展而产生的意义是引申义。

借用一个词的基本义来比喻另一种事物，所产生并被固定下来的新的意义是比喻义。

　　词的比喻义同修辞上的比喻有区别。修辞上的比喻是临时打比方。词的比喻义则不同,虽然大都是通过修辞的比喻用法逐渐形成的,但是它已经成为词义中的一部分了,我们在应用时几乎感觉不到它是一种比喻。

　　18. 单义词和多义词。只有一个义项的词叫单义词。有两个或两个以上义项的词叫多义词。

　　19. 多义词与同形同音词的区别。

　　▲20. 义素。义素是构成词义的最小意义单位,又叫词的语义成分或语义特征。义素分析的步骤。

　　▲21. 语义场是语义的类聚,既有共同义素又有区别义素的一组词的相关语义聚合为一个语义场。所以语义场就是通过不同词之间的对比,根据它们词义的共同特点或关系划分出来的类。属于同一语义场的各词义有共同的义素,表明它们同属一个语义场;又有一些不同的义素,表明词义彼此之间的区别。

　　▲22. 语义场的种类:类属义场、顺序义场、关系义场、同义义场、反义义场等。

　　23. 同义词。▲借助语义场给同义词下定义:意义相同或相近的词组成的语义场叫作同义义场,同义义场中的各个词叫作同义词。不借助语义场给同义词下定义:同义词是指语言中意义相同或相近的一组词。

　　同义词的差别表现在哪些方面?

　　24. 反义词。▲借助语义场给反义词下定义:两个意义相反或相对的词可以构成反义义场,这两个词互为反义词。不借助语义场给反义词下定义:反义词是指两个意义相反或相对的一组词。

　　构成反义的两个词必须是属于同一意义范畴的。

　　反义词包括两类:互补反义词、极性反义词。

　　▲反义词的不平衡现象:反义义场中的词总是成对的,但是两个词之间的语义范围、使用频率并不相等,这样就形成反义词的不平衡现象。

　　▲25. 词义和语境的关系。语境分为语言语境和情景语境。

　　语境对词义理解的影响和作用:①语境使多义词的词义单一化。②语境使词义具体化。③语境增加临时性意义。④语境表现出词义的选择性。

26. 基本词汇。基本词是使用频率高、生命力强、为全民所共同理解的词。基本词汇是基本词的总和，它包含的词比一般词汇中的词少，但它反映了自然界和人类社会生活中一些最基本概念，是构成新词的基础。基本词汇的核心是根词。基本词汇和语法构造一起构成语言的基础。

基本词汇有三个特点：①稳固性。②能产性。③全民常用性。

27. 一般词汇。语言中基本词汇以外的词汇是一般词汇。一般词汇的特点是没有基本词汇那样强的稳固性，却有很大的灵活性。一般词汇是经常变动的。

基本词汇和一般词汇的关系。

现代汉语一般词汇包含有古语词、方言词、外来词、行业语、隐语等。

古语词包括一般所说的文言词和历史词，它们来源于古代汉语。

方言词是指普通话从各方言中吸收来的词。

外来词也叫借词，指的是从外族语言里借来的词。汉语吸收外来词的方式有四种：①音译。②半音译半意译或音意兼译。③音译前后加注汉语语素。④借形。借形有两种：一种是字母式借形词，又叫字母词；一种是借用日语中的汉字词。

行业语是各种行业应用的专有词语。行业语受社会专业范围的限制，但不受地域的限制。

隐语是个别社会集团或秘密组织中内部人懂得并使用的特殊用语。

28. 熟语。熟语是人们常用的定型化了的固定短语，是一种特殊的词汇单位。熟语包括成语、谚语、惯用语和歇后语。

成语是一种相沿习用、含义丰富、具有书面语色彩的固定短语。它在意义上具有整体性，在结构上具有凝固性，在风格上具有典雅性。成语通常来自古代文献或俗语。

谚语是群众口语中通俗精练、含义深刻的固定语句。

惯用语是指口语中短小定型的习用的短语，大都是三字格的动宾短语，也有其他格式的。含义简明、形象生动、通俗有趣是惯用语的主要特征。

歇后语是由近似于谜面、谜底的两部分组成的带有隐语性质的口头固定短语。包括喻意的和谐音的两类。

29. 词汇的发展变化。

词汇在不断发展变化,主要表现为:大量新词不断地产生,有一些旧词则被闲置;同时,词的语义内容和词的语音形式也不断地发生变化。①新词的产生。②旧词的退隐和复出。③词义的演变。

30. 词义演变的途径:词义的扩大、缩小和转移。

31. 词汇规范化需要做哪些工作? 一是调整词汇系统内历史传承下来的不规范现象,主要是对异形词、异序词的整理;二是维护现有词语使用的规范;三是对所吸收的方言词、外来词、古语词的规范;四是对生造词的规范。

32. 词汇规范化的原则:①交际的必要性。②使用的普遍性。③意义的明确性。

二 必会技能

1. 汉字与语言单位的区别。汉字仅仅是记录语言单位的书写符号,它本身不是语言单位。

辨别语素、词、短语等语言单位。

2. 会辨别合成词的结构类型,重点是复合式合成词的结构。

3. 会分析由三个或三个以上的语素构成的复合词的层次结构。

4. 会辨析并正确运用同义词。

5. 会查常见的词典,理解常用词的词义。

三 复习提示

和"文字"一样,"词汇"的掌握和使用也是一个长期积累的过程,现代汉语课程不可能取代这个过程。本章学习的重点是各级词汇单位、词的结构和词义。

建议掌握教材上的《语素和合成词类型表》和《词的结构类型简表》。

义素分析,重点掌握步骤和方法,并不是所有的词都适合义素分析。

同义词的辨析,应该先说同,再说异。说异时,先总说,后分说。同义词的差别可以通过列表记忆:

```
                                    ┌ 意义的轻重不同
                                    │ 范围的大小不同
                        ┌ 理性意义方面 ┤
                        │           │ 集体与个体不同
                        │           └ 搭配对象不同
       同义词的差别 ┤
                        │           ┌ 感情色彩不同
                        ├ 色彩意义方面 ┤
                        │           └ 语体色彩不同
                        │
                        └ 词性方面
```

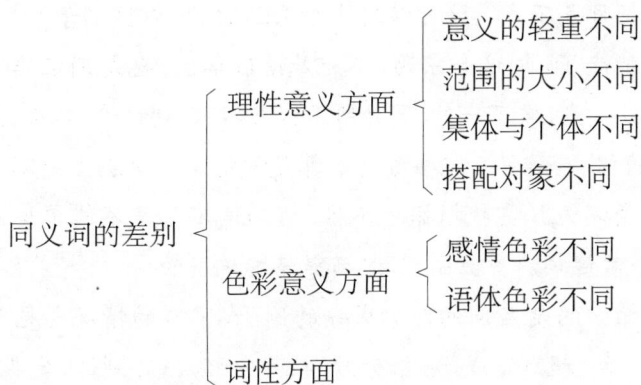

四　重点难点讲析

1. 词汇是个集合概念

词汇是一种语言里所有的词和固定短语的总和，也指特定范围内的词和固定短语的总和。也就是说，必须是许许多多词才能称为词汇。"这个词汇""那一个词汇"的说法是不正确的。

词汇也是个模糊概念，究竟多少词才能称之为"词汇"，我们也说不清楚。能达到编写一部词典的数量，称之为词汇是不成问题的，例如《红楼梦》词汇、《水浒传》词汇。至少一本书涉及的词和固定短语，才称为词汇，比如英语课本后面的"词汇表"。

与词汇含义接近的概念是"词语"。《现代汉语词典》对"词语"的解释是："词和词组；字眼：方言～｜对课文中的生僻～都做了简单的注释。"这里的"词组"不仅指固定词组（短语），也指临时词组（短语）。临时词组不是词汇的研究对象。

把集合概念"词汇"当作非集合概念"词"来使用，大概是受现代汉语双音化趋势的影响。汉语中并不存在与"词"表达概念相同的双音节词，所以才用"词汇"来代表词。

2. 词汇的词·语法的词·正字法的词

人们心目中的"词"是多种多样的。目的不同，标准不同，得出来的结果也不相同。这里转述吕叔湘在《汉语语法分析问题》中的几段话：

一般人心目中的词是不太长不太复杂的语音语义单位，大致跟词典里的词目差不多。这可以叫作"词汇的词",以区别于"语法的词"①。咱们不能忘了,词这个东西,不光是语法单位,也是词汇单位。二者有时候一致,有时候不一致,因为所用标准不同。"袖珍、英汉、大型、彩色、同步、稳相、多弹头"这些都可以算是词汇词。语法上是不是也可以承认它们是词呢?要找根据也不难,语助词不都是不能单说的吗?还有介词、多数连词和多数副词,也都是不能单说的。

上面举的是名词的前加成分的例子,同样的情况也见于动词的前加成分,如"超额完成,加倍努力,按劳分配,准时到达,定期汇报,高价收购"。这里边的"超额、加倍、按劳、准时、定期、高价",也都是不能单说的,但是如果不承认它们可以单用,因而可以算是词,就不好办。

从词汇的角度看,双语素的组合多半可以算一个词,即使两个成分都可以单说,如"电灯、黄豆"。四个语素的组合多半可以算两个词,即使其中有一个不能单说,如"无轨电车、社办工厂"。三个语素的组合也是多数以作为一个词较好。例如"人造丝"可以向"人造纤维"看齐,作为两个词,但是"人造革"只能作为一个词,与其把"人造丝"和"人造革"作不同处理(类似"鸡蛋"和"鸭蛋"问题),不如让"人造丝"和"人造纤维"有所不同。同类的例子"耐火—材料:耐火砖|生物—制品:豆制品|高压—电线:高压线|自由—体操:自由泳"。不妨说,拿到一个双语素的组合,比较省事的办法是,暂时不寻找有无作为一个词的特点,而是先假定它是词,然后看是否有别的理由该认为是短语。同样,拿到一个四语素的组合,可以先假定它是两个词,然后看是否有别的理由该认为是一个词。在这里,语素组合的长短这个因素起了很大的作用。

除了词汇的词和语法的词之外,还有书写的词,即正字法的词。汉语目前还是用汉字书写,"字"和"词"不一致已经到了非用两个不同的名称不可的程度。(用不同的名称是为了避免混淆,但是在对语文问题不怎么注意的人中间,二者还是常常混为一谈的。)即使将来改用拼音

---

① 吕叔湘在《汉语语法分析问题》第27节中说:从词汇的角度看,"睡觉、打仗"等可以看作一个词,可是从语法的角度看,不得不认为这些组合是短语。因为这些词都是"离合词",中间可以插进别的成分。例如"睡了一会儿觉、打了三年仗"。

文字，能否使书写的词和词汇的词完全一致，也还要等实践来解决。用拼音文字的语言如英语等，正字法的词和词汇的词也还不能完全一致。

过去讨论"词"的问题老是跟拼音连写问题搅在一起，往往是先考虑什么样的一个片段最好连起来写，使用方便，然后想方设法从语法上"证明"它是一个词。这就难免有时候要强为之说，引起非难。如果认清正字法的词和语法的词不是一回事，连写与否只需要从正字法的角度考虑，不勉强语法理论去为正字法服务，就可以省去许多无谓的笔墨。[1]

3. 语素的大小问题和异同问题

"语素的大小问题和异同问题"是吕叔湘在《汉语语法分析问题》中提出来的[2]。汉语的语素，单音节的多，也有双音节的，如"疙瘩、逍遥"，还有三个或三个以上音节的，如"巧克力、奥林匹克"，都是译音。有很多双音节，里边是两个语素还是一个语素可以讨论，例如"含糊（比较'含混、糊涂'），什么（比较'这么、那么、怎么'）"。这是语素大小问题。

一个语素可以有几个意思，只要这几个意思联得上，仍然是一个语素，例如"工"有"工作、技术、精巧"等意思，都联得上，是一个语素。如果几个意思联不上，就得算几个语素。例如"公"有"共同、公平"等意思，但它与"公侯、公婆、公母"的"公"意思联不上，得算两个语素。有时候，几个意思联得上联不上难于决定，例如表示"快速、锐利"的"快"和表示"愉快、痛快"的"快"。这是语素异同问题。

这两个问题都可以说是"一个还是两个"的问题，不过前一个是一根绳子切不切成两段的问题，后一个是一根绳子掰不掰成两股的问题。

辨认语素跟读没读过古书有关系。读过点古书的人在大小问题上倾向于小，在异同问题上倾向于同。大小问题如"经济"，一般人觉得它跟"逻辑"一样，不能分析，读过古书的人就说这是"经世济民"的意思，"经"和"济"可以分开讲，是两个语素。异同问题如"书信"的"信"和"信用、信任"的"信"，一般人觉得联不上，念过古书的人知道可以通过"信使"的"信"（古时候可以单用）把前面说的两种意思联起来，认为"信"只是一个语素。

---

① 吕叔湘：《汉语语法分析问题》，商务印书馆1979年版，第18、19、80、81页。
② 同上书，第13-14页。

4. 语素与汉字的关系

汉语的语素和汉字,多数是一对一的关系,但是也有别种情况。据吕叔湘先生梳理,语音、语义、字形这三样的异同互相搭配,共有八种可能[1]:

(音)	(义)	(形)	(例)	(语素)	(字)
同	同	同	圆	1	1
同	同	异	圜、园	1	1(异体字)
同	异[2]	同	会合会能	2	1(多义字)
异	同	同	妨 fāng~fáng	1	1(多音字)
异	异	同	行 xíng~háng	2	1(多音多义字)
异	同	异	行、走	2	2(同义字)
同	异	异	圆、圜	2	2(同音字)
异	异	异	圆、方	2	2

以上两同一异的有三种,一同两异的有三种,全同的和全异的各一种。

5. 几组特殊词的语素辨认

(1) 美利坚合众国　法兰西共和国　俄罗斯联邦

这组词都是一半音译一半意译的。音译部分单个字无意义,整个音译部分合起来才算一个语素。也就是说"美利坚合众国"包含四个语素,"美利坚"只算一个语素。但我们也说"中美关系","美"算不算个语素呢? 算。我们可以把"美利坚"及其简称"美"看作一个语素。这一个语素,有两个变体:一个变体是"美利坚",一个变体是"美"。"法兰西、俄罗斯"也这样处理。

(2) 螳螂　蘑菇

这组都是古代流传或传承下来的联绵词,联绵词应为一个语素。但它们的特殊之处是单个音节还有构词能力。比如:

螳螂:螳斧、螳臂当车

蘑菇:鲜蘑、口蘑、香菇、冬菇

我们可以仿照第(1)组的处理办法,把"螳螂、螳"看作同一语素的两

---

[1] 吕叔湘:《汉语语法分析问题》,商务印书馆1979年版,第14页。
[2] 指有联不到一块的几个或几组意义,联得上的仍算"同"。多音字"行"亦如此。

个变体，把"蘑菇、蘑、菇"看作同一语素的三个变体。

（3）伶俐　堂皇

这组也是联绵词，但是它们中间可以插入其他词语。如"伶俐：百伶百俐"，"堂皇：堂而皇之"。我们认为在"口齿伶俐"中"伶俐"要算一个语素，在"百伶百俐"中"伶"和"俐"各算一个语素。同理，"堂而皇之"也要看作四个语素。

（4）凤凰　狼狈

这两个也是联绵词。"凤凰"是古代传说中的百鸟之王。但"凤凰"还可以简作"凤"，构成"凤冠、凤眼、凤毛麟角"等。这时，我们可以仿照（1）（2）把"凤凰、凤"看作同一语素的两个变体。但在戏曲《凤求凰》中，"凤"和"凰"就得各为一个语素了。"狼狈"在"狼狈逃跑"中算一个语素，而在"狼狈为奸"中"狼"和"狈"必须看作两个语素了，否则，怎么"为奸"呢？

6. 词与语素的区别

语素是最小的语言单位，也可定义为最小的音义结合体。词是最小的能够独立运用的音义结合体。从定义中可以看出，词比语素的定义多出了"能够独立运用"六个字，词必须是能够独立运用的，语素不强调"能够独立运用"，尽管有的语素是"成词语素"。这六个字正是它们的区别所在。但在实际辨别中，情况要复杂得多。这涉及对"独立运用"的理解。

（1）可以单独作为一句话来说的，比如可以回答问话的，是词。例如："谁？""我。""谁"和"我"都是词。

（2）把一句话里边所有可以单说的部分都去掉，剩下来不能单说，可也不是一个词的一部分的，也是词。例如"我下午再来"这句话里边，把"我、下午、来"去掉，剩下的"再"是一个词，虽然它不能单说。可是如果在"比赛现在开始"这句话里边，把"比赛、现在"去掉之后，又把"开"去掉，说"始"是剩余下来的词，那就不对，因为"始"是"开始"这个词的一部分。上面定义里所说的"独立运用"，不但包括"来"这一类语素，也包括"再"这一类语素，但是不包括"始"这一类语素。

大概说来，能单说的多数是实词，少数是虚词；大多数虚词是靠第二条划出来的，少数实词也靠这一条。

一个语素可以有互相联系的好几个意义,其中有的能单用,有的不能单用。例如"工"在"工人、工艺、工业"这些意义上是不能单用的,在"工作(如'上工')、工程(如'开工')、计工单位(如'三工')"这些意义上是可以单用的,遇到这种情形,如果受汉字的拘束,就会在"工"字是词不是词上决断不下。我们可以这样说:"工"这个语素有两个变体(似乎不必作为两个语素),一个能单用,是词;一个不能单用,是构词的语素。

语素可以分成四种。(1)能单用的,单用的时候是词,不单用的时候是构词成分。(2)一般不单用,在特殊条件下单用的,单用的时候是词。(3)不单用,但是活动能力较强,结合面较宽,有单向性,即只位于别的语素之前,或别的语素之后,或两个语素之间。这是所谓"词缀"或"语缀"[①]。(4)不单用,结合面较窄,但不限于在前或在后,专作构词成分,可以称为"词根"。[②]

7. 词与短语的区别

词是最小的能够独立运用的音义结合体。短语是由词和词按照一定的语义关系和语法规则构成的没有句调的语言单位。短语是由词逐层组成的、没有句调的语言单位。

词和短语都是造句成分(能够独立运用的语言单位),可以单用,多数能单说。但在能够独立运用的语言单位中,词是最小的,短语不是最小的。短语是可以分离的,中间往往能插入别的成分(即"扩展"),而词一般是不能分离的。这是主要的区别。

从语音形式上看,词的内部不容许停顿,而短语内部可以停顿。比如汉语的"东西",指某种"物件"时是词;指"东"和"西"两种方向时是短语。作为词的"东西",语音形式是固定的,"西"读轻声,只有在这个词的末尾才允许停顿;而作为短语的"东西","西"不读轻声,语音形式不固定,中间可以停顿,可以加顿号,甚至可以插入别的语素,如"东和西"。

另外,两个或几个语素的组合,有没有专门意义也可以作为区分词和短

---

①"语缀"这个名称也许较好,因为其中有几个不限于构词,也可以加在短语的前边(如"第")或后边(如"的")。语缀和词的界限也难划,例如单音方位词和某些量词就很像后缀。

②参见吕叔湘:《汉语语法分析问题》,商务印书馆1979年版,第16-17页。

语的参考。很多语素组合后而产生的意义，并不等于语素意义的简单相加，这可以看作是词。例如："他是个赶大车的。"这里的"大车"，是指"牲口拉的两轮或四轮载重车"，是词。"道路收费口写着：机动车大车10元，小车5元，其他车免费。"这里的"大车"一般指两吨以上的汽车，则是短语。再如"打场"，是指在场上给收获的农作物脱粒，是词；"打人"是指对人殴击，是短语。①

语素不仅可以构成词，也可以构成短语，甚至句子。请看下面几组组合：

形名组合：

大树：大的树（挺大的一棵百年老树）

老实人：老实的人（非常老实的老人）

整齐房子：整齐的房子（很整齐的新房子）

干净衣服：干净的衣服（干干净净的一套衣服）

形动或副动组合：

仔细检查：仔细地检查（很仔细地检查）

老实说：老实地说（老老实实地说出来）

偶然遇见：偶然地遇见（极偶然地遇见）

动形组合：

变老实了：变得老实了（变得非常老实了）

摆整齐：摆得整齐（摆得挺整齐的）

洗干净：洗得干净（洗得十分干净）

在以上组合中，有"的""地""得"（冒号右边的组合）和没有"的""地""得"（冒号左边的组合）是很不相同的两种结构。没有"的""地""得"，前后两个组合成分都不能随便扩展；有"的""地""得"，前后两个组合成分就能扩展了。冒号左边的没有加进去"的""地""得"，因而它的成分不能扩展，可以叫"基本短语"。基本短语的地位介乎词和短语之间，如果把它算在词里边，可以称为"短语词"。冒号右边的那些加进去了"的""地""得"，因而它的成分是可以扩展的，可以叫"扩展了的短语"。

简称是短语的简缩，双音节的简称，大部分以看作词为宜。

---

① 参见胡裕树主编《现代汉语》增订本，上海教育出版社1987年版，第242页。

有的教材①，把下列三组词也都看作短语词：

    a. 来得及　来不及　禁不住　了不起

    b. 按理　据说　此外　不公　不惜

       不祥　之流　也好　也罢　的话

    c. 甚而至于　转瞬之间　总而言之

8. 自由短语为什么要改称临时短语？

黄廖本从增订五版开始，把自由短语改称临时短语。这样改有什么好处呢？

"自由"这个词在语言学上含义复杂：有时指单独作句子成分；有时指出现的位置不受限制，可前可后；有时指临时组合；还有时指能单独成为一个句子。结构主义语言学把它看作"黏着"的反义词，指的就是单独回答问题，即单独成为一个句子。为了不致产生误解，所以才把自由短语改称临时短语。

从对短语的认知来看，我们最先了解的概念是词和句子。如果不学语法，我们几乎可以忽视短语的存在。因为汉语词、短语、句子在结构上具有一致性。临时短语在造句时按句法规则临时组装就可以，根本不需要像词和固定短语一样预先记住。说词和短语都能造句，这没问题；但说短语和词都是造句的备用单位，这话就有点儿问题了。什么是"备用"？《现代汉语词典》的解释是："准备着供随时使用：～件｜～药品｜留出部分现金～"。备用的东西都是预先准备好的。我们会学习并牢记一些词和固定短语，在造句时使用，但没有人会预先记住一些临时短语，等造句时使用。

9. 叠音单纯词与重叠式合成词有什么不同？

重叠式合成词由相同的词根语素重叠而构成。教材举的例子是：

    (A)　姐姐　哥哥　爹爹　仅仅　刚刚

叠音词由不成语素的音节重叠构成，重叠后才是一个双音语素。教材举的例子是：

    (B)　猩猩　姥姥　饽饽　潺潺　皑皑　瑟瑟

---

① 邢福义、汪国胜主编《现代汉语》，华中师范大学出版社2011年版，第134-135页。

(A)(B) 两组很相像。但 (A) 组的单个字有意义，(B) 组的单个字没有意义。(A) 组的单个字也可以构成其他词语，(B) 组的单个字无构词能力。比如普通话有"大姐、二姐"的说法，但没有"大姥、二姥"的说法。因此，(A) 组的词每个字都是语素，它们由两个相同的语素重叠而成，属于合成词；(B) 组的词都是由两个相同的音节重叠而成的，这两个相同的音节合起来才算一个语素，属于单纯词。

10. 多义词与同形同音词的区别

多义词是同一个词有几个不同的意义，它们之间有一定的联系；而同形同音词是书写形式和读音都相同的一组词，这组词各自的意义之间没有什么联系。例如：

① 这口井很深。

② 这本书太深了，我看不懂。

③ 你别说话！

④ 别了，同学们！

例①中的"深"是指"纵的距离大"，例②中的"深"是指"深奥，不易懂"，例②的意义是从例①中引申出来的，它们的意义之间有联系，因此①②两句中的"深"是多义词。

例③中的"别"是"不要"的含义，例④中的"别"是"离开，分离"的含义，这两个意义之间没有引申关系，也就是在意义上没有任何联系。所以③④两句中的"别"是同形同音词，不是多义词。

多义词和同形同音词在《现代汉语词典》中的处理是不同的。

划¹ huá 囫拨水前进：～船｜～桨。

划² huá 合算：～得来｜～不来。

划³（劃）huá 囫用尖锐的东西把别的东西分开或在表面上刻过去、擦过去：～玻璃｜～根火柴｜手上～了一个口子。

另见 563 页 huà。

箍 gū ❶囫用竹篾或金属条捆紧；用带子之类勒住：用铁环～木桶｜他头上～着条毛巾。❷（～儿）囵紧紧套在东西外面的圈儿：柱子上围了六七道金～｜左胳膊上戴着红～儿。

以上是字头，以下是双字词。

【合拍】¹ hé∥pāi 厖 符合节奏，泛指相合，协调一致：两个人思路～。

【合拍】² hépāi 勋 ❶合作拍摄（影视片等）。❷在一起拍照。

【合计】hé·ji 勋 ❶盘算：他心里老～这件事。❷商量：大家～～这事该怎么办。

11. 辨别合成词的结构

没有人能够把汉语合成词的结构全都正确地分析出来。我们只关注那些常见的、结构相对明显的合成词。我们在阅卷时发现下面几个词的结构回答错误较多。

(1) 夏至　冬至

"夏至"并不是"夏天到来了"，"立夏"才算夏天的开始。"夏至"的含义是"夏之至"，这一天太阳经过夏至点，北半球白天最长，夜间最短。"冬至"与此相反，可以理解为"冬之至"。都是偏正结构。

(2) 跳高　跳远

"跳高"作为一个体育项目，"高"是指的高度，"跳高"是指跳过某个高度。"跳远"的"远"是指的"距离"。因此，都是动宾结构。

词的结构，不能完全从词性、词义或语素义里推出，但不了解这三点，是不可能正确地分辨合成词的结构的。下面我们讨论黄廖本教材练习题里的几个词。

(3) 痛快　照明　无论　体验

"痛快"的结构，教参的答案是偏正式。语素"痛"在《现代汉语词典》中有三个义项："❶疾病、创伤等引起的难受的感觉：头～｜肚子～｜伤口很～。❷悲伤：悲～｜哀～。❸尽情地；深切地；彻底地：～击｜～骂｜～歼｜～饮｜～下决心。"把"痛快"看作是偏正结构，"痛"的语素只能选第3个义项。但第3个义项中的"痛"只放在动素前面，而"快"是形素。教参的答案，令人生疑。但如果结合"痛并快乐着"来看，看成联合结构似乎更好一些。"痛""快"都是形容性的语素。"痛快"与"干净"一样，可以看作偏义复词。

教参认为"照明"是补充结构，很显然，这是把"明"看成形素。但我们可以看到这样的说法："千万别以为灯具就只能用来照个明！看看这些设计！"真正的补充结构，如"提高、扩大、阐明、摧毁"等，中间是不能加"个"的。查《现代汉语词典》，"明"字有很多义项，其中一条义项是："光明：弃暗投～｜～人不做暗事。""弃暗""投明"均为动宾结构。"照明"也是动宾结构，即"把光明照进来"。

"无论"就是"不论"，应是偏正结构，而不是教参讲的"动宾"结构。

"体验"的结构，增订五版之前教参答案都是"主谓"，从增订五版开始，才改为"偏正"。我们支持这项改动。具体情况，请大家查阅《现代汉语词典》和相关资料。

12. 同义词的范围

黄廖本同义词的范围与《语言学纲要》[①]所讲的同义词的范围不完全相同。《纲要》指出：

同义词的各个意义所概括反映的现实现象必须是相同的，或者基本相同的。用图形表示，大体如图1和图2。

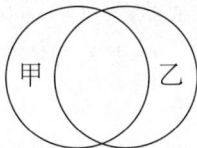

图1　甲与乙重合　　　　图2　甲与乙交叉　　　　图3　甲包含乙

图3的乙包含在甲里头，甲和乙就没有同义关系。这就是说，指称大类事物的词和指称大类事物中某一小类的词，例如英语的"man"和"boy"，汉语的"蔬菜"和"白菜"，或者指称整体的词和指称整体中的一部分的词，例如汉语的"房子"和"屋子"，都不是同义词。

"房子"和"屋子"，为什么不是同义词呢？不同方言区的人，可能对这两个词的理解不同。我们看《现代汉语词典》对这两个词的解释：

【房子】fáng·zi 图 有墙、顶、门、窗，供人居住或做其他用途的建筑物。

【屋子】wū·zi 图 房间：一间～。

---

① 参见叶蜚声、徐通锵：《语言学纲要》，王洪君、李娟修订，北京大学出版社2010年版，第130-131页。以下简称《纲要》。

这是因为在普通话中"屋子"只是"房子"的组成部分,"屋子"包括在"房子"中。

按《纲要》的标准,黄廖本的"边疆"和"边境",以及所有"集体与个体不同"的词,如"河流"和"河",都不属于同义词。我们不能笼统地说谁对谁错。《纲要》侧重于"理论",《现代汉语》侧重于"实用"。把"房子"与"屋子"作为同义词辨析,能够避免或减少误用。

13. 如何辨析同义词?

辨析同义词,最重要的方法是从语境中去考察,因此要注意用同义词分别造句,观察它们可能出现的上下文语境,设想相互替换的可能性。一般来说,可能替换的总是显示出同义词中相同的部分,不能替换的往往是差异所在。因此:

第一步要尽可能多地搜集(当然考场上只能自己造)含有同义词的句子或短语,然后进行归类,看看能用哪些义项进行解释。

第二步便是互相替换,对种种替换情况进行分析、概括、说明,找出它们的差异可能性在哪些方面。如果差异不仅一项,可以分项说明;也可以只写最突出的一项。

第三步写出辨析结论。在写辨析结论时,要注意说明的顺序:**先说同,后说异**;说异时,**先总说,后分说**。

例如:

庇护—爱护:都含有"保护"的意思。但二者的褒贬色彩不同:"庇护"是贬义词,"爱护"是褒义词。

交流—交换:都有双方给予某种东西的意思。但二者的搭配对象不同:"交流"可以和"经验、文化、思想"等搭配;"交换"一般和"礼物、资料、场地"等搭配。

商量—商榷:都有交换意见的意思。但语体风格色彩不同:"商量"多用于口语;"商榷"多用于书面语,指为了解决较大、较复杂的问题而交换意见。

逝世—死:都是生命终结的意思。但①二者的语体色彩不同,"逝世"比"死"庄重,多用于书面语;"死"比较通俗,多用于口语。②二者

的感情色彩不同,"逝世"是褒义词,多用于伟大人物或值得尊敬的人物;
"死"是中性词,多用于一般人物或反面人物。③二者的适用范围也不
同,"逝世"只用于人;"死"既可用于人,也可用于动植物。

　　周密—严密—精密:都有"细密,没有漏洞"的意思。但它们的语义
侧重点各不相同。"周密"是"考虑问题细致周到"的意思,"严密"是"结
合得很紧,不使漏掉"的意思,"精密"是"精致、准确度高"的意思。

　　铲除—拔除—根除:都表示"除掉某种有害的东西"的意思。但三
者在语义轻重程度上不同。"铲除"还可能留着根;"拔除"不留根,语
义重些;"根除"是"彻底除掉"的意思,语义更重。

14. 反义词的类型和构成条件

反义词分为两类:互补反义词和极性反义词。可以用下图说明:

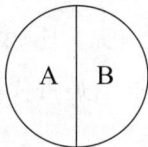

图 4-1　互补反义词　　　图 4-2　极性反义词

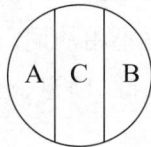

　　图 4-1,表示 A、B 不能同真,也不能同假,只能一真一假。肯定一项,必
须否定另一项;否定一项,必须肯定另一项。比如"生—死""有—无"等。

　　图 4-2,A、B 各处两极,肯定一项,不能否定另一项;否定一项,不能肯
定另一项,因为还有个中间状态 C。比如"黑—白""先进—落后"等。

　　构成反义词的两个词必须是属于同一意义范畴的。比如:"高"和"矮"
都属于"纵的距离"这个范畴,可以构成反义词;而"高"和"短",一个指"纵
的距离",一个指"横的距离",不属于同一意义范畴,不能构成反义词。

　　另外,反义词不能从理论预测,而应该有应用基础,在日常交际中经常
对举使用。比如在一些熟语和诗词、对联中经常出现反义对比:"勤奋是聪
明的双胞胎,懒惰是愚蠢的亲兄弟。""破千年旧俗,立一代新风。"

　　反义词的音节在绝大部分情况下是相等的,偶尔也有不等的。"聪明"
固然能与"愚蠢"构成反义词,也能与"笨"构成反义词。

　　以上我们讲的是语言反义词,还有一种言语反义词,也叫临时反义词,

把本来不是反义关系的两个词,在特定的上下文中构成了反义关系。离开了这个语境,反义关系就瓦解了。(例略)

15. 古语词、方言词、行业语

普通话一般词汇包括古语词、方言词、外来词、行业语、隐语等。这是从普通话词语的来源上说的。

(1) 古语词

现代汉语是从古代汉语、近代汉语发展而来的,现代汉语词汇的大多数是继承的古代、近代汉语中的词汇,包括基本词汇。有的词在甲骨文中就出现了,如"大、小、高、人、一、二、三"等,但我们没有感到它古老。这些从古至今都使用的词,我们称之为**传承词**。教材说"古语词是现代汉语中仍使用的那部分古代汉语词语,是现代汉语词汇的组成部分。"这种说法不严密,这些传承词,我们从不把它们当作古语词。只在古代汉语中使用、现代汉语中除了引用古诗文几乎不用的词,也不是古语词。比如李白《蜀道难》中的"噫吁、嚱、喧豗、巉岩、砯、胁息、咨嗟"①。这些是古代汉语的特有词,属于古代汉语词汇范畴。

作为普通话一般词汇的古语词并不是所有的古汉语词,而是古汉语词中被普通话所吸收、带有古汉语色彩的词。比如"精神矍铄、文化底蕴、气势磅礴"等(加点的词)。"带有古汉语色彩"这个特点很重要。古语词往往带有庄重、典雅的色彩,多用在书面语中。

(2) 方言词

不同语境下,方言词所概括的范围差别很大。从概括的范围说,最广义的方言词是指某个方言中的全部词和固定短语。例如"粤方言词""湘方言词""上海方言词"等。它不仅包括该方言中特有的词,也包括与其他方言和普通话共用的词。其次是指该方言中特有而普通话所无的词,各地的方言词典基本是按照这个范围收词。例如《金华方言词典》《厦门方言词典》《东莞方言词典》等。范围最窄的是普通话从各方言中所吸收的词。有的仍带有某种方言色彩,如"忽悠、唠嗑(来自东北方言)";有的则方言色彩不明显了,如"垃圾(来自吴方言)、赶趟(来自北方方言)"。

---

① 有人可能认为这是短语,不是词。我们这里不讨论这个问题。

普通话以北方方言为基础方言，词汇主要由北方方言的词构成，但也并不是所有的北方方言词都能进入普通话。《水浒传》《醒世姻缘传》《聊斋俚曲集》和当代著名作家莫言的作品，都具有浓郁的山东话特点，但其中的有些词语，仍然没有被普通话吸收。

(3) 行业语

行业语是各种行业应用的专有词语。记录行业语的是各种专科词典，如《语言学词典》《佛学大辞典》《纺织词典》《化学化工大辞典》等。并不是所有的行业语都属于普通话词汇。只有被普通话词汇吸收并被非行业人士经常使用的专业词才算普通话里的一般词汇。例子教材举了，这里从略。

五 强化练习

(一) 填空题

1. 词汇又称_____，是一种语言里所有的(或特定范围内的)_____和_____的总和。

2. 语素是_____。

3. 词是_____。

4. "吉普车"这三个字记录了____个词，____个语素。

5. 构词语素分为两种，意义实在、在合成词内位置不固定的语素叫_____，意义不实在、在合成词内位置固定的语素叫_____。

6. 由一个语素构成的词，叫_____。由两个或两个以上的语素构成的词叫_____。

7. 合成词有_____式、_____式、_____式三种结构类型。

8. "道路"的结构方式是联合型，"改革"的结构方式是_____型，"花朵"的结构方式是_____型。

9. 从词的结构类型说，"姥姥"是叠音的单纯词，"舅舅"是_____，"阿姨"是_____。

10. "老乡"中的"老"是词缀，"养老"中的"老"是_____，"老鼠"中的"老"是_____。

11. "小孩儿喜欢吃吐鲁番的葡萄"中包含了____个语素、____个词。

12. 根据联绵词的分类，"流连"是 _____ 词，"叮咛"是 _____ 词。

13. 双音节单纯词主要包括 _____、_____、_____ 三种。

14. 由词根加词根组成的合成词有 _____ 和 _____ 两种形式。

15. 复合式合成词是由 _____ 结合在一起组成的合成词；重叠式合成词是由 _____ 构成的合成词；附加式合成词是由 _____ 组合而成的合成词。

16. 词义是词的意义，即词的内容，包括 _____ 和 _____。

17. 词义具有 _____ 性、_____ 性、_____ 性。

18. _____ 是词的物质外壳，_____ 是词的内容。

19. 概念义是词义中的主要部分，词还有附属于概念义的 _____，也可称作 _____。

20. 色彩义包括 _____ 色彩、_____ 色彩、_____ 色彩。

21. 义项是 _____。只有一个义项的词是 _____，具有两个或两个以上义项的词是 _____。

22. 词的本义是 _____，基本义是 _____。

23. 与基本义相对应的意义叫 _____。它主要是通过 _____ 和 _____ 两种方法产生的。

24. 在基本义的基础上经过推演发展而产生的意义叫 _____。

25. 义素是构成词义的 _____，又叫 _____ 或 _____。

26. 语义场是 _____，既有 _____ 又有 _____ 的一组词的相关语义聚合为一个语义场。

27. 语义场有多种类型，比如 ____ 义场、____ 义场、____ 义场、____ 义场、____ 义场等。

28. 同音词是指在现代汉语普通话中 _____ 相同而意义之间并无联系的一组词，是多词同音现象。它可以分为 _____ 和 _____ 两大类。

29. 同义词主要有两种类型，一是 _____，二是 _____。

30. 同义词的辨析可以从三个方面进行，一是 _____，二是 _____，三是 _____。

31. 在"永久、耐用、永别、短少、停止、临时"这组词中,意义相反的两个词是_____和_____。

32. 在"人格、高尚、品德、贫贱、卑鄙、贵重"这组词中,意义相反的两个词是_____和_____。

33. "版图"原指户籍和地图,现在指国家的疆域,从词义的发展角度看,属于词义的_____。

34. "宝剑"原指稀有而珍贵的剑,后来也指一般的剑,从词义的发展角度看,属于词义的_____。

35. "出马"原指将士上阵作战,现在常指出头做事,从词义的发展角度看,属于词义的_____。

36. "拜会",拜访会见,过去用于外交场合及私人之间的交际,现在多用于外交上的正式访问,从词义的发展角度看,属于词义的_____。

37. "调动",原来用于具体的对象,如"调动工作",现在也用于精神方面,如"调动一切积极因素"。从词义的发展角度看,属于词义的_____。

38. 反义词是指_____的词。从意义关系上区分,反义词有两类:一类是_____反义词,另一类是_____反义词。

39. "呆板"在"不聪明、反应慢"的意义上同____一词构成反义关系。

40. 语境是_____出现时的环境。一般分为_____语境和_____语境(又叫社会现实语境)。

41. 基本词汇是词汇的____部分,它和____一起构成语言的基础。

42. 基本词汇的三大特点是_____、_____、_____。

43. 一般词汇包括_____、_____、_____、_____、_____、_____等。

44. 汉语吸收其他语言的词语通常有两种做法:_____和_____。一般所说的外来词只指_____,不包括_____。

45. 熟语是_____,包括_____、_____、_____、_____等。

46. 成语在意义上具有_____性,在结构上具有_____性,在风格上具有_____性。

47. 惯用语以____个字的居多,并且大都是_____结构的短语。

48. 词汇的发展变化主要表现为:_____、_____、_____。

49. 词义演变的途径有：_____、_____和_____。

50. 词汇规范化的三个原则：第一是_____，第二是_____，第三是_____。

（二）判断题

1. "姥姥送给我一瓶俄罗斯蜂蜜。"这句话包含9个语素。（　　）

2. "打铁"的"打"与"打电话"的"打"含义不同，属同音词。（　　）

3. 构成反义词的一组词必须词性相同并属于同一意义范畴。（　　）

4. "干净"与"脏"是一组反义词。（　　）

5. "好"与"不好"可以构成一组反义词。（　　）

6. 客观事物或现象是构成词义的基础和根据。（　　）

7. 词义不仅在形成过程中要受社会的制约，而且它的发展变化也要受社会的制约。（　　）

8. 词的基本义就是词的本义。（　　）

9. 并非所有词的意义都具有客观性。如"上帝、神仙、天堂、地狱"等词就是主观臆想的产物。（　　）

10. 汉语的一个语素就用一个汉字表示。（　　）

11. 专有名词，如"北京""鲁迅"等，其词义不具有概括性。（　　）

12. 词的语音形式与内容的联系不是必然的，而是约定俗成的。（　　）

13. "别动"的"别"与"别上发卡"的"别"，属同音词。（　　）

14. 汉语的一个汉字只能表示一个语素。（　　）

15. 单音节语素是汉语语素的基本形式。（　　）

16. "美丽的蝴蝶"有五个音节，五个语素，三个词。（　　）

17. 义素是最小的构词成分。（　　）

18. 一个字记录的有时是一个词，有时是一个语素，有时既不是词也不是语素。（　　）

19. 词、语素和字都是语言单位。（　　）

20. 同音词是指音同、形同而意义不同的一组词。（　　）

21. 义素是最小的语言单位。（　　）

22. "行列"和"行李"中的"行"可以看作是同一个语素。（　　）

23. 有些古语词同时也可以是基本词。（　　）

24. "削皮"和"削减"中的"削"是同一个语素。（　　）

25. 语言具有工具性,而没有阶级性,所以,人们理解词语时不受任何阶级的影响。（　　）

26. 谚语大多以句子的形式出现。（　　）

27. 表示历史上曾出现过、现在已经消失了的事物的词是历史词。（　　）

28. 词汇规范中的普遍性原则是指吸收那些通行范围广、使用频率高的词语进入普通话词汇。（　　）

29. 一般词汇中词的数量大大超过基本词汇中词的数量。（　　）

30. 行业词具有单义性,很少有感情色彩。（　　）

31. 外来词就是从国外吸收来的词。（　　）

32. 新造词大部分是双音节的,单音节的很少。（　　）

33. 有些行业词,特别是科学术语,也可以通过比喻、引申等用法,在专门意义的基础上获新义,成为一般词语。（　　）

34. 一般词汇是词汇中的发展部分,可以用来充实基本词汇。（　　）

35. 能产性不是划分基本词的唯一条件,因为有能产性的词不一定都是基本词,而基本词也不都具有能产性。（　　）

36. 词和短语的区别在于,词是能独立运用的最小的语言单位,短语不是独立运用的最小语言单位。（　　）

37. 词代表的音节前后可以停顿。（　　）

38. "大海"和"大浪"都是短语。（　　）

39. 词与词汇的关系是个体与集体的关系,无论如何,词汇不能用来指单个的词。（　　）

40. "蝴蝶在西双版纳的森林里飞舞。"这句话里包含7个语素。（　　）

41. 所有单纯词都是由一个语素构成的。（　　）

42. 联绵词的两个音节连在一起才有意义,不能分开去解释各个音节的意义。（　　）

43. 合成词至少由两个语素构成。（　　）

44. "老式"和"老大爷"中的"老"都是词根。（　　）

45. "刚刚" "狒狒" "来来往往" 都是重叠式合成词。（　　　）

46. "甜头" "火车头" 中的 "头" 都是词缀。（　　　）

47. "怯生生" "慢腾腾" 中的 "生生" "腾腾" 是词缀。（　　　）

48. "忘记" "人物" "干净" 都是偏义词。（　　　）

49. "仓促" 是双音节合成词。（　　　）

50. "出席" 与 "缺席" 是一对极性反义词。（　　　）

（三）单项选择题

1. 下列各项，全为词的一组是（　　　）

　　A. 大米　黑布　白话　　　　B. 大树　黑话　白菜

　　C. 大豆　黑纱　白痴　　　　D. 大麦　黑板　白纸

2. 下列各项，色彩上有差别的一组同义词是（　　　）

　　A. 吓唬　恐吓　　　　　　　B. 侵犯　侵占

　　C. 申明　声明　　　　　　　D. 杰出　卓越

3. 下列各项，能与 "损害" 搭配的一组词是（　　　）

　　A. 动物　事业　名誉　健康　　B. 利益　视力　感情　名誉

　　C. 视力　健康　利益　事业　　D. 感情　名誉　形象　利益

4. 下列各项，能与 "发挥" 搭配的一组词是（　　　）

　　A. 作用　威力　传统　力量　　B. 主权　才智　特长　优势

　　C. 特长　作用　力量　创造性　D. 能量　精神　威力　才智

5. "开会" 的 "会" 与 "会说英语" 的 "会" 是（　　　）

　　A. 包含两个互相关联意义的一个词

　　B. 包含两个互不关联意义的一个词

　　C. 意义上互相关联的两个词

　　D. 意义上互不关联的两个词

6. 词义的扩大主要可以导致（　　　）

　　A. 多义词的产生　　　　　　B. 同音词的产生

　　C. 同义词的产生　　　　　　D. 反义词的产生

7. "在工作中碰了钉子" 中，"钉子" 用的是它的（　　　）

　　A. 本义　　　　B. 基本义　　　　C. 引申义　　　　D. 比喻义

8. 多义词是（　　）

    A. 两个或两个以上读音相同而字形有别的词

    B. 两个或两个以上读音相同而意义有别的词

    C. 包含两个或两个以上意义上互相联系的义项的词

    D. 两个或两个以上读音不同而意义相似的词

9. "她喜欢吃巧克力糖"包含（　　）

    A. 八个语素、八个词　　　　　　B. 五个语素、五个词

    C. 六个语素、五个词　　　　　　D. 六个语素、四个词

10. "火车"是（　　）

    A. 一个语素构成的一个词　　　　B. 两个语素构成的一个词

    C. 两个语素分别构成的两个词　　D. 两个词构成的一个短语

11. 下列各句中，使用"宽"的基本义的是（　　）

    A. 马路很宽。

    B. 听了他的一席话，心就宽了一半。

    C. 对他要从宽处理。

    D. 生活水平提高了，手头比过去宽多了。

12. "孙中山对于中国共产党人给予他的＿＿＿帮助非常感动。"该句横线处应填（　　）

    A. 真诚　　　　　B. 真挚　　　　　C. 真切　　　　　D. 真情

13. 下列语境中，"粗"为"粗糙"义的是（　　）

    A. 这棵树很粗。　　　　　　　　B. 沙子太粗，再筛细点儿。

    C. 他是个粗人，别和他计较。　　D. 这个手工活太粗了。

14. "蚂蚁缘槐夸大国，蚍蜉撼树谈何易"中的复音节语素有（　　）

    A. 一个　　　　　B. 两个　　　　　C. 三个　　　　　D. 四个

15. 下列加点的字全为不定位语素的一组是（　　）

    A. 光明　炎热　人民　　　　　　B. 房间　省事　阿姨

    C. 成就　理论　画儿　　　　　　D. 关税　甜头　读者

16. 下列各字，全为成词语素的一组是（　　）

    A. 理　这　广　创　争　　　　　B. 眉　反　宙　索　规

C. 异 历 础 鄙 幸   D. 的 丽 民 语 置

17. 下列各字,含有不成词语素的一组是(   )

    A. 楼 闪 国 学 大   B. 诣 鸭 绩 柿 苹

    C. 美 等 六 羊 山   D. 有 能 组 实 躲

18. "整理"与"整顿"的不同点主要是(   )

    A. 语义轻重不同   B. 色彩义不同

    C. 搭配对象不同   D. 范围大小不同

19. "敏捷"与"麻利"的不同点主要是(   )

    A. 范围大小不同   B. 语义轻重不同

    C. 感情色彩不同   D. 语体色彩不同

20. 下列说法正确的是(   )

    A. 义素由语素构成   B. 语素由义素构成

    C. 语素义由义素构成   D. 义素义由语素构成

21. 成为词根的只能是(   )

    A. 能独立成词的实语素   B. 虚语素

    C. 不能独立成词的实语素 D. 实语素

22. 下列说法正确的是(   )

    A. 引申义是比喻义的一种 B. 引申义是转义的一种

    C. 转义是引申义的一种   D. 比喻义是引义义的一种

23. 根据"①他有钱。②有两钱重。③他姓钱。"这三个例子,"钱"应判为(   )

    A. 单义词   B. 多义词

    C. 同音同形词   D. 异音同形词

24. 下列成语中,构造上属于偏正结构类型的是(   )

    A. 丰功伟绩   B. 包罗万象

    C. 胸有成竹   D. 世外桃源

25. 下列各词,属于历史词的是(   )

    A. 若干   B. 欣然   C. 驸马   D. 铭记

26. 下列词语中,全为惯用语的一组是(   )

A. 败兴鸟　笔杆子　庇护所　背黑锅　莫须有　马前卒

B. 八字没有一撇　八竿子打不着　吹喇叭　东家长西家短

C. 打官司　穿小鞋　吃鸭蛋　吃苹果　单相思　活教材

D. 捅马蜂窝　翘尾巴　老花眼　出风头　打火机　打官腔

27. 下列成语全部来源于历史故事的一组是（　　）

A. 草木皆兵　负荆请罪　夜郎自大　为虎作伥　五体投地

B. 口蜜腹剑　纸上谈兵　百年大计　叶公好龙　兴高采烈

C. 破釜沉舟　望梅止渴　完璧归赵　曲高和寡　四面楚歌

D. 抛砖引玉　背水一战　短兵相接　沆瀣一气　水落石出

28. 下列成语中，属于兼语结构的是（　　）

A. 饱经风霜　　B. 利令智昏　　C. 恍然大悟　　D. 见风使舵

29. 下列成语中，结构上基本相同的一组是（　　）

A. 粗茶淡饭　巧夺天工　水深火热　光明磊落　高瞻远瞩

B. 亡羊补牢　负荆请罪　闻鸡起舞　画龙点睛　引人入胜

C. 妙不可言　操之过急　重于泰山　逍遥法外　相逢狭路

D. 问道于盲　化险为夷　发人深省　引狼入室　指鹿为马

30. 下列成语中的"胜"字与"不胜枚举"中的"胜"字意义相同的是（　　）

A. 不胜其烦　　　　　　　B. 哀兵必胜

C. 引人入胜　　　　　　　D. 不可胜数

31. 下列歇后语中，与其他三个表义方法不同的一个是（　　）

A. 四两棉花 —— 弹不上　　B. 瞎子点灯 —— 白费蜡

C. 下雨出太阳 —— 假晴　　D. 小葱拌豆腐 —— 一青二白

32. 下列各词，属于基本词的是（　　）

A. 讲义　　　B. 冰箱　　　C. 爸爸　　　D. 摩托

33. 下列外来词中，属于借形词的是（　　）

A. 坦克　　　B. 服务　　　C. 啤酒　　　D. 芒果

34. "积极、消极"属于（　　）

A. 本族词　　B. 借形词　　C. 音译词　　D. 意译词

35. 下列各组词,全为外来词的一组是(　　)

A. 保障　垃圾　参观　激光　热狗　抽象　单纯　的确良

B. 卡片　干部　哈达　幽默　酒吧　动机　维他命　法郎

C. 范畴　电子　凡士林　识相　扑克　马达　引得　咖啡

D. 分贝　否定　公债　白相　沙丁鱼　市场　戈壁　拷贝

36. 下列各组词,全为基本词的一组是(　　)

A. 哥哥　眼睛　我们　月亮　喜欢　可笑　什么

B. 公关　语言　睡觉　休息　什么　流言　合作

C. 下边　春天　强化　皇帝　把戏　保证　间作

D. 哪儿　身体　大娘　人物　天子　龙眼　葡萄

37. 下列各组词,结构相同的一组是(　　)

A. 老化　老虎　　　　　　B. 棋子　桌子

C. 作者　读者　　　　　　D. 花儿　女儿

38. 词汇意义的主要承担者是(　　)

A. 词根　　　　B. 前缀　　　　C. 中缀　　　　D. 后缀

39. "美化、举重、船只、离休"的结构类型应当分别是(　　)

A. 附加　补充　偏正　连谓　　　B. 附加　动宾　补充　连谓

C. 偏正　动宾　补充　联合　　　D. 偏正　补充　补充　联合

40. 下列各组词,都是单纯词的一组是(　　)

A. 意大利　吉普车　　　　B. 刺溜　喇嘛

C. 黑乎乎　法西斯　　　　D. 咔叽　沸腾

(四)多项选择题

1. 下列词语中,属于偏正式合成词的是(　　)

A. 雪白　　　　B. 月亮　　　　C. 斑马　　　　D. 法盲

2. 下列说法,正确的是(　　)

A. 多义词的几个意义的地位并不是平列的。

B. 有些多义词的本义与基本义是一致的。

C. 多义词的转义都是由本义转化而来的。

D. 多义词的比喻义就是修辞上的打比方。

3. 下列各组词中,属于重叠式合成词的是(　　)

　　A. 姐姐　星星　　　　　　　B. 刚刚　渐渐

　　C. 蛐蛐　猩猩　　　　　　　D. 翩翩　姗姗

4. "这部著作是他十年心血的结晶。"其中"结晶"用的是它的(　　)

　　A. 基本义　　　B. 转义　　　　C. 引申义　　　D. 比喻义

5. 可以与"正"构成反义词的有(　　)

　　A. 反 歪 斜　　B. 背 副 负　　C. 歪 副 侧　　D. 反 背 里

6. 下列各项涉及的词,属多义词的是(　　)

　　A. "开会"的"会"与"会说英语"的"会"

　　B. "马路很宽"的"宽"与"他的心很宽"的"宽"

　　C. "放羊"的"放"与"这件事先放一放"的"放"

　　D. "雪白"的"白"与"写白字"的"白"

7. 下列各句中"深"使用"深奥"义的是(　　)

　　A. 这口井很深　　　　　　　B. 这本书很深

　　C. 这个道理太深　　　　　　D. 夜已经很深了

8. "美丽"是(　　)

　　A. 一个能独立运用的最小意义单位

　　B. 两个能独立运用的最小意义单位

　　C. 一个最小的语音语义结合体

　　D. 两个最小的语音语义结合体

9. 下列各词中的"开",与"开演"中的"开"含义相同的是(　　)

　　A. 开门　　　B. 开工　　　C. 开花　　　D. 开学

10. 下列各词中的"老",与"老脑筋"中的"老"含义相同的是(　　)

　　A. 老朋友　　B. 老房子　　C. 老大爷　　D. 老机器

11. 语素是(　　)

　　A. 最小的交际单位　　　　　B. 最小的音义结合体

　　C. 构词单位　　　　　　　　D. 能独立运用的最小意义单位

12. 下列各词,属单义词的有(　　)

　　A. 激光　　　B. 疙瘩　　　C. 消息　　　D. 太阳

13. "这个手工活太粗了。"其中的"粗"用的是它的（　　）

    A. 基本义　　　　B. 转义　　　　C. 引申义　　　　D. 比喻义

14. 下列各项，属短语的有（　　）

    A. 碰碰车　　　　B. 派克笔　　　　C. 吃得开　　　　D. 晒太阳

15. 下列各词，由两个语素构成的词有（　　）

    A. 冬不拉　　　　B. 葡萄园　　　　C. 黑龙江　　　　D. 吉普车

16. 下列成语，属于偏正结构的有（　　）

    A. 焕然一新　　　　　　　　　　B. 时不我待

    C. 苦口婆心　　　　　　　　　　D. 风烛残年

17. 下列句子中加点的词使用比喻义的有（　　）

    A. 发挥共青团的桥梁作用。

    B. 向科学堡垒进军。

    C. 学习上要发扬钉子精神。

    D. 有问题要及时解决，不要结疙瘩。

18. 下列词语中，可以看作歇后语的是（　　）

    A. 八仙过海　　　　　　　　　　B. 天下乌鸦一般黑

    C. 千里送鹅毛　　　　　　　　　D. 孔夫子搬家

19. 下列词语中，属惯用语的有（　　）

    A. 台柱子　　　　B. 开夜车　　　　C. 挖墙脚　　　　D. 唱对台戏

20. 下列成语中，由反义语素和同义语素交叉复合构成的有（　　）

    A. 说三道四　　　　B. 天旋地转　　　　C. 鬼哭狼嚎　　　　D. 东游西荡

21. 下列各词，属于基本词的有（　　）

    A. 血　　　　B. 足　　　　C. 休克　　　　D. 那样

22. 下列各词，属于文言词的有（　　）

    A. 载　　　　B. 齿　　　　C. 盾　　　　D. 思

23. 下列各词，属外来词的有（　　）

    A. 飞机　　　　B. 俱乐部　　　　C. 安培　　　　D. 沙皇

24. 下列各组词中，纯属音译外来词的有（　　）

    A. 卡车　葡萄　拖拉机　　　　B. 马达　休克　模特儿

C. 民主　马力　灵感　　　　　D. 哈达　喇嘛　芒果

25. 下列词语中,属于借形词的有(　　)

A. 景气　　　　B. 同乡　　　　C. 干部　　　　D. 倒爷

26. 现代汉语采用的构词方式有(　　)

A. 词根复合构词　　　　　　　B. 引申构词

C. 附加构词　　　　　　　　　D. 词根重叠构词

27. 下列各组词语中,全为方言词的有(　　)

A. 名堂　橄榄　土豆　　　　　B. 把戏　垃圾　瘪三

C. 别扭　陌生　尴尬　　　　　D. 红薯　蹩脚　故障

28. 下列各词中,音译加意译的外来词有(　　)

A. 沙皇　　　　B. 啤酒　　　　C. 卡车　　　　D. 拖拉机

29. 下列几组词中,可以看作反义词的是(　　)

A. 谦虚－骄傲　　　　　　　　B. 金星－月亮

C. 阴－阳　　　　　　　　　　D. 红－黄

30. 下列几组带点的词中,属于同音词的是(　　)

A. 遗像前供着鲜花/嫌疑人供出三个同伙

B. 这可不能怪他/这个人怪好的

C. 这个人对人可礼貌呢/这个人老喜欢戴礼帽

D. 他写字写得很端正/你必须端正态度

31. 下列各词中,属补充式合成词的有(　　)

A. 房间　　　　B. 认真　　　　C. 看透　　　　D. 心虚

32. 下列各词中,属单纯词的有(　　)

A. 蛔蛔　　　　B. 常常　　　　C. 饽饽　　　　D. 姥姥

33. 下列各词中,属合成词的是(　　)

A. 猩猩　　　　B. 爷爷　　　　C. 星星　　　　D. 可可

34. 下列各词,属偏正式复合词的有(　　)

A. 花朵　　　　B. 烧饼　　　　C. 人物　　　　D. 笔直

35. 下列各词中,由三个词根构成的合成词有(　　)

A. 巧克力　　　B. 打字机　　　C. 胡萝卜　　　D. 自行车

（五）实践题

1. 用下列各词的基本义和转义分别造一个句子，并注明其转义类型。

深　包袱　摇篮　表现

2. 给下列成语配上一个意义相近的成语。

① 信口开河（　　　　　）　　② 蚍蜉撼树（　　　　　　）

③ 聚精会神（　　　　　）　　④ 色厉内荏（　　　　　　）

3. 给下列熟语分类。

① 喝西北风　② 时间就是生命　③ 百花齐放　④ 水中捞月一场空

⑤ 天下乌鸦一般黑　⑥ 荷花虽好，绿叶扶助　⑦ 中流砥柱

⑧ 失败为成功之母　⑨ 耳旁风　⑩ 老虎屁股摸不得

4. 指出下列各词的反义词，它们分别属于什么类型的反义词？

和善（　　）　　分散（　　）　　脆弱（　　）　　冷落（　　）

低落（　　）　　淡季（　　）　　通俗（　　）　　浑浊（　　）

积累（　　）　　赞同（　　）　　拘泥（　　）　　丑恶（　　）

富裕（　　）　　平坦（　　）　　吝啬（　　）　　节约（　　）

5. 辨析下列同义词。

① 商量－商榷　　② 空想－幻想　　③ 爱护－保护－袒护

④ 局面－场面　　⑤ 事情－事件　　⑥ 边疆－边境－边陲

⑦ 交流－交换　　⑧ 保护－维护　　⑨ 伤害－损害－危害

⑩ 误解－曲解　　⑪ 愚蠢－愚昧　　⑫ 充分－充足

⑬ 深刻－深入　　⑭ 活泼－活跃　　⑮ 轻视－蔑视

6. 下列各词哪些可能属于同一义场，这些义场属于何类？

天　青天　地　地上　天上　天下　红　浅绿　深绿　大红　紫红
绿　大绿　河　水　溪　山　火　树木　海　树　森林　树林

7. 分别指出下列各词中的双声词、叠韵词、音译词。

仓促　灿烂　沙发　孑孓　恍惚　婆娑　铿锵
扑克　涤纶　秋千　踟蹰　拮据　婀娜　腼腆

8. 指出下列复合式合成词的类型。

痛斥　造假　房间　革命　照明　人民　飞快

解剖	石林	开关	领袖	美好	雪白	工人
碰壁	戳穿	司令	丝毫	伟大	动静	无论
烧饼	粉饰	体验	衣服	联想	奶牛	牛奶
功用	用功	霜降	民主	民生	立春	大寒

9. 完成下面义素分析的矩阵图。（在表中用"＋""－"分别表示有、无）

词	义素				
	交通工具	陆路	机动	用汽油	载客
自行车					
卡车					
公共汽车					
电车					

10. 试就下面两组词进行义素分析。

① 男人　女人　孩子

② 伯伯　叔叔　姑姑　舅舅

11. 下列句子里都有用词不够妥当的地方,试指出来加以改正,并说明理由。

① 他那双沾满红丝的眼睛说明他又熬了一个通宵。

② 1936年10月19日,鲁迅先生——伟大的革命家、文学家的心脏跳动停顿了,但是他的声音,他的思想,却没有停顿。年轻一代接过他的笔,继续在革命的大道上前进。

③ 大家决心继续发挥艰苦朴素的作风,努力攻克困难,争夺更大的成就。

④ 运动员踏着强健的脚步,举着五彩缤纷的旗帜,穿过了主席台。

⑤ 大家对王同志的批评正确而尖刻。

⑥ 今年,市场上西瓜供应充沛。

⑦ 敌机驾驶员非常机警,往云端里一钻仓皇地逃走了。

⑧ 每个学生都无例外地期望把自己的学习搞好。

⑨ 两国经过协商,已达成了协议,双方军队各自撤回自己的边疆。

⑩ 他总爱表现自己,不顾场所,大谈自己的见闻,惹得人们看不起他。

⑪ 边防战士虽然在天寒地冻的北国边陲,但仍日夜在国境线上巡视着。

⑫ 在我校评职称会上,有人故意大闹会场,说职称评得不公道,一下子把会场的程序打乱了。

⑬ 一位老农说,今年的早稻,经过精心培育,长势颇佳。

(六)概念解释题

1. 词汇　2. 语素　3. 词根　4. 词　5. 短语　6. 缩略语　7. 单纯词　8. 合成词　9. 联绵词　10. 叠音词　11. 词义　12. 色彩义　13. 义项　14. 义素　15. 语义场　16. 同义词　17. 反义词　18. 基本词汇　19. 语境　20. 历史词　21. 文言词　22. 外来词　23. 隐语　24. 成语　25. 谚语　26. 惯用语　▲27. 根词　28. 多义词　29. 歇后语　▲30. 异形词　31. 离合词　32. 熟语

(七)问答题

1. 什么是词义?词义有什么属性?

2. 举例说明词义与概念的联系与区别。

3. 什么是语素?什么是词?二者有什么关系?

4. 什么是同义词?同义词的辨析可以从哪些方面入手?

5. 举例说明什么叫反义词的不平衡现象。

6. 举例说明什么是词的本义、基本义和转义。

7. 惯用语和成语有什么区别?

8. 简要回答基本词汇和一般词汇的区别与联系。

9. 举例说明多义词与同形同音词的区别。

10. 古语词主要有哪些表达作用?

11. 举例说明词义发展变化的三种途径。

12. 新造词、行业词各有什么特点?

13. 举例说明词义发展变化的原因。

14. 词汇规范化工作的原则是什么?外来词的规范应注意什么问题?

▲15. 根词和词根有什么区别和联系?

16. 什么是情景语境?什么是语言语境?两种语境在交际过程中相互之间有无影响?

扫描书后二维码可获得以上练习题答案。

第五章 语　　法

一　知识要点

1. 语法的含义。语法是语言的组合法则,专指组成词、短语、句子等有意义的语言单位的规则。

语法这个术语有两层含义:一是指语法规律,即客观存在的语法事实;一是指语法学知识或理论,即语法学者对客观语法事实的说明,带有主观性。

2. 语法学研究两部分内容。西方传统语法学把语法分为词法、句法两部分,词法学研究词的分类、词的构成(构词法)和形态变化(构形法),句法学研究句法结构(含短语和句子)的组织规律、分类与功能。

▲3. 语法研究的三个平面是指:句法平面、语义平面、语用平面。

4. 语法体系。

5. 语法的性质。语法具有抽象性、稳固性和民族性。

6. 语法单位。黄廖本认为语法单位可分为四级:语素、词、短语、句子。

语素是语言中最小的音义结合体。语素可以组合成合成词,有的可单独成词。

词是最小的能够独立运用的语言单位,是构成短语和句子的备用单位。一部分词加上句调可以单独成句。

短语是语义上和语法上都能搭配而没有句调的一组词。它与词一样是造句的单位。大多数短语可以加上句调成为句子。

句子是具有一个句调、能够表达一个相对完整意思的语言单位。

7. 句法成分。句法成分都是成对出现的。比如:主语-谓语、动语-宾语、定语-中心语、状语-中心语、中心语-补语,共有五对八种。另有一种语用成分:独立语。

8. 划分词类的依据：依据语法功能，参考形态和意义。词的语法功能，即词与词的结合能力，充当句法成分的能力。形态特征（包括词形变化）可起次要作用。词的意义指语法上同类词的概括意义。在划分大类中的小类时，意义显得很重要。

9. 词类划分的结果：

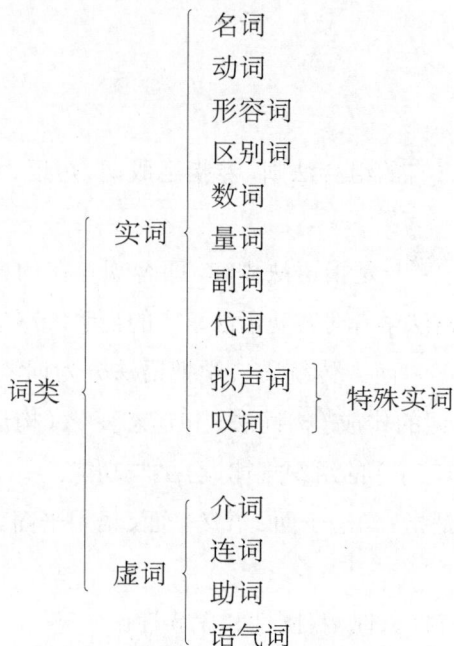

```
            ┌ 名词
            │ 动词
            │ 形容词
            │ 区别词
       实词 ┤ 数词
            │ 量词
            │ 副词
            └ 代词
词类 ┤      ┌ 拟声词 ┐
            │ 叹词   ┘ 特殊实词
            ┌ 介词
       虚词 ┤ 连词
            │ 助词
            └ 语气词
```

10. 名词的语法特征。方位词。

11. 动词的语法特征。判断动词、能愿动词、趋向动词。

12. 形容词的语法特征。形容词和动词合称谓词。动词、形容词的异同。

13. 区别词和副词。区别词，又叫非谓形容词。副词的语法特征。副词和形容词、时间名词的区别。

14. 数词和量词。数词、量词的语法特征。基数、序数、概数、倍数。名量词、动量词。

15. 代词。代词是指有代替、指示作用的词。人称代词、疑问代词、指示代词的语法特征。

代词的虚指用法、不定指用法。

16. 拟声词和叹词的语法性质。

拟声词和叹词的独立性最强。有人把这两种词既不看作实词,也不看作虚词。

17. 介词的语法性质。介词短语。介词和动词的区别。

18. 连词的语法性质。"和、跟、同、与"的连词、介词用法。

19. 助词的语法性质。结构助词"的、地、得"。"的"字短语。动态助词:着、了、过。比况助词:似的、一样。其他助词:所、被、给、连。

20. 语气词的语法性质。陈述语气,疑问语气,祈使语气,感叹语气。语气词连用。语气词"的"和结构助词"的"的区分。

21. 各类实词、虚词的运用。

22. 短语。短语的含义。短语的结构类型。短语内部结构的分析。短语的扩展和紧缩。多义短语。

23. 句法成分。

句法成分总是成对出现的。

(1) 主语、谓语的构成。主语、谓语的语义类型。动语、宾语的构成。宾语的语义类型。

(2) 定语的构成。限制性定语和描写性定语。定语和助词"的"。多层定语。

(3) 状语的构成。状语和助词"地"。多层状语。

(4) 补语的构成。补语的类型。补语和宾语的顺序以及两者的辨别。

(5) 中心语:定语、状语后面的中心语,补语前面的中心语。

(6) 独立语:插入语,称呼语,感叹语,拟声语。

24. 句型:主谓句,非主谓句。主谓句:名词谓语句、动词谓语句、形容词谓语句。非主谓句:动词性非主谓句,形容词性非主谓句,名词性非主谓句。

25. 常式句:主谓谓语句,"把"字句,"被"字句,连谓句,兼语句,双宾句,存现句。

主谓谓语句的辨认和分析,大主语和小主语的语义关系。

"把"字句、"被"字句的特点。没有施事的"被"字句。

双宾句、连谓句、兼语句的范围特点和分析。

存现句的结构特点。

26. 变式句：倒装句，省略句。句式变换。

27. 句类：陈述句，疑问句，祈使句，感叹句。

疑问句：是非问，特指问，选择问，正反问。

28. 句子结构常见的错误：句法成分搭配不当，残缺或多余，语序不当，句式杂糅，歧义。

29. 单句和复句的区分。复句中各分句间关系的表示法。复句中分句主语的隐现。

30. 复句的意义关系类型。

复句 ｛ 联合复句：并列、顺承、解说、选择、递进
　　　 偏正复句：转折、条件、假设、因果、目的

31. 多重复句的分析。紧缩复句。

32. 复句运用中常见的错误：分句间在意义上缺乏联系，结构混乱，层次不清，关联词语应用错误。

33. 句群。句群同复句、段落的区别。句群的结构类型。多重句群。运用句群常见的错误。

34. 标点符号的作用和种类。

点号：句号，问号，叹号，逗号，顿号，分号，冒号。

标号：引号，括号，破折号，省略号，书名号，连接号，着重号，间隔号，专名号、分隔号。

标点符号的活用。标点符号的位置。

二　必会技能

1. 区别各级语法单位。

2. 判别各种词的词性。

3. 熟悉短语、单句、复句的构成特点。

4. 熟练地用简易线条法划出语言片段的句法成分。

5. 熟练地用框式分析法划分各种短语、句子（包括复句）的结构层次和

结构关系。

6. 检查句子是否符合语法,能分析错误产生的原因、修改病句。

三 复习提示

词类应掌握划分词类的标准、各类词的语法特点,并能根据语法特点判定一个词的词类。

短语应了解短语的类型和特点,重点掌握层次分析法,能熟悉地用此方法分析复杂短语和分化多义短语。

句法成分应掌握各种成分的特点和区别,能用简易线条法标注各种成分。

句型和句式,在全面复习的基础上,记住句型列表。

各种句式的范围,不同的教材往往有差别,考研的同学要注意辨别。

句类,应该把四种疑问句(是非问、特指问、选择问、正反问)作为复习的重点,通过《疑问句总表》掌握各种疑问句的结构特点、所有语气词和答语。

复句,应重点掌握十类复句的关联词语和多重复句的层次关系。教材对每种复句的关联词语都列了一个表,这些表有助于我们对关联词语的掌握。

句群和标点可作为一般了解。

修改各种类型(单句和复句、句群)的病句,并运用语法知识指出错误的原因和类型。

四 重点难点讲析

1. 语法体系和语法系统

"语法体系"应专指语法学体系的系统,客观存在的语法事实和语法规律的系统应该叫"语法系统"。20世纪50年代公布了《汉语教学语法暂拟系统》,80年代公布了《中学教学语法系统提要(试用)》,受此影响,语法体系就和语法系统成了等义词,造成了混淆。应该还语法体系专指语法学体系的本来面目。当我们说"俄语语法和汉语语法有着明显的不同"时,这里的

"语法"指的是"语法系统",它具有客观性;当我们说"黄廖本《现代汉语》与胡裕树本《现代汉语》对语法的讲述有分歧"时,这里的"语法"指"语法体系"。

2. 怎样看待语法体系的分歧

语法体系有两个含义。一个指**语法系统**,即客观存在的语法事实、语法规律的系统,就是说,语法是各种规则交织成的整体,是自成系统的。下级单位组成上级单位,可产生各种格式,形成各种规则,这些语法单位及其结构规则不是杂乱无章地拼凑在一起的,而是相互联系、相互制约,形成一种组织严密的网络。另一个是指**语法学体系**,即语法学说的系统。它是语法学者根据自己的观点在研究和解释语法事实时所用的理论框架、分析方法、分类术语等的系统。一个民族语言的语法系统只有一个,一个民族语言的语法学体系可以不止一个。

平常我们有时听人说"汉语语法有分歧",多指后一含义,即语法学体系有分歧。例如分析"伟大的人民创造了辉煌的成就"这句话,不同的分析法对句法成分的认识可能不同:

中心词分析法认为"人民"是主语,"创造"是谓语,"成就"是宾语;层次分析法认为"伟大的人民"才是主语,"创造了辉煌的成就"是谓语,"辉煌的成就"作"创造了"的宾语。这句话的语法事实本身没分歧,只不过是不同语法(学)体系所用的分析方法和术语所指不尽相同罢了。又如:"那个木匠,你怎么认得他?"这句里的"那个木匠",邢福义教材认为是"外位语"①,黄廖本认为是主谓谓语句的"大主语"②,胡裕树教材认为

---

① 邢福义主编《现代汉语》,高等教育出版社2015年版,第212-213页。

② 黄伯荣、廖序东主编《现代汉语》(增订七版)下册,高等教育出版社2024年版,第87-89页。

是"称代式提示成分"①。

语法学体系的分歧是由于语法学者观点不同,掌握的材料不一样,观察问题的角度及分析问题的方法不一致而造成的,可见语法学体系带有主观色彩。在科学研究中,对客观存在的同一对象,不同的学派有不同的认识和说法,这种分歧是难免的。语法学说的分歧要通过对语法事实本身的深入研讨,才能逐渐缩小或部分消除。不过总会出现不同的见解,这是人类对客观世界的认识规律所决定的。

尽管各家的认识不同,但都认为这是合格的句子。考研时,按哪种分析都可以,如果学校没有特别指定教材,按黄廖本的观点分析即可。

3. 词法和句法

西方语言学的传统,把语法学分为词法、句法两部分。词法学研究词的分类、词的构成(构词法)和形态变化(构形法),句法学研究句法结构(含短语和句子)的组织规律、分类与功能。欧美传统的语法学以词法为研究重点,因为欧美的大部分语言词形变化丰富。汉语的词形变化不丰富,往往以句法为研究重点。黄廖本把"构词法"放在"词汇"一章讲了,所以词法部分重点讲"词的分类" —— 词类,在介绍某类词的语法特点时偶尔会涉及一点词形变化 —— 词的重叠。

4. 词类和词性

"词类"和"词性"是有联系的两个概念。词类是词在语法上的分类,着眼于总体,是根据词的语法特点划分出来的词的类别,或者说指词性相同的一类一类的词。词性是具体的某个词在语法上表现出来的特性,着眼于个体,指类别相同的一个一个的词。在判别某个词属于哪个词类的时候,可以问:"这个词属于什么词类?"或者问:"这个词的词性是什么?"

5. 关于词类划分的标准和结果

词类划分的标准,教材上叫"划分词类的依据"。划分词类的依据是词的语法功能、形态和意义,功能和形态是语法特征,加上概括的词汇意义,语法特征和概括的词汇意义是词的语法性质的体现。可以认为划分词类的依据是词的语法性质。

---

① 胡裕树主编《现代汉语》,上海教育出版社1987年版,第382-383页。

什么是词的语法功能呢？朱德熙说：

一个词的语法功能指的是这个词在句法结构里所能占据的语法位置。举例来说，形容词的功能有：

　　a. 前加"很"。　　　b. 后加"的"。　　　c. 后加"了"。
　　d. 作谓语。　　　　e. 作定语。

很明显，凭借形容词的语法功能，我们可以把它跟别的词类区别开来。举例来说，名词不具备a, c, d几项，动词不具备a, e等项，同时名词、动词的语法功能里也有一些是形容词所没有的。我们给汉语的词分类，根据的就是这些功能上的异同。①

形态是词形变化。汉语不像西方语言那样有丰富的词形变化②，仅有一些重叠形式。如"复习"可以说"复习复习"，"漂亮"可以说"漂漂亮亮"。

汉语究竟可以划分出多少类词？这没有定数，要看划分后的用途。用于机器（计算机）的划分，划分得越细越好，即使是每个词作为一类，机器也没有记忆的负担。用于教学面向学生的划分，不宜划得太细，太细会增加学生的记忆负担，影响教学效果。目前各个教材词类划分的结果大都在10～20个之间（参见附录《几种常见教材词类划分比较表》）。

词的分类是逐级进行的。首先根据词能否充当句法成分，将词分为实词和虚词两大类，然后对实词和虚词进行分类。

"实""虚"这两个字有很大的迷惑性，有人以为实词、虚词主要是根据意义的虚实划分的，这是错误的。我们只要把实词理解为"成分词"，把虚词理解为"非成分词"就可以了。

黄廖本把词类分成14种。其中实词10种，即名词、动词、形容词、区别词、数词、量词、副词、代词、拟声词、叹词；虚词4种，即介词、连词、助词、语气词。

---

① 朱德熙：《语法讲义》，商务印书馆1982年版，第37-38页。
② 吕叔湘说："汉语有没有形态变化？要说有，也是既不全面也不地道的玩意儿，在分析上发挥不了太大的作用。"（吕叔湘：《汉语语法分析问题》，商务印书馆1979年版，第10页。）

6. 为什么不能根据意义划分词类？

通常说名词表示事物的名称，动词表示动作、行为或变化，形容词表示性质或状态。看上去好像词类是根据词的意义划分出来的。但根据词的意义划分词类是行不通的。

划分词类的目的是把语法性质相同或者相近的词归在一起。可是表示同类概念的词，语法性质并不一定相同。举例来说，"金、银、铜、铁、锡"都是金属的名称。可是"金、银"和"铜、铁、锡"的语法性质有明显的不同。"铜、铁、锡"可以作主语（铜是金属）、宾语（需要铜），可以受数量词修饰（一块铜），"金"和"银"既不能作主宾语（×金是黄的、×银是白的、×需要金、×需要银），也不受数量词修饰（×一块金、×两块银）。"铜、铁、锡"大家公认是名词，"金"和"银"则是名词和形容词以外的一个独立的实词词类，我们管它叫区别词。所以不能把它跟"铜、铁、锡"一起归到名词里头去。再举一个例子。"红、黑、红色、咖啡色、紫、灰、粉"都是说的颜色。其中"红"和"黑"可以作谓语（桃花儿红｜屋里黑），可以受副词"很"修饰（很红｜很黑），还可以重叠（红红的｜黑黑的），是典型的形容词。"红色"和"咖啡色"只能作主语、宾语（红色醒目｜我不喜欢咖啡色），不能作谓语，也不受"很"修饰，显然是名词，不是形容词。"紫、灰、粉"不能作谓语，不受"很"修饰，也不能作主宾语，它不是形容词，也不是名词，而是区别词。这种例子不少。譬如"战争"就是"打仗"，可是"战争"是名词，而"打仗"是动词。"突然、忽然"都表示动作或事情发生急促，都能作状语，但"忽然"只能作状语，是副词；"突然"除了作状语，还可以作定语，是形容词。

我们并不否认词类和词义之间是有关系的。语法性质相同的词，意义上往往有共通之处。通常说名词表示事物的名称，动词表示动作、行为或变化，形容词表示性质或状态之类的话虽然不够准确，大体上也不算错。不过我们不能倒过来说表示事物名称的词是名词，表示动作、行为或变化的词是动词，表示性质或状态的词是形容词。因为我们实在没有办法给这些语义概念下明确的定义。什么叫事物，什么叫动作、行为、变化，什么叫性质、状态，它们之间的界限在哪里，可以引起无穷无尽的哲学式的讨论，永远得不到解决。所以，划分词类的依据只能是词的语法功能。①

实词和虚词也是根据语法功能划分的吗？答案是肯定的。为什么有的将副词划归虚词，有的将副词划归实词呢？这是因为各家采用的标准不同，黄廖本的标准是："凡能够独立充当句法成分的词都是实词，否则是虚词。"按此标准，副词能够独立作状语，所以划归实词。有的教材所采用的标准是"能够充当主语、谓语、宾语，或者能够成为主语、谓语、宾语的中心的是实词，否则是虚词"。按此标准，副词既不能充当主语、谓语、宾语，也不能够成为主语、谓语、宾语的中心，所以划归虚词。②

7. 关于各类词的语法特点

教材讲各类词的语法特点，这是需要我们认真掌握的。在掌握这些语法特点时要注意：

第一，教材讲某类词的语法特点，只是它的主要特点，并不是它的全部特点，某类词的全部特点，可以称为该类词的语法性质。

第二，就某类词中的每个具体的词而言，并不一定具备该类词的全部特点，一般地说，它应该具备该类词的某些主要特点。比如动词中表示判断的"是"，既不能加动态助词"着、了、过"，也不能强加趋向动词"起来、下去"等，更不能重叠（"是！是！"为反复），但是它能带宾语，例如"他是劳动模范"，具备动词的主要特点。

第三，词的语法特点是指词在全部活动范围内的特点，也就是朱德熙说的"分布"，不是指它在某一具体句子中的语法特点，在具体句子中的词只能体现它的部分特点。比如"说"是动词，能加"着、了、过"和"起来、下去"等，但是在"请您再说一遍"中，这些词都不能加上了。③

第四，不同的教材在讲述某类词的语法特点时往往有差别。比如在介绍动词特点时，黄廖本列举了五条：

(1) 经常作谓语或谓语中心，有些动词能带宾语。

---

① 参见朱德熙：《语法答问》，商务印书馆1985年版，第10-11页。
② 参阅邢福义主编《现代汉语》（修订版），高等教育出版社1993年版，第256、257、262页。
③ 以上三条参见胡裕树主编《现代汉语》，上海教育出版社1987年版，第338页。

(2) 能够受副词"不"修饰,一般不受"很"修饰。

(3) 能构成"V不V"式表示提问,可以带宾语。

(4) 多数可以后带"着、了、过"等表示动态。

(5) 有些动作行为动词可以重叠,表示动作的动量小、时量短或尝试、轻松等意义,限于表示可持续的动作动词。[①]

邢福义卫星电视教材仅讲了以上(3)(4)(5)三条:

第一,许多动词能带上动态助词"着、了、过"。

第二,一般能进入"X不X"的格式,并且大多数能带宾语。

第三,某些动词可以按AA式或ABAB式重叠,重叠后表示动量,附加"一下"或"反复多次"的意思。[②]

是不是邢福义讲的不全面呢?不能这么认为。要说全面,没有一种教材讲的是"全面"的,包括黄廖本。邢福义认为,动词只需掌握这"三个突出特点"就够了,根本不需要学生记那么多。

第五,不要把"语法特征"绝对化。"凡是"总有例外,例外往往是有条件的。比如"名词一般不能受副词修饰"这条,就有例外,我们可以说"园子里净杂草"。近年来在书面中程度副词修饰名词的现象增多,例如"很淑女""很绅士""太传统""非常专业"等。这类名词有一个共同特点,即在此类名词的语义中,都包含一种描述性语义特征。例如"很绅士"中的"绅士"一词就有"有礼貌、有风度、尊重女性"等语义特征。"很淑女"中的"淑女"则有"美好、文静"等语义特征。所以并非任何名词都能受程度副词修饰,比如"×很桌子",一般是不能成立的。

8. 如何判断一个词的词性?

判断一个词的词性,应该从组合能力、充当句法成分的能力以及形态(包括构词形态和构形形态)、意义等几方面入手。

首先,要尽可能多地搜集(当然也可以自己造)包含有该词的句子或短语,考察其组合能力和充当什么样的成分。

---

① 黄伯荣、廖序东主编《现代汉语》(增订七版)下册,高等教育出版社2024年版,第9页。

② 邢福义、汪国胜主编《现代汉语》(第二版),华中师范大学出版社2011年版,第203-204页。

其次，要看意义，看所要判定的词在这些用例中意义是否有差别，几个意义之间是否有联系，是看作一类词合适还是分别看作不同的词。

最后，要看它和哪类词的语法特点最相近。如果和哪类词的语法特点最相近，便归入哪类词。

判断一个词的词性，应该在掌握各类词的语法特点的基础上进行。有的特点为充分条件，即只要具备某个特点就一定是某类词，比如说"只能作状语的一定是副词"，"能作谓语并能带宾语的一定是动词"。有的是必要条件，即某类词一般要符合某个条件，但具备某个条件，不见得是某类词。比如，形容词能作谓语和定语，但能作谓语和定语的词不见得是形容词。如"今天星期三"、"星期三的课调到星期四上"，这里的"星期三"就不能判定为形容词。

判断一个词的词性，还要注意一般和特殊。任何"凡是"都有例外。例如我们说"名词不能受副词修饰"，这是就一般情况而言的。方位名词可以受副词的修饰，如"最东边、最后边"等，个别副词也可以修饰作主语的名词，如"只这几家商店卖这种椅子、就小张一人考上了大学"等。我们不能因此否定这条语法规律。一般说来，下面几种情况不作为词性归类的依据：

(1) 仅在儿童语言中出现的用例。如某些重叠、拟人化说法等。

(2) 仅出现在熟语中的搭配用例。如我们不能据"人不人，鬼不鬼"这个熟语中的副词"不"能修饰名词"人""鬼"而否定"名词不能受副词'不'修饰"这条语法规律。

(3) 仅在韵文、唱词中出现的用法。因为在韵文中，为了押韵，有些搭配是不符合我们平常说话习惯的。

(4) 仅在语法书上讨论问题时才出现的用例。例如："'呢'是语气词，不能作主语。"而在"'呢'是语气词"这个用例中，"呢"偏偏作了主语，这种情况不能算。此外文章中加引号的词或短语也不作为判断词或短语性质的标准。例如："'说不清'是一句极有用的话。"（鲁迅《祝福》）尽管中补短语可能作主语，但该句中的"说不清"不能作为中补短语作主语的用例。

下面讨论几个词的词性。

(1) 稳定

我们先看"稳定"能与哪些词语组合，组合后充当什么成分：

物价稳定　　木料的价格不稳定　　铑的性质很稳定

稳定猪肉价格　　稳定一下情绪　　必须稳定局势　　立即稳定市场

生活稳定下来

第一行中的"稳定"能作谓语，能受副词"不""很"的修饰，这符合形容词的语法特征。第二行中的"稳定"不能受"很"的修饰，但能带宾语，符合动词的语法特征。第三行中的"稳定"能作谓语中心，又能带趋向动词，看作动词比较好。只要不是表示心理活动的词，凡是既能受"很"修饰又能带宾语的，都一分为二：能用"很"修饰的是形容词，能带宾语的是动词。

(2) 凡是

黄廖本"语法"一章"思考和练习六"第四题有这么一个句子：

凡是于小事忠实的于大事也忠实。

不少同学问，这里的"凡是"是什么词性？"凡是"，也可以只说"凡"，《现代汉语词典》《现代汉语规范词典》《现代汉语八百词》一致认为是副词。它果真是副词吗？我们列出这些词典的用例：

～新生的事物都是在同旧事物的斗争中成长起来的。

～年满十八岁的公民都有选举权与被选举权。

（以上见《现代汉语词典》）

～应该做的，都要努力去做。

～考试不及格者不能毕业。

～属重大问题，都要集体讨论决定。

（以上见《现代汉语规范词典》）

～跟他一起工作过的人，都称赞他良好的工作作风。

～符合规定条件的，都可以报名参加。

～帮助过我的人，我都不会忘记。

（以上见《现代汉语八百词》）

以上8个例子，"凡""凡是"无一不是用在名词性词语前面作定语，《现代汉语八百词》还指出："表示在一定范围里没有例外。用在主语前边。"观察可谓仔细。这些词典都声称是根据语法功能划分词类，然而一接触具体词，似乎又忘了语法功能。根据语法功能，"凡是"只能是区别词，不能是副词。

（3）临时

"临时"这个词，我们通过造句（或造短语）来看它的分布情况：

临时决定取消比赛　临时借用两天　临时改变计划

临时大总统　临时指挥部　临时仓库　临时短语　临时司机

第一行的"临时"都出现在动词性词语的前面，作状语；第二行的"临时"都出现在名词性词语的前面，作定语。既能作定语又能作状语的词是什么词呢？我们很可能想到形容词。形容词是谓词，可以作谓语。我们找不出"临时"作谓语的例子，因此，它缺少作为形容词的必要条件，不可以看作形容词。这时我们又想到，副词是只能作状语的词，把第一行的"临时"试着看作副词。那么第二行的"临时"呢？它只能作定语，这正符合区别词的语法特征。因此，我们把"临时"一分为二，第一行只能作状语的看作副词，第二行只能作定语的看作区别词。《现代汉语词典》的处理与我们大同小异：

【临时】línshí ❶ 副 临到事情发生的时候：～抱佛脚丨事先准备好，省得～着急。❷ 形 属性词。暂时的；短期的：～工丨～政府丨～借用一下，明天就还。

从以上可以看出，《现代汉语词典》的"副词"与黄廖本的副词一致，而词典的"属性词"并不等同于黄廖本的区别词。黄廖本的区别词是只能作定语的词，词典把"临时借用一下，明天就还"中的"临时"看作"属性词"，这不是严格按语法特点分类，而是根据意义分类。按黄廖本的语法体系，这个例句中的"临时"应看作副词。"共同、自动、高速、长期、局部、必然"等词与"临时"类似。

9. 构词重叠和构形重叠

普通话有三种重叠形式。

①"无意义的音节"的重叠。纯音节重叠，构成一个语素或词，单个音节没有意义。例如：

姥姥　狒狒　猩猩

②语素的重叠。重叠的结果是构成一个合成词。例如：

舅舅　妈妈　妹妹　婆婆妈妈　盆盆罐罐

③词的重叠。重叠之后构成与原词基本意义相同但语法意义有差别的词,这种词词典一般不收,是同一个词的不同存在形式。

看－看看	说－说说	(单音节动词的重叠)
高－高高(的)	红－红红(的)	(单音节形容词的重叠)
研究－研究研究	讨论－讨论讨论	(双音节动词的重叠)
急忙－急急忙忙	红火－红红火火	(双音节形容词的重叠)
团伙－团团伙伙		(双音节名词的重叠)

以上②是构词重叠,③是构形重叠。在构形重叠中,单音节的动词和形容词的重叠形式都是AA,双音节动词的重叠形式是ABAB,双音节形容词的重叠形式是AABB。有时,一个双音节词可以按两种方式重叠,那就按重叠方式把它归入不同的词类:

a. 他每天都高高兴兴地接送孙子上学。

b. 你把这个好消息也告诉一下妈妈,让妈妈也高兴高兴。

a句中的"高兴"是形容词,b句中的"高兴"是动词。

▲10. 单双音节对句法结构的影响

现代汉语里的词语结构常常受单双音节的影响,最明显的是双音化的倾向。比如把单音节的词凑成双音节:一个人姓"张",就叫他"老张"或"小张",可如果他姓"欧阳",就只叫他"欧阳",不叫他"老欧阳"或"小欧阳"。单音节的地名总带上类名,双音节或三音节的就不需要,比较以下两组(加着重号的为类名):

通县	涿县	丰县	沛县	美国	法国	英国	德国
大兴	顺义	嘉善	广饶	日本	印度	埃及	俄罗斯

数目字也有类似的情形,例如一个月的头十天必得说成"一号"……"十号","十一"以后就带"号"字或者不带"号"字都可以。

花卉的名称也是如此。"我喜欢梅花/兰花/菊花"可以说,但去掉"花"字就不行。双音节的花名却是带不带"花"均可。比如既可以说"我喜欢丁香花/牡丹花",也可以说"我喜欢丁香/牡丹"。

某些方位词也要求它前面的词语必须是双音节的。例如:

家庭之中(˟家之中)　　　海水之中(˟水之中)

一般来说,双音节的词要求在它后边跟它搭配的词也是双音节的。例如:

　　阅读报纸(ˣ阅读报)

　　打扫大街(ˣ打扫街)

　　丰收景象(ˣ丰收景)

　　共同使用(ˣ共同用)

如果前边的词变成单音节的,后边的词一般单双音节均可。例如:

　　阅读报纸→读报 / 读报纸

　　打扫大街→扫街 / 扫大街

　　陆俭明指出:在现代汉语里,像"进行""加以""予以"一类动词事实上不表示实在的意思,只起某种韵律或语用的作用,譬如"住房问题明天我们还要进行讨论",从意义上说,跟"住房问题明天我们还要讨论"没有多大差别,句中的"进行"不表示实在的意义,所以这种动词也有人称之为"形式动词"。这种动词在使用上有两个特点:一是要求后面由一个动词作它的宾语;二是这个动词只能是双音节的,不能是单音节的。比如"进行学习"可以说,"进行学"不可以说。①

11. 汉语词类与句法成分的关系

　　英语词类与句法成分之间的关系,往往比较简单。在句子中,知道了某个词所属的词类,也就知道了这个词在句子中充当的成分;知道了某个词充当的句法成分,也就知道了这个词的语法类别。② 例如:

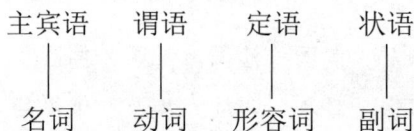

```
    主宾语      谓语      定语      状语
      |         |         |         |
     名词      动词      形容词     副词
```

图 5-1 英语部分词类与句法成分对应图

　　而汉语词类与句法成分之间的关系比较复杂,知道了句子中某个词的词性,却无法判断它充当的成分;知道了某个成分,也无法断定这个成分的词类。例如:

---

① 参见吕叔湘主编《现代汉语八百词》(增订本),商务印书馆1999年版,第8-9页;陆俭明:《现代汉语语法研究教程》(第3版),北京大学出版社2005年版,第13-14页。

② 参见朱德熙:《语法答问》,商务印书馆1985年版,第4页。

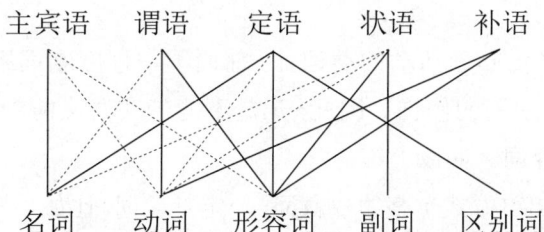

图 5-2 汉语部分词类与主要句法成分的关系图

以上词类和句法成分之间的实线表示某类词主要或经常作某个成分，虚线表示某类词偶尔作某个成分。以词类为观察点，大体说来，名词主要作主宾语（如"牛吃草"）、定语（如"（集体）财产、（火车站）座椅"），还可以作谓语（如"明天元宵节"）、状语（如"〔明天〕见"）。动词主要作谓语（如"我们来了"）、补语（如"走〈过来〉"），也可以作主语（如"提高要有一个基础"）、宾语（如"我喜欢跑步"）、状语（如"他〔拼命〕挣扎"）。形容词经常作谓语（如"你好"）、定语（如"（美丽）中国"）、状语（如"〔快〕跑"），也可以作主语、宾语（如"苦变甜"）。副词只能作状语（如"〔很〕漂亮"），区别词只能作定语（如"（大型）飞机"）。

以句法成分为观察点，名词、动词、形容词都能作主语、宾语、谓语，动词、形容词都能作补语，除副词外的所有实词都能作定语，除区别词外的所有实词都能作状语。

总之，句法成分和词类之间存在着错综复杂的关系。

12. 名词、动词、形容词的区别

名词、动词、形容词的区别，黄廖本教材上用两个表作了清晰比较，请大家看表就行了。这里强调四点：

第一，动词有的能带宾语，有的不能带宾语；形容词都不能带宾语。所以能带宾语的一定是动词，但不能带宾语的不一定是形容词。例如：

推〔车〕 吃〔香蕉〕 热爱〔祖国〕 招聘〔临时工〕 学习〔语法〕

游行〔 〕 示威〔 〕 结婚〔 〕 睡觉〔 〕 挣扎〔 〕 咳嗽〔 〕

大〔 〕 痛快〔 〕 干净〔 〕 幸福〔 〕 大方〔 〕 光荣〔 〕

第一行都能带宾语，是动词；第二行不能带宾语，也是动词；第三行不

能带宾语，是形容词。

第二，动词（除表示心理活动的动词外）前面不与程度副词组合，而形容词前面都能受程度副词的修饰。因此，凡是不能带宾语又能受程度副词修饰的词，一定是形容词。如以上第三行。

第三，凡是能按ABAB方式重叠的双音词，一定是动词，比如"学习学习"；凡是能按AABB方式重叠的双音词，一定是形容词，如"干干净净""大大方方"。

第四，"形容词"一旦带上了宾语，就"变成"动词了。例如：

破	破衣服（形容词）	破了相了（动词）
好	好姑娘（形容词）	好了伤疤忘了疼（动词）
团结	很团结（形容词）	团结群众（动词）
丰富	物品丰富（形容词）	丰富社区的文化生活（动词）
明白	讲得很明白（形容词）	明白群众的意愿（动词）

兼属动词和形容词的词，一般带宾语时是动词，不带宾语时是形容词。例如"抽象、纯洁、端正、繁荣、方便、分散、概括、缓和、焕发、活跃、激扬、集中、坚定、坚强、健全、开阔、宽慰、麻烦、密切、明确、模糊、平定、平衡、普及、统一、完善、稳定、稳固、严格、严明、严肃、冤枉、镇定、整齐、壮大"等。

13. 性质形容词和状态形容词

形容词包括性质形容词和状态形容词两类。[①]

性质形容词包括单音节形容词（大、红、快、好）和一般的双音节形容词（大方、干净、规矩、伟大）。状态形容词包括：

（1）单音节形容词重叠式：小小儿的。

（2）双音节形容词重叠式：干干净净（的）。

（3）"煞白、冰凉、通红、喷香、粉碎、稀烂、精光"等双音节形容词。

（4）带后缀的形容词，包括：

ABB式：黑乎乎、绿油油、慢腾腾、硬邦邦；

A里BC式：脏里呱唧；

A不BC式：灰不溜秋、白不呲咧。

---

① 这部分内容根据朱德熙《语法讲义》第73页改写。第（3）类的形容词跟一般的双音节形容词不同，一般双音节形容词的重叠式是AABB，而这一类形容词的重叠式是ABAB。

双音节形容词带后缀的只有"可怜巴巴、老实巴交"等少数例子。

(5)"f+形容词+的"形式的合成词(f代表"很、挺"一类程度副词):挺好的、很小的、怪可怜的。

从语法意义上看,性质形容词单纯表示属性,状态形容词带有明显的描写性。从语法功能上看,这两类形容词也有很大的区别。性质形容词作修饰语远不如状态形容词自由,无论定语或状语都是如此。

表 5-1 性质形容词与状态形容词语法功能比较表

语法功能	性质形容词 香 干净	状态形容词 喷香 干干净净
a. 能否带宾语	不能	不能
b. 能否作定语、状语、谓语	能,但不自由	能,很自由
c. 能否带补语	能	不能
d. 能否按 AABB 重叠	有的能	不能
e. 能否按 ABAB 重叠	不能	有的能
f. 前面能否加"不、很"	能	不能

正因为性质形容词与状态形容词语法功能差别很大,所以陆俭明主编的《现代汉语基础》(秘书专业专科自考教材,辽宁教育出版社2005年版)把状态形容词提升为与名词、动词、区别词等相并列的一类词,命名为"状态词",把性质形容词仍然叫作"形容词"。

14. 时间名词和时间副词的区分

名词和副词都可以表示时间。表示时间的名词叫时间名词,表示时间的副词叫时间副词。"饭前、午后"等一看便知是时间名词。容易混淆的是以下两组词:

　　　a.最近 现在 平常 早年 以来 将来 早晨 平时 从前 近期 目前

　　　b.新近 正在 常常 早日 向来 即将 早已 一直 已经 曾经 立即

第一行是时间名词,第二行是时间副词。它们经常作状语,但是,时间副词只能作状语[①],不能作其他成分;时间名词除了作状语,还可以作定语。

---

① 表示程度的副词偶尔作补语。如"好得很","很"是补充说明形容词"好"的。

比如可以说"最近的工作",不能说"新近的工作"。此外,大部分时间名词都可以放在介词后与介词构成介词短语,时间副词没有这种用法。比如可以说"从现在起",不能说"从正在起"。

15. 副词与形容词的区别

副词与形容词都能出现在状语的位置上,但二者属不同的词类。比如"忽然"和"突然"。"门忽然开了"和"门突然开了"都表示出乎意料,但"忽然"前面不能与程度副词组合,只能独立作状语,是副词;"突然"除了作状语,还可以受程度副词修饰组成偏正短语后作谓语中心("这件事‖很突然")、补语中心("地震发生得<太突然>了"),并且可以直接作定语("(突然)事情")。

总之,绝大部分副词只能作状语,极少部分程度副词("极""很")可以作补语。形容词虽然能作状语和补语,但主要作谓语(或谓语中心)、定语。

如果在不同的环境中具备这两类词的特点,而且在意义上有联系,那就构成兼类词。例如:

形容词		副　词
大	大房子、脾气大、大清早	大吃一惊、天已大亮
确实	消息确实、确确实实	确实不是他、确实有进步
偶然	偶然因素、十分偶然	他偶然也抽几口烟
正好	来得正好、那双鞋我穿正好	球正好被他接住

如果在意义上没有联系,那就构成同形同音词,例如:

形容词		副　词
白	白衬衫(白,说颜色)	白跑一趟(白,空义)
老	老工人(老,说年纪)	老不说话(老,一直义)
怪	怪样儿(怪,奇怪义)	怪不好意思的(怪,很义)
净	洗不净(净,干净义)	阳台净是水(净,全义)

左右两列的"白、老、怪、净"虽然字形一样,但在意义上没有联系。左边的一列都表示性质,是形容词;右边的一列分别表示方式、时间、程度、范围等,是副词。

　　总之，能修饰名词、充当谓语或谓语中心语的是形容词，不是副词；能受程度副词修饰的是形容词，不是副词。

16. 介词和动词的区别

　　汉语的介词几乎都是从能带宾语的动词演变而来的，有的演变比较彻底，例如"于、自"；有的还处在演变过程中，例如"比、朝、对、给"等介词，还保留着动词的用法。

介　词	动　词
比　他比我高	我们俩比一比谁高
朝　朝他发火	这间屋子的窗户朝南
对　对人有礼貌	枪口对着敌人
给　给他提意见	把书给他
把　把衣服洗洗	把住关口

　　介词与动词的最本质区别是：动词能作谓语，介词不能作谓语；动词能直接受否定副词的修饰，介词不能。介词也不能独立充当句法成分，它只能与名词或其他词语构成介词短语，充当状语和补语（偶尔也作定语）。过去有的语法书把它叫"次动词"（这里的"次"是"次序在第二的、副的"的意思）[①]，这个称呼在一定程度上说明了介词的语法性质：当谓语位置上有真正的谓词（动词、形容词）出现时，介词短语仅仅对谓词起修饰或补充说明作用，作状语或补语。当谓语位置上没有其他谓词（动词、形容词）时，它便作谓语了，这时介词短语也就转为动宾短语。例如：

介　词	动　词
在　a. 他在图书馆自习	b. 他在图书馆
向　a. 看向讲台	b. 脸向讲台

　　"在图书馆"在a句中是介词短语（"在"是介词），它修饰后面的动词"自习"。而在b句中除了"在"没有别的动词，所以"在图书馆"是动宾短语（"在"是动词）作谓语。"向讲台"在a句中补充说明"看"，而在b句中作谓语。与此相同的词还有"跟、叫、往、为(wéi)、当、按、替、照、打、就、除、冲(chòng)、凭、根据、通过、作为"等。

[①] 丁声树等：《现代汉语语法讲话》，商务印书馆1961年版，第6页。

17. 连词和介词的区别

汉语中很多连词是从介词和副词演变而来的。有些介词和连词存在纠葛。"和、跟、同、与"等词就有连词和介词两种用法。

连 词		介 词
和	爸爸和妈妈	我和哥哥说说心里话
跟	我跟弟弟都属马	脸白得跟纸一样
同	买了些面包同牛奶	他同这件事无关
与	批评与自我批评	与困难作斗争

连词"和"与介词"和"的区别在于：（1）连词具有双向性，它连接前后的词语；介词具有单向性，它只关涉后面的词语。（2）连词"和"所连接的两个词语是联合关系，一般可以互换位置而句子的基本意思不变。介词"和"的前后两个名词性词语没有直接的语法关系，更不能互换位置。（3）介词"和"前面可以出现状语，连词"和"之前不能出现状语。（4）连词"和"有时可以略去，介词"和"不能略去或改用顿号。

其他如"因、因为、由于"等词也是这样处理。

我们再看《现代汉语词典》中的两个例子：

　　　a. 有事要跟群众商量　　　　b. 我同你一起去

a句中的"跟"是作为介词的例子。"有事要＿群众商量"，横线处只能填介词，无论是填写"跟"还是填写"和""同""与"，都是介词。b句是"同"作为连词的义项而举的例子。这里的"同"真的是连词吗？令人生疑。因为"同"前面可以插进"不""不可能""可以"等，甚至插进"怎么"使全句变为疑问句。也可以对比着说："我不同你一起去，同小王一起去。""我们家只有三辆自行车。明天看电影，我哥哥同嫂子一起去，我同你一起去，姐姐同妹妹一起去。"所以，这种句式的"同"并不是连词，而是介词。

18. 连词与副词的区别

副词经常与连词一道作关联词语。但副词还可以作状语，连词则不能单独作句法成分。例如：

①只有认真学习，才能考上研究生。

②如果在零度以下的温度下雨，路面就会结冰。

以上例子中加虚点的是连词,加实点的是副词。

˄19. 区别词和副词的区别

区别词和副词合称加词或饰词。它们最主要的区别是:区别词是只能作定语的词,作定语时可以不加"的";而副词是只能作状语的词(少量程度副词"很""极"等偶尔作补语),作状语时通常不加"地"。

  a. 大型水库 军用机场 私营企业 多边会谈 间接经验
  b. 非常愉快 分外妖娆 正在开会 重新规划 单独完成
  c. 临时机场 临时征用 共同纲领 共同进步

a组加虚点的都作定语,是区别词。b组加实点的都作状语,是副词。c组加点的词既能作定语,又能作状语,是兼类词,其中加虚点的是区别词,加实点的是副词。

20. 动态助词"过"和趋向动词"过"的区别

"过"可以是一般动词、趋向动词、动态助词。动词"过"读原调去声,很容易辨别。动态助词"过"和趋向动词"过"都是用在动词、形容词后面,读轻声,容易混淆。比较:

  ① 他什么苦日子没过过
  ② 爬过山就到了|走过一段泥泞的羊肠小道
  ③ 刚下过雨,路还是湿的|他当过兵,下过乡|他来过了
  ④ 你吃过荔枝没有?

例①中的第一个"过"是一般动词,第二个"过"是动态助词。例②中的两个"过"都是趋向动词。例③中的"过"都是动态助词。例④似乎有歧义:可能是问有没有吃荔枝这种经历,也可能是问准备的荔枝吃了没有。前者类似于"你去过上海吗?"其中的"过"是动态助词;后者类似于"吃过饭再开会。"其中的"过"是趋向动词,"吃过"是中补结构,它后面可以加动态助词"了"①。

21. 注意词与语素同形的现象

"得"经常作结构助词,但也可以作构词的语素。在"觉得、认得、懂得、免得、省得、使得、显得、记得、晓得、落得"等双音节词中,"得"是一个构词语素,不是结构助词;在"巴不得、不见得、不由得、怪不得、恨不得、见不得、

———————————

① 参见朱德熙:《语法讲义》,商务印书馆1982年版,第72页。

来不得、了不得、天晓得、要不得、由不得、怨不得"等三音节词①中,"得"也是构词语素,不是结构助词。

"于"字是介词。例如:

　　　黄河发源〈于青海〉|献身〈于科学事业〉

但是在下列语境中,"于"是构词的后缀:

　　　合于规定|碍于情面|迫于压力|长于绘画|处于优势|出于同情

　　　勇于负责|善于调度|易于了解|难于实行|安于现状|甘于奉献

　　　工于心计|乐于助人|流于形式|忙于工作|难于施行|易于操作

　　　介于二者之间|泰安属于山东省|农业的根本出路在于机器化

以上"～于"都是动词,"于"是后缀。"～于"作动语,后面是宾语。

此外,"过于、终于(以上副词)、对于、基于、鉴于、由于(以上介词)、乃至于、以至于(以上连词)"中的"于"也都是词缀。

22. 注意词与短语同形的现象

词与短语同形,指的是两个或几个汉字,在甲环境中是词,在乙环境中是短语。例如:

最近 ┃ a. 我最近比较忙。　(时间名词)
　　　┃ b. 从这里走最近。

别管 ┃ a. 别管多忙,她都要亲手给孩子做饭。　(连词)
　　　┃ b. 这件事,你别管了。

不定 ┃ a. 他不定什么时候来呢。　(副词)
　　　┃ b. 心神不定。

除去 ┃ a. 每月的工资,除去还房贷,刚够吃饭。　(介词)
　　　┃ b. 商品称重时,必须除去包装。

以上每组 a 例中是词,b 例中是短语。"别说、不管、不然、不用、差点儿"

---

① 这些是从《现代汉语词典》里摘录的。这些三音节的结构是否都具有词的资格,可能会有争议,但是,算作"短语词"应该没问题。《现代汉语词典》还收录了一些"得"处于中间的三音节词,如"吃得开、吃得来、吃得消、吃得住、等得及、对得起、对得住、犯得上、犯得着、赶得及、搁得住、过得去、合得来、合得着、划得来、架得住、禁得起、禁得住、看得起、靠得住、来得及、磨得开、磨得开、瞧得起、数得上、数得着、说得过去、说得来、玩儿得转、想得到、信得过"等,这些应该算词汇词,在语法上,还是看成中补短语为好。

等很多词也有与短语同形的现象,要注意辨别。

23. 及物动词与不及物动词

动词根据能够带宾语和所带宾语的性质,可以分为及物动词和不及物动词。及物动词是指能带受事宾语或中性宾语的动词[①],不及物动词是指不能带宾语和能带施事宾语的动词。例如:

　　a. 看文件　学习语法　过元宵节　避雨　存活期　门外有狗

　　b. 游泳　睡觉　咳嗽　下降　步行　逃跑

　　c. 出太阳了　来了一位客人　一锅饭吃十个人　荷叶上滚着水珠

a组加点的动词都能带受事宾语或中性宾语,是及物动词。b组的动词都不能带宾语,c组的动词只能带施事宾语。因此,b组和c组都是不及物动词。

就某个动词来说,它可以兼有及物和不及物两种用法,且词汇意义也有差别,比较:

笑　　a. 他笑了　　　　　b. 他笑你

哭　　a. 他哭了　　　　　b. 他哭他父亲

坐　　a. 坐着舒服些　　　b. 坐飞机

睡　　a. 去睡一会儿　　　b. 喜欢睡硬床

来　　a. 车来了　　　　　b. 来碗肉丝面

清醒　a. 他清醒过来了　　b. 清醒清醒头脑

我们说这些动词兼属不及物动词和及物动词两类。

及物动词都能带宾语,但是在句子里出现的时候不一定老带着宾语。只有一部分及物动词后头经常带宾语,例如"散了会儿步"的"散"、"结过婚"的"结"、"姓王"的"姓"以及"具有、含有、加以、企图、成为"等词[②]。

近些年,有的语法学家把"及物动词"等同于"带宾动词",把"不及物动词"等同于"不带宾动词"。吕叔湘在《汉语语法分析问题》中就采用了这种说法[③]。邵敬敏主编《现代汉语通论》在介绍"动词"时说:

---

　　① 参见胡裕树主编《现代汉语》,上海教育出版社1987年版,第367页。朱德熙把受事宾语和中性宾语称为"真宾语"。(参见朱德熙:《语法讲义》,商务印书馆1982年版,第58页。)

　　② 这部分内容根据朱德熙《语法讲义》第58页改写。

　　③ 参见吕叔湘:《汉语语法分析问题》,商务印书馆1979年版,第34页。

(1) 及物动词：只要能带宾语，不管带的是什么类型的宾语，都是及物动词。例如：

吃、喝、拿、摸、打、来、去、走、坐、跑、取得、推广、发扬、选举、团结、修改、搜集、尊敬、服从、免得、惯于、进行、禁止、开展、受到、防止、觉得、感到、懒得、认为、以为、主张、打算、停止、继续、能够、可以、应该、愿意、敢于、值得等。

(2) 不及物动词：不能带任何宾语的动词是不及物动词。例如：

游行、呕吐、接吻、鼓掌、散步、迟到、转弯、奔跑、前进、起身、躲藏、发抖、休息、休养、生长、死亡、接头、恋爱、结婚、工作、开幕、奋斗、旅行、上学、考试、毕业、赛跑、生气、觉悟、咳嗽、流动、播音、失败、点名、充电、放假、睡觉、理发等。

有的动词只能带施事宾语或者处所宾语，凡是能够带宾语的，就应该归为及物动词，例如："来了一个人""回武汉"。有的动词不同的义项应该归入不同的小类，例如"她笑了"的"笑"是"露出愉快的表情"的意思，为不及物动词；"她笑你"的"笑"是"讥讽"的意思，属于及物动词。①

这两种观点无所谓对错，但是有高下之分。我们觉得及物动词、不及物动词是传统的语法概念，还是让它们保留传统的内涵和外延为好。

24. 词的兼类

词的兼类是指某个词经常具备两类或几类词的主要语法功能。也就是说，兼类词在甲场合里有甲类词的功能，在乙场合里有乙类词的功能，不是说在同一场合里有甲乙两类词的功能。兼类词一定要语音相同，词义有联系，意义无关或失去了联系的词不是兼类词，而是同音词。比较以下各例中的"好"：

a. 这人好脾气　我们是好朋友　饭做好了　（形容词）

b. 今天好冷啊　好香的干菜呀　等了他好半天　（副词）

c. 牛马年，好种田　发个定位，我好接你　姐姐跟技术员好上了
　　好了伤疤忘了疼　（动词）

---

① 邵敬敏主编《现代汉语通论》，上海教育出版社 2001 年版，第 178 页。

　　d. 好动脑筋　　父亲好喝酒　　刚学骑车的人好摔跤　　（动词）

　　c组的"好"，与a、b两组一样都读hǎo。这三组中的"好"虽然词性不同，但词义有联系，所以可以看作兼类词。d组的"好"读hào，与a、b两组的"好"读音不同，所以它与a、b两组的"好"不构成兼类词。

　　兼类词经常具备两类词的语法功能，如果一个词临时具备某类词的语法功能，这是词类活用，也不算词的兼类。例如：

　　　　红了樱桃，绿了芭蕉。

　　"红""绿"本来是形容词，形容词是不能带宾语的，但这里临时带了宾语，我们只得把这个语境的"红""绿"看作动词。这是词类"活用"，不是词的兼类。

　　在同一场合里具备甲乙两类词的功能的，多半形成歧义：

自 行 车 没 有 锁	自 行 车 没 有 锁
主　　谓	主　　谓
动　宾	状　中

　　第一个"锁"是名词，"没有"是动词；第二个"锁"是动词，"没有"是副词。词性不同，造成了语法结构关系不同。

　　现代汉语中，常见的兼类词有"一词两性"和"一词多性"。黄廖本教材已经列举了几种类型，这里再补充几种类型：

　　兼动、副的：仿佛、肯定、生怕、胜利、好像、没有、眼看、瞎、即、没等。

　　兼动、介的：按、比、朝、临、拿、向、依、让、顺、替、往、为(wéi)、问、给、同、由、跟、依照、至于、按照、通过、根据等。

　　兼介、连的：为、和、同、与、因为、由于等。

　　兼名、量的：口、尺、碗、勺、车等。

　　兼动、量的：回、封、捆等。

　　兼介、量的：把。

　　兼名、形、副的：光、早、根本、自然等。

　　兼名、动、副的：保管、比方、保险等。

　　兼动、介、副的：在、照、比较等。

　　其中，以名动兼类、形动兼类和名形兼类最为常见。

25. 短语在现代汉语语法中的地位

短语是意义上和语法上能搭配而没有句调的一组词,所以又叫词组。它是大于词而又不成句的语法单位。

第一,短语是词和句子的"中间站"。

吕叔湘指出:"把短语定为词(或者语素)和句子之间的中间站,对于汉语好像特别合适。……汉语里语法范畴主要依靠大小语言单位互相结合的次序和层次来表达。从语素到句子,如果说有一个中间站,那决不是一般所说的词,而是一般所说的短语。"[①]短语介于词与句子两级语言单位之间,处于中间站,具有承上启下的作用。词,是它的构成材料,它和词又都是单句的构成材料。

第二,短语的结构与合成词和句子的结构具有一致性,搞清了短语的结构,也给搞清合成词和句子的结构提供了借鉴。

汉语短语的基本类型有五种:主谓、动宾、偏正(定中、状中)、补充、联合。汉语合成词广泛运用复合法,复合式合成词也基本采用这五种结构类型。大部分短语(有时是扩展了的短语)加上语调就可以成为句子,因此句子也广泛采用这五种结构关系。例如:

短语	词	句子
阳光灿烂	地震	我们来了!
写文章	作文	下雪了。
和煦的春风	红旗	好球!
看清楚	扩大	你看清楚了吗?(谓语由中补短语充当)
老师和同学	美好	老师和同学都赞扬你。(主语由联合短语充当)

所以短语在汉语语法中有着重要地位。

26. 汉语组成短语的语法手段

汉语组成短语的语法手段是语序和虚词。

语序是词语排列的前后顺序。直接组合的,主要靠语序。语序不同,语法意义往往不一样。例如:"意义重大"是主谓短语,"重大意义"是偏正(定中)短语。"去游泳"("去"字重读),是连谓短语;"游泳去"("去"字轻读),

---

① 吕叔湘:《汉语语法分析问题》,商务印书馆1979年版,第56页。

是中补短语。

非直接组合的,主要靠虚词。首先,用不用虚词,语法关系不同。例如"爸爸妈妈",不用虚词时是联合短语,若中间加个"的"变成"爸爸的妈妈",这就变成偏正短语了,所指也发生了变化。其次,即使用了虚词,不同的虚词表示的语法意义也有区别。"爸爸的妈妈"与"爸爸和妈妈"语法关系不同,前者是偏正(定中)关系,后者是联合关系。

27. 什么是直接成分

直接成分是指直接发生组合关系的成分。比如"昨天走了三位客人",用层次分析法可以分析为:

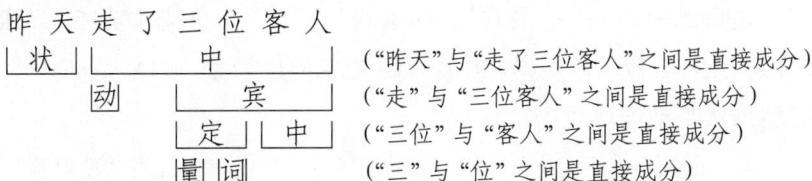

昨 天 走 了 三 位 客 人
|　状　|　　　中　　　|　("昨天"与"走了三位客人"之间是直接成分)
　　　|动|　　　宾　　　|　("走"与"三位客人"之间是直接成分)
　　　　　|　定　|　中　|　("三位"与"客人"之间是直接成分)
　　　　　|量|词|　　　　　("三"与"位"之间是直接成分)

用层次分析法分析,通常二分,每一次切分,都得到两个直接成分。不是同一次切分得到的语言片段,属于间接成分。比如:"走"和"客人"之间便是间接成分。"昨天"和"三位"之间连最基本的语法、语义关系都没有,自然不能算直接成分,连间接成分都不是。

28. 简单短语和复杂短语

一个短语,如果它的直接组成成分只有两个单词,这种短语就称为"简单短语"。例如:

　　　白手套　记笔记　落下去　行为端正　弟弟和妹妹　语文数学外语
　　　一副　红的　所说　木头似的　教室里　从上海

"弟弟和妹妹""语文数学外语"虽然都包含三个词语,但它们只有一个层次,所以仍然是简单短语。

一个短语,如果它的组成成分本身又是短语,或者说如果它内部又包含有短语,那么这种句法结构就称为"复杂短语"。例如:

　　　一副白手套　认真记笔记　潮水落下去　做一个行为端正的人
　　　弟弟和妹妹的普通话水平　语文数学外语这三门课程
　　　立即把教室打扫干净　　　大院里的孩子们都爱听石爷爷讲故事

以上短语的直接成分又都包含短语，整个短语不止一个层次。在实际语言中，我们很少见到或听到只包含两个词的短语，更多的是复杂短语。①

29. 短语的替换与扩展

复杂短语，都是由简单短语通过替换而扩展的，当然复杂短语也可通过替换变成简单短语。

老师的基本功—{用"语文老师"替换"老师"}→语文老师的基本功

老师的基本功—{用"板书基本功"替换"基本功"}→老师的板书基本功

从简单短语到复杂短语的变化，叫扩展。扩展之前的短语是"基本式"，扩展之后的短语叫"扩展式"。基本式和扩展式，在整体功能上应该是相同的，即原来是名词性短语，扩展后还是名词性短语；原来是动词性短语，扩展后仍然是动词性短语。

a. 吃—{用"吃葡萄"替换"吃"}→吃葡萄—{用"酸葡萄"替换"葡萄"}→吃酸葡萄—{用"半斤酸葡萄"替换"酸葡萄"}→吃半斤酸葡萄

b. 吃半斤酸葡萄—{用"酸葡萄"替换"半斤酸葡萄"}→吃酸葡萄—{用"葡萄"替换"酸葡萄"}→吃葡萄—{用"吃"替换"吃葡萄"}→吃

a例是通过替换，由词扩展到短语；b例是通过替换，由短语压缩到词。考研的同学如果需要可以参看陆俭明《现代汉语语法研究教程》（第3版）第76页、第217-219页（北京大学出版社2005年版）。

30. 层次分析法的切分原则

层次分析承担两项任务：一是切分，找出一个结构的直接组成成分；二是定性，确立切分所得的直接组成成分之间是什么句法关系。

简单短语多由两个词组成，复杂短语则由三个或三个以上的词组成②。从理论上来说，由A、B、C三个词组成的复杂短语，第一刀切分有两个切口，"A/BC"或"AB/C"；由A、B、C、D四个词组成的短语，第一刀切分有三个切口，"A/BCD"，或"AB/CD"，或"ABC/D"。以此类推。第一刀切分正确是整个短语分析正确的基础，如果第一刀的切口没找对，在考试时整个短语就可能不得

---

① 陆俭明主编《现代汉语》，北京师范大学出版社2012年版，第153页。
② 三个或三个以上的词组成的短语，不一定是复杂短语。

分了。所以，第一刀必须保证切分正确。

层次切分必须遵守以下四个原则：

第一，切分出来的两个直接成分必须是有意义的结构；

第二，切分必须符合原意；

第三，切分出来的直接成分具有一定的语法关系；

第四，切分不能跨语义段。

下面我们讨论几个短语的切分。

　　① 削苹果的刀　　　　　　a. 削／苹果的刀

　　　b. 削苹果／的刀　　　　c. 削苹果的／刀

a切分"苹果的刀"没有意义，b切分"的刀"没有意义，只有c切分是正确的。

　　② 孩子们都喜欢熊猫　　　a. 孩子们／都喜欢熊猫

　　　b. 孩子们都／喜欢熊猫　　c. 孩子们都喜欢／熊猫

b切分"孩子们都"没有意义，也没有语法关系；c切分"孩子们都喜欢"属于跨段切分，只有a切分是正确的。

　　③ 一件羊皮大衣

　　　a. 一件／羊皮大衣　　　　b. 一件羊皮／大衣

按a、b切分，"羊皮大衣""一件羊皮"是有意义的结构，也具有一定的语法关系（定中关系），但它不符合原意。我们应该思考："一件"是修饰谁的呢？是修饰"羊皮"的，还是修饰"大衣"的呢？很显然，"一件"是修饰"大衣"的。所以我们在切分时，要经常问问自己：这个词语管到哪里？

比如分析"一个金黄色的鸟笼里"这个短语，要问问自己："一个"管到哪里？"金黄色"修饰的什么？搞清这些了，分析也就心中有数了。这是定中短语"一个金黄色的鸟笼"加上方位词"里"构成的方位短语，第一层应该是方位短语：

　　④ 一 个 金 黄 色 的 鸟 笼 里

层次分析法，不仅能用来分析短语的结构，也能用来分析多语素构成的合成词以及单句、复句。（复句的层次分析参看"复句分析"部分。）

　　31. 句法关系的确定（定性）

　　切分有困难，定性也不容易。比如说"数词+量词"，例如"一封信"中的"一封"，黄廖本教材认为是量词短语，陆俭明认为是"'定－中'偏正"[①]；黄廖本认为"能愿动词+动词"（如"可以答应""应该解决"）是状中关系的短语，邢福义看作"能愿短语"。其他教材与黄廖本不同的观点，我们暂不介绍，我们重点关心的是黄廖本所采用的观点和黄廖本没有涉及的问题。

　　（1）方位短语和定中短语

　　对于"名词（或动词）+方位词"，黄廖本规定：凡是方位词前不能加"的"的（大部分是单音节方位词），如"桌子上、屋檐下、长江以南、出发之前"，看作方位短语；凡是方位词前可以加"的"的（一般是双音节方位词），如"桌子上面、面包中间"等，看作定中短语。

　　（2）"看一看"是中补短语

　　黄廖本认为："看看"是动词的重叠形式，而"看一看""看了看""看了一看""看他一看"都不能算动词的重叠形式。其句法结构为：

　　　看〈一看〉　看了〈看〉　看了〈一看〉　看他〈一看〉

　　（3）关于主谓短语前的"连"

　　过去许多语法书都把"连"字划归介词，黄廖本教材把它分别划归助词、介词和副词。划归助词有什么根据呢？最主要的一条是助词"连"往往可以省略，而介词、副词一般是不能省略的。下面句子中的"连"都可以去掉而不影响意义的表达：

　　　①连我都不知道这件事。
　　　②这件事我连想都不敢想。
　　　③他连这本书都没看过。

　　"连"总是与"也/都"相呼应，组成"连……也（都）……"结构，其作用在于强调，强调后头的名词、动词性词语，多半出现在否定句里，删去也不影响基本意义和结构，只是口气减弱了。

　　对词性的认识不同，对结构的把握也不同。如果"连"是介词，那么例

① 陆俭明：《现代汉语语法研究教程》（第3版），北京大学出版社2005年版，第74页。

①是非主谓句,例③是一般主谓句;如果"连"是助词,那么例①是主谓句,例③是主谓谓语句。

介词、副词"连"去掉就影响意义和结构,例如:

④ 苹果不用削,连皮吃。　　　　　　(介词)

⑤ 干脆连椅子一起搬上去。　　　　　(介词)

⑥ 台风来时,大树都要连根拔起。　　(介词)

⑦ 他这星期连发五封信。　　　　　　(副词)

(4)"为了"是介词,任何情况下都不作连词

有的语法书或词典也把"为了"看作兼属介词和连词。黄廖本把"为了"仅看作介词,不认为是连词。这是有道理的。我们看下面的例子:

① 为了祖国的未来,我们必须重视教育。

② 为了早日实现民族的复兴,我们必须重视教育。

③ 为了祖国的未来,为了早日实现民族的复兴,我们必须重视教育。

有人把例①中的"为了"看作介词,理由是"为了"后面出现的是名词性成分;把例②中的"为了"看作连词,理由是"为了"后面出现的是谓词性成分。但例③呢?这两个"为了"有着明显的并列意味,一个看作介词,一个看作连词吗?这显然是不合适的。最好的办法是都把它们看作同一词性——介词。"为了"作为介词的另一个证据是它前面可以添加副词"也""更""同时"等:

④ 一九三七年,我为了表示对婉容的惩罚,也为了有个必不可少的摆设,我另选了一名牺牲品——谭玉龄,她经北京一个亲戚的介绍,成了我的新"贵人"。(溥仪《我的前半生》)

只有介词短语前面才能出现副词,连词前是不能出现副词的。

(5)趋向动词可以单独作谓语或谓语中心[1]

例如:

月亮<u>下去</u>了,太阳还没有<u>出来</u>。

---

[1] 笔者并不赞同这个观点。笔者认为:当"下去、出来"作谓语时(如上例),前一音节重读,后一音节轻读,是普通的动词;当它用在动词后面作补语时,如"爬<下去>、拿<出来>",两个音节都轻读,才是趋向动词(参见《现代汉语词典》)。不过,在本辅导书里,并不适宜讨论这些问题;大家只需记住黄廖本的观点就行了。

（6）"不及物动词"不等于"不带宾动词"

　　根据带宾语的情况，黄廖本把动词分为及物动词和不及物动词。"能带受事宾语的动词叫及物动词，如'做、给、看'等；不能带受事宾语的动词叫不及物动词，如'休息、游行'和'来、去'等。"[①]不及物动词可以带施事宾语，如"走过来一群游客"。带宾动词包括所有及物动词和一小部分不及物动词；不带宾动词包括绝大部分不及物动词。凡是不带宾动词，都是不及物动词，极少数不及物动词是带宾动词。其关系可用下图表示：

及物动词	带宾动词
不及物动词	不带宾动词

　　以上六点是黄廖本的观点。作为一部教材，黄廖本不可能面面俱到。有些有争议的问题没有在教材中提及，下面举一例：

　　"继续前进"是什么结构？

　　"继续"在《现代汉语词典》中的解释是："团（活动）连下去；延长下去；不间断：～不停｜～工作｜大雨～了三昼夜。"《现代汉语八百词》对"继续"的解释是："〔动〕（活动）连下去；延长下去；不间断。经常带动词宾语，也可带名词宾语或单独作谓语。""带动词宾语"所举的例子是：

　　　　继续前进｜继续奋斗｜继续工作｜继续不停｜继续干下去｜继续提高质量｜把工作继续进行下去

　　笔者认为"继续"与后面的动词之间不是动宾关系，而是偏正（状中）关系，动词"继续"修饰后面的动词，作状语。

32. 短语的分解与组合

　　分析复杂短语结构层次关系通常采用"层次分析法"。层次分析法的正式学名叫作"直接成分分析法"，英文是：Immediate constituent analysis, 简称IC, 这是由美国描写语言学家布龙菲尔德（L. Bloomfield）系统地运用于句法结构分析的一种方法，后来又由哈里斯（N. Harris）和威尔斯（S. Wells）加以理论化和系统化，使这一方法日趋成熟。由于这种方法在分析时尽可能地采取二分（只有少数联合短语或连谓短语需要多分），所以俗称"二分

　　[①] 黄伯荣、廖序东主编《现代汉语》（增订七版）下册，高等教育出版社2024年版，第63页。

法"，平时则通称"层次分析法"。[①]这种分析方法最初来源于美国描写语言学，我国的语言学家20世纪50年代开始引进，80年代消化吸收，到21世纪已经熟练地运用到汉语语法研究中去，现在各现代汉语教材都介绍了这种分析方法。目前主要采用的是"从小到大的组合法"和"从大到小的分解法"。

　　复杂短语是由简单短语一层一层组合起来的，从小到大的分析法就反映了短语的组合（编码）过程。复杂短语是有层次的，大的片段是由小的片段按一定的语法和语义关系逐层组成的，把大的片段切分为小的片段，反映了对复杂短语的理解（解码）过程。例如：

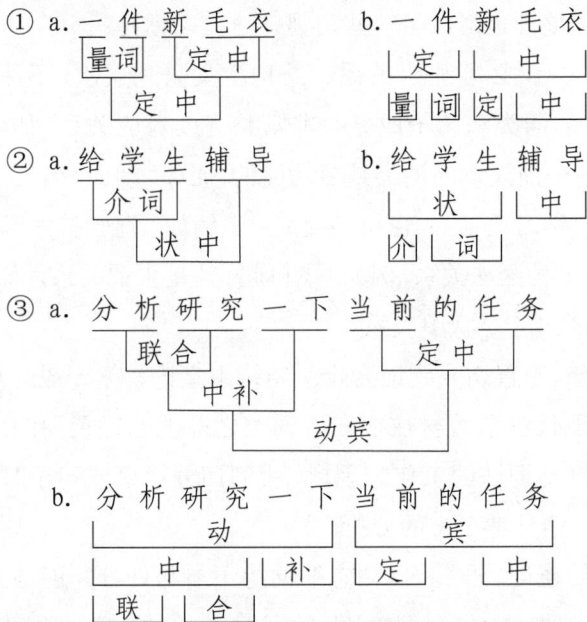

① a. 一 件 新 毛 衣
　　　量词　定中
　　　　定中

　　b. 一 件 新 毛 衣
　　　　定　　中
　　　量词　定　中

② a. 给 学 生 辅 导
　　　介词
　　　　状中

　　b. 给 学 生 辅 导
　　　　状　　中
　　　介　词

③ a. 分 析 研 究 一 下 当 前 的 任 务
　　　联合　　　　　　定中
　　　　中补
　　　　　动宾

　　b. 分 析 研 究 一 下 当 前 的 任 务
　　　　动　　　　　宾
　　　中　补　定　中
　　联　合

　　以上a种分析是从小到大的组合式分析，b种分析是从大到小的分解式分析。这两种分析的结果是一样的。现在教材和语法专著用b种分析的多些。在考试时，如果没有特别注明，采用b种分析方法就行。从现在开始，本书都采用b种方法进行层次分析。当然，用b方法画不出来的结构，也可以用a方法。

---

　　① 邵敬敏主编《现代汉语通论》，上海教育出版社2001年版，第204页。学界普遍认为，最早采用层次分析法分析汉语的著作是丁声树等编写的《现代汉语语法讲话》（商务印书馆1961年版）。从1952年7月起到1953年11月止，丁声树等学者用"中国科学院语言研究所语法小组"的名义，在《中国语文》月刊上连续发表了十七次"语法讲话"。1961年由商务印书馆结集出版。

比如有人认为"走下楼来"是"下来"之间插入的"楼"，应该理解为"走下来楼"（黄廖本不这么认为），这时 b 分析不好画，a 分析就能很容易地画出来：

④　走　下　楼　来
　　　　　中　补
　　　　　　动　宾

33. 层次分析法的通常约定

我国语言学家对层次分析法消化吸收后，针对汉语的特点进行了一些改造，对各种情况的处理也形成了一些习惯。这些习惯是：

第一，划分层次后，必须注明关系。结构主义只划层次，不注明关系。因为西方许多语言的词类和句子成分有非常整齐的对应关系，如副词作状语、形容词作定语……而汉语的词类是多功能的，比如"动词＋名词"的组合，可能是动宾，例如"学习语法"；也可能是定中，例如"驾驶技术"。"名词＋动词"的组合，也有多种语法关系，例如"飞机起飞"是主谓关系，"篮球比赛"是定中关系，"现场直播"是状中关系。

第二，逐层切分，一直切分到词为止。结构主义语言学一般是从句子切分到语素，我国的现代汉语教材往往在讲词类之前就已经把词的结构讲完了，从词切分到语素是词法的工作。因此，我们切分短语或句子时，合成词就不用再切分了。（请参考上文的分析。）

第三，虚词中的连词、语气词、动态助词等不参与切分。能与其他实词组成短语的虚词参与切分，如介词短语、助词短语（"的"字短语、"所"字短语、比况短语）可以继续切分。比如"这本书是我刚买的"，"我刚买的"是"的"字短语，"的"参与切分；而"鲁迅的作品"里的"的"不用管，切分时可以无视它的存在。如果非要切分，只能切分为"鲁迅的／作品"（"鲁迅的"由于不是"的"字短语，就不再继续切分），绝不能切分为"鲁迅／的作品"。结构助词"的""地"总是后附的，它总附着在前面的词语上，而"得"与连词"和"一样，既不属前，也不属后，切分时不用管它。下列加虚点的都是切分时可以忽略的虚词，加空心三角的都是切分时不能忽略的虚词：

弟弟和妹妹的书包装满了苹果　　为老师和同学们买的

数量短语"一本""两个"等，要不要切分呢？其实切不切都不影响得分，因为它们也合称"数量词"。本书坚持切分到词。

34. 几种常见复杂短语的分析

以下讨论的复杂短语，主要是包括五种基本结构的短语，或者是由五种基本短语扩展的短语。对于其他短语，如连谓短语、兼语短语、双宾短语等，将与相关句式一同介绍。

(1) 偏正短语

偏正短语包括定中短语和状中短语。一个中心语，可以有几个定语或状语，例如：

①（一架）（崭新）的（C919）（大型）客机

以上黄廖本称为"多层定语"，还有的教材称为"多重定语"。其实这两个名称是有歧义的。它既可以理解为整个短语中心语中又包含定语，也可以理解为定语本身是多层的短语。为了避免误解，本书把这种短语称为"多项定语"。上例的中心语"客机"前的定语就有四项，用层次分析法图解如下：

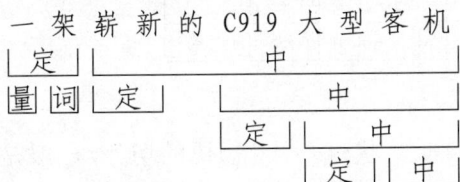

```
一 架 崭 新 的  C919 大 型 客 机
|定|          中          |
|量|词|定|       中          |
         |定|    中         |
              |定| 中 |
```

以上四层每层对应一项定语，四项定语并不在一个层次上。

对于多项定语，应先切左边的定语，这叫"以左统右"。从上至下第一、二、三层的中心语，还是一个偏正短语，它们是切分过程中的中心语，因此叫过程中心语。最后切分出的"客机"，才是最终中心语。

第一刀就切出最终中心语的，不是多项定语。例如：

②（一架崭新的 C919 大型客机）的起落架

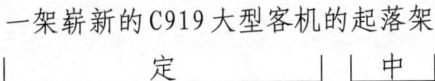

```
一 架 崭 新 的 C919 大 型 客 机 的 起 落 架
|          定             |  | 中 |
```

这是由复杂的偏正短语作定语的短语。中心语"起落架"只有一个定语。

多项状语的分析与多项定语的分析相似：

③ 昨 天 晚 上 一 宿 都 没 睡

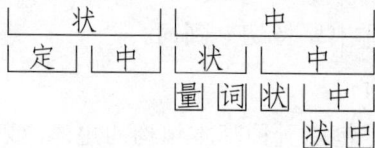

```
      | 状 |        |   中   |
  | 定 | 中 | 状 |   中   |
         | 量词 | 状 | 中 |
                 | 状 | 中 |
```

(2) 状·动·宾

前有状语,后有宾语,比如"努力学习技术",这种短语的切分历来有争议。有人认为状语与动词关系密切,应该切分为"努力学习/技术";有人认为宾语与动词密切,应该切分为"努力/学习技术"。我们认为这两种观点都有道理。但是,为了方便同学们掌握,黄廖本规定,遇到这种切分两可的"状·动·宾"结构,采取"先状后宾"的方法,即第一层先切出状语("努力/学习技术)",第二层再切出宾语("学习/技术)"。如果有几个状语,也是先把状语切分完,再切宾语。例如:

④ 应 该 热 情 地 为 旅 客 解 决 困 难

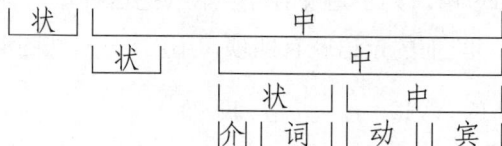

```
| 状 |            中            |
    | 状 |          中          |
         | 状 |      中      |
         | 介 | 词 | 动 | 宾 |
```

(3) 状·谓·补

这里的"谓"是谓词的意思。"状·谓·补"短语的切分,一般是"先状后补"。例如:

⑤ 正 缓 缓 走 过 来   ⑥ 确 实 精 明 得 很

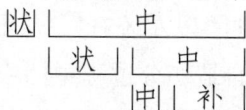

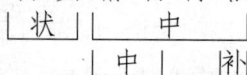

```
| 状 |    中    |              | 状 |   中   |
    | 状 | 中 |                   | 中 | 补 |
    | 中 | 补 |
```

(4) 状·动·补·宾

当动词后出现补语、宾语时,切分完状语后,再切动词后最右边的成分。对于"动·补·宾"结构,我们可以理解为动补短语带宾语。例如:

⑦ 可 以 看 一 看 你 们 的 实 验 室

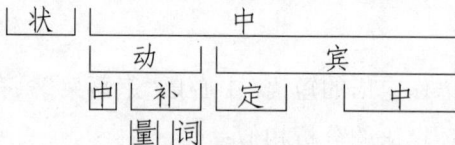

```
| 状 |            中            |
    | 动 |          宾          |
    | 中 | 补 | 定 |   中   |
    | 量词 |
```

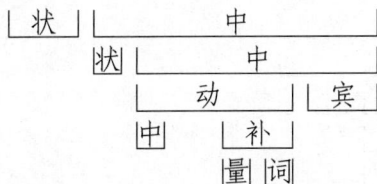

⑧ 春 天 又 爬 了 一 次 泰 山

(5) 状·动·宾·补

切分完状语后，剩下的"动·宾·补"结构可以理解为动宾短语带补语。当动词后宾语和补语共现时，谁离动词远，就先切分谁。例如：

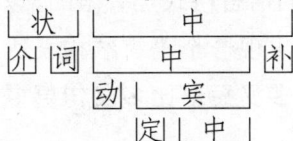

⑨ 给 我 拿 枝 铅 笔 来

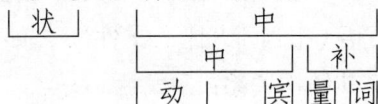

⑩ 迅 速 地 打 量 了 我 一 眼

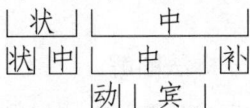

⑪ 最 好 带 钢 钎 来

(6) 状·动·补·宾·补

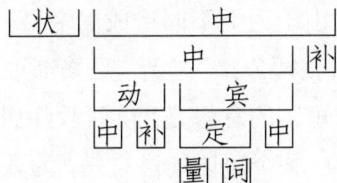

⑫ 立 即 牵 出 一 头 牛 来

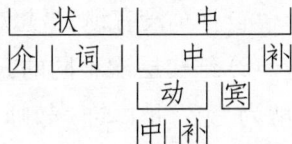

⑬ 把 吊 桶 放 下 井 去

(7) 包含联合结构的复杂短语

⑭ 肯 不 肯 来

⑮ 你 去 不

⑯ 今 晚 还 上 不 上 自 习

状	中
状	中
动	宾
联	合
状	中

更多内容请扫描书后二维码查看《短语分析补充练习题答案》。

35. 多义短语

多义短语是同一短语形式存在多种语义或语法结构关系的短语。各种语言能够表达的意义是无限的,而具体的语言格式是有限的,以有限的语言格式表达无限的内容,这就不可避免地出现一个语言结构表达多种意义的现象。短语不像句子那样有语境,因此多义短语比多义句更多。多义短语主要有以下几种类型:

(1)结构关系不同的。例如,"学习文件"可以理解为动宾短语(相当于"学什么"),也可以理解为偏正短语(相当于"什么文件")。如果把它放到一定的语言环境中去,则可以明确其结构关系:

①a. 今天下午我们继续学习文件。

　　b. 学习文件发下来了吗?

结构关系不同的多义短语,可以用层次分析法图解:

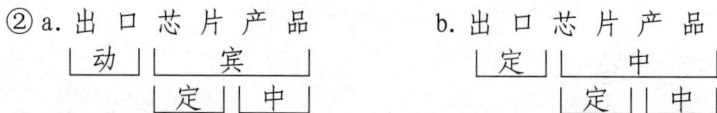

②a. 出 口 芯 片 产 品　　　　b. 出 口 芯 片 产 品

| 动 | 宾 |　　　　| 定 | 中 |
| 定 | 中 |　　　　| 定 | 中 |

"自行车没有锁""想起来了"是由于词类不同造成的多义。

(2)结构层次不同的。例如,"新教师公寓","新"是修饰谁的?既可以理解为"新"是修饰"教师"的,整个短语的意思是"供新教师居住的公寓";也可以理解为"新"是修饰"公寓"的,整个短语的意思是"为教师新建的公寓"。用层次分析法图解如下:

③a. 新 教 师 公 寓　　　　b. 新 教 师 公 寓

| 定 | 中 |　　　　| 定 | 中 |
| 定 | 中 |　　　　　| 定 | 中 |

词的管辖范围不同,往往造成短语的结构层次不同。比如"对于驾驶员

的意见"涉及介词"对于""管到哪里"的问题;"我的弟弟和妹妹的同学"涉及连词"和""管到哪里"的问题。

(3) 语义关系不同的。例如,"鸡不吃了","鸡"可以理解为施事,整个短语的意思是"鸡不吃食了";"鸡"也可以理解为"受事",整个短语的意思是"不吃鸡了"。对于这类短语,可以放在语境中使意义单一化:

④ a. 鸡不吃了,把喂鸡的盆端走吧。 ("鸡"是施事)

b. 鸡不吃了,有鸭子再来一盘。 ("鸡"是受事)

以上是用语境示意法分化多义短语。

全国九年制义务教育八年级《语文》课本有一篇是《回忆我的母亲》,该文是朱德撰写的怀念母亲的文章。最初的标题是《母亲的回忆》,可这个标题具有多义性,可以把"母亲"理解为受事,意指作者想念母亲;也可以把"母亲"理解为施事,意指母亲回想往事。因为有歧义,所以入选教材时更换了标题。通过变换,消除了多义。

词类不同,往往可能造成不同的语义关系。比如"他原来住在这里",如果"原来"是时间名词时,表示"他曾经住在这里";如果"原来"是语气副词时,则表示恍然大悟,发现了真实情况。

轻重音的差别,也可能造成短语的多义。比如"一个晚上就画了两幅画","就"轻读(表示频率),是赞扬绘画的效率高;"就"重读(表示范围),是埋怨效率低,有嫌弃的意思。

这类语义关系不同的多义短语,层次分析法是不能分化的,可以使用变换分析法和语境示意法分化。

(4) 结构关系和语义关系都不同的。例如,"咬死了农民的狗",可以理解为"狗"是受事,意思是"农民的狗被咬死了",这时,从结构关系来看是动宾短语;也可以理解为"狗"是施事,"农民"是受事,意思是"把农民咬死了的狗",按这种理解,"咬死了农民的狗"是偏正短语。这两种意义用层次分析法图解如下:

⑤ a. 咬 死 了 农 民 的 狗   b. 咬 死 了 农 民 的 狗

　　(5)主要是由于停顿不同造成的。短语内部停顿不同,往往会形成不同的语义关系。比如"进口棉纺织品",表面上与上面讲的"出口芯片产品"一样,可以理解为"从国外进口棉纺织品"(动宾);也可以理解为"进口的棉纺织品"(偏正),它区别于"进口的化纤纺织品"。但是如果我们在"进口棉"和"纺织品"之间加个短暂的停顿,整个短语的意义就变成了"以进口的棉花为原料的纺织品",它区别于"以国产的棉花为原料的纺织品"。其实,"国产棉纺织品"也是多义的。下面分别图解:

⑥ a.进 口 棉 纺 织 品　　　　　b.进 口 棉 纺 织 品
　　　│动│　宾　│　　　　　　　　│定│　中　│
　　　　　│定│中│　　　　　　　　　│定│中│

　 c.进 口 棉 纺 织 品
　　　│定│　中　│
　　│定│中│

⑦ a.国 产 棉 纺 织 品　　　　　b.国 产 棉 纺 织 品
　　　│定│　中　│　　　　　　　　│定│中│
　　　│定│中│　　　　　　　　　　│定│中│

　　多义与歧义是有区别的。多义短语构成句子,可能会产生歧义。多义是静态的,一般出现在语素、词和短语层面;歧义是动态的,一般出现在句子层面。多义短语在句子中,由于语境的作用,也不一定产生歧义。

36. 短语的功能类别

　　一个合成词,我们既可以分析它的内部结构,如"主谓(地震、年轻)、动宾(出席、围脖)、偏正(晚会、朗读)、附加(阿姨、桌子)"等等,也可以从语法(组合功能)上给它分类,如名词(围脖、晚会、阿姨、桌子)、动词(地震、出席、朗读)、形容词(年轻)等。短语也是一样。一个短语,既可以向内看它的内部结构,得出"动宾短语、中补短语、联合短语、定中短语、方位短语"等等,也可以向外看它在组成更大的结构时相当于什么词,得出"名词性短语(体词性短语)、动词性短语、形容词性短语和加词性短语"等。

　　短语的结构类和功能类之间的关系如表5-2所示。

表 5-2 短语的结构类和功能类关系表

结构类型 \ 功能类型	名词性短语	动词性短语	形容词性短语	加词性短语
主谓短语	明天晴天	我去	你好	
动宾短语		吃苹果		
定中短语	新字典 她的勇敢			大规模
状中短语		立即出发	非常舒适	
中补短语		睡过头	好得很	
联合短语	北京和上海	讨论并通过	伟大而质朴	
连谓短语		转身离开		
兼语短语		请客人进来		
同位短语	他们几个			
方位短语	校园里 操场上			
量词短语	一本 那个			
介词短语				把他〔赶走〕
"的"字短语	大家的 吃的 红的			
"所"字短语	所说〔不虚〕			
比况短语			暴风雨般的	

说明:"所"字短语是名词性的,不能作谓语。"〔为风雨〕所阻"的"所阻"不是"所"字短语。这个短语可以分析为:"〔为风雨〕所阻"。

37. 句法成分的配对性

句法成分总是配对出现的。八种句法成分共分为五对(见表5-3)。

有主语必有谓语,有谓语必有主语。当然,有,未必出现,在一定的语境下可以省略,但省略的一定能补出。

配对的成分才能出现在同一层次上。我们可以一刀切出动语和宾语,但一刀切不出主语和宾语。因为主语和宾语不是配对的成分,不可能是直接成分。

表 5-3　句法成分配对表

前头句法成分	后头句法成分	成对发生的关系	举　例
主　语	谓　语	陈述关系(主谓关系)	他‖来了
动　语	宾　语	支配或涉及关系(动宾关系)	做 作业
定　语	中心语	修饰限制关系(定中关系)	(新)书包
状　语	中心语	修饰限制关系(状中关系)	[都]做了
中心语	补　语	补充说明关系(中补关系)	做<完>了

说明:黄廖本用字下加"＝"表示主语,加"—"表示谓语,加"⌒"表示动语,加"。"表示中心语。其实,在析句中"⌒""。"从来没有出现过。因此,根据黄廖本析句的实际情况,我们用"‖"表示主谓关系,只要是非主谓倒装句,"‖"的左边是主语,"‖"的右边是谓语。考虑到主语前还可能出现句首状语,主语下仍然可以画"＝"。让"—"表示谓语中心。所谓"谓语中心"具体说来一是表示动语,例如:"我‖看 戏。"二是状中短语、中补短语作谓语时的中心语,例如:"他‖[必须]去。""[明天]你‖来<一趟>。""⌒"和"。"是多余的符号,从上表中删除了。没入句的动宾短语,可以这样标示:"看 书"或"看丨书"。

　　三十年前有的语法书把"出太阳了、起风了、下雨了"这样的句子称为"无主句",言外之意这些句子是没有主语只有谓语。谓语是什么?谓语是陈述主语的。没有主语,哪来的谓语?所以,这是不合逻辑的,现在抛弃了"无主句"这个概念,能分出主语和谓语的叫主谓句,分不出主语和谓语的叫非主谓句。

　　宾语是动语的支配对象,有动语,必须有宾语;有宾语,也必须有动语。即使是形容词,只要带上了宾语,也就变成动词了。比如"丰富"一般用作形容词(如"食堂的菜品很丰富"),但它带宾语时(如"丰富群众的业余文化生活"),就成为动语了,而只有动词才可以作动语,所以作动语的一定是动词。但也并不是所有的动词都能带宾语,例如"休息、呕吐、毕业、奋斗、失败、充电、放假、理发、恋爱"等不及物动词,都不能带宾语。

　　"中心语"对应两个附加成分(定语、状语)和一个补充成分(补语)。当中心语出现时,"定语、状语、补语"中至少有一个与之相配。别人问:"这是谁的裙子?"可以回答:"我妹妹的。""我妹妹的"后面省略了中心语"裙子",这是可以补出的,而且就这一种补法。这种省略也改变了短语的性质,由偏正短语变为了"的"字短语。这正像性质形容词(如"红")重叠后(如"红红")就不再是性质形容词,而变成了状态形容词一样。

补语与中心语也是共现的。中补短语"说得"是"能说"的意思,它不是省略了补语"得",而是省略了中心语和补语之间的助词"得",它的否定形式是"说不得"("不能说"的意思)。再如"看得、看不得,去得、去不得,要得、要不得,吃得、吃不得,动得、动不得"这类格式里的"得"和"看得见"里的"得"性质不同。"看得见"里的"得"是中置的助词,"说得、说不得"里的"得"是动词。"说得"实际上应该分析为:"说得〈得〉"。前一个"得"是助词,和"看得见"里的"得"相当;后一个"得"是充任补语的动词,和"看得见"里的"见"相当。只是因为两个"得"语音形式相同,所以把助词"得"略去了。[①]

38.施事和受事

施事和受事是一对重要的句法概念。对于这对句法概念,我们必须说明的是:

第一,施事和受事只有在句法结构(短语、句子)中才能体现,离开了句法结构,孤零零的一个词语,无所谓施事和受事。

第二,只有"动作动词"相关的成分才会有施事和受事的分别。施事是动作的发出者,受事是动作的支配者。比较下列语句的成分(加三角号的是动词,加实点的是施事,加虚点的是受事):

　　　猴子捞月亮　黄鼠狼把鸡叼走了　这孩子,我不认识

第三,施事不等于主语,受事不等于宾语。下面是施事作宾语、受事作主语的例子:

　　　来了三名警察　鸡被黄鼠狼叼走了　公路修好了

第四,并不是所有的动词所带的主宾语都能够区分施事和受事,只有动作动词才可能区分施事和受事,而非动作动词,比如判断动词"是"、关系动词"等于、大于"等,是分不出施事和受事的。分不出施事和受事的主语和宾语,称为"中性主语""中性宾语"。例如(下边加"^"号的为中性主语或中性宾语):

---

① 朱德熙:《语法讲义》,商务印书馆1982年版,第133页。

　　　妹妹掉眼泪　这件事不怪他　门上贴着春联　小刘是电工

　　　盖房子　过元宵节　鱼在水池里　坐炕沿上　吃食堂

　　形容词的主语，都是中性的；名词性的词语作谓语时，主语也是中性的。

　　　老师好　早晨的空气特别清新　鲁迅浙江人　父亲八十三了

　　第五，表达施事和受事的词语，不一定出现在主语和宾语的位置上，定语位置上也可以。例如：

　　　（我蒸）的馒头

　　　（买肉）的顾客

39. 主语和宾语

　　主语是谓语的陈述对象，宾语是动语关涉、支配的对象，用层次分析法的观点来看，它们并不在一个层次上。比如：

```
① 我 们 热 爱 祖 国
  | 主 |    谓    |
      | 动 | 宾 |
```

　　什么是主语和宾语？历来有分歧。"问题的症结，在于位置先后（动词之前，动词之后）和施受关系的矛盾。"[①]1955年之前，绝大部分语法学家主要依据"施—受"关系来确定主语和宾语，施事是主语，受事是宾语。比如以下几例：

　　×② [台上]坐着主席团。（"主席团"是施事，所以看作主语）

　　×③ （这个）会 我[没]参加。（"这个会"是受事，所以看作宾语）

　　④ 信[已经]写<好>了。（"信"是"写"的结果，只得看作主语）

　　1955—1956年语法学界曾经进行过一次全国性的讨论，虽然意见没有完全统一，但仅凭"施—受"关系来确定主、宾语的语法学家现在几乎不见了，更多的语言学家主张主要通过语序来确定主、宾语。

　　即使主张主要通过语序来确定主、宾语的语法学家，对于主语也有不同的理解：一是认为主语是对谓语动词而言的。例如在英语语法中，subject（主语）是对 predicate verb（谓语动词）说的，谓语动词的形态必须跟

---

　　① 吕叔湘：《汉语语法分析问题》，商务印书馆1979年版，第61页。

着主语变化,主语和谓语之间有一致关系。二是认为主语是指陈述的对象。主语是被陈述的,谓语则对主语加以陈述。在这里,主语和谓语都是指"完全"的,即主语以外的部分是谓语,谓语以外的部分是主语,不管它们是词还是词组。三是认为主语指话题(topic)。话题是个广泛的概念,凡是句子叙述的起点,几乎都可以看作话题。①这些不同的观点,在主语的判定上,存在着不少差别:

⑤昨天我们班的同学都考及格了。

按意见一,"同学"是主语,"考"是谓语。按意见二,"我们班的同学"是主语,"都考及格了"是谓语,"昨天"是状语。按意见三,"昨天"是主语,"我们班的同学都考及格了"算谓语。黄廖本主要采用的是意见二。

哪些词语经常作谓语?"在多数句子里,代表施事的名词出现在动词之前,代表受事的名词出现在动词之后。把前者定为主语,把后者定为宾语,是没有人不同意的。"②施事最容易充当主语,其次是地点,时间词充当主语的能力最弱。因此,我们总结出以下优先级:

施事＞地点＞时间。

当动词前表示时间、地点、施事的词语都出现时,施事优先作主语。例如:

⑥[昨天][动物园里](一只)大熊猫‖生<下>了(两个)(可爱)的宝宝。

⑦[昨天]动物园里‖死了(一头)狼。

⑧昨天‖晴天。(说明天气,谓语是名词。)

⑨激战前,‖静<极>了。(说明气氛,谓语是形容词性的。)

也并不是说动词前仅有时间词时它就一定是主语。例如:

⑩[午后]走了(一批)客人。

⑪[昨天]有人[从北京]来。

⑫[一会儿][又]跳<出来>(两只)猴子。

以上三例,句首表时间的词语不是谓语的陈述对象,只能作状语。

哪些词语不能作主、宾语呢?介词短语、副词性词语、助动词是不能作主语的。例如:

---

① 胡裕树主编《现代汉语》(增订本),上海教育出版社1987年版,第356页。

② 吕叔湘:《汉语语法分析问题》,商务印书馆1979年版,第61页。

⑬［应当］［对大坝］实行 加固。

⑭［可以］［从根本上］解决 问题。

⑮［忽然］下＜起＞了冰雹。

⑯［从这里］过＜不去＞。

⑰［在图书馆］做 作业。

40. 补语的类型

补语一般由谓词性词语充当，少数程度副词（如"极、很"等）、表动量的量词短语也可以充当补语。补语的类型如表5-4所示。

表 5-4　汉语补语类型表

补语名称	表意作用	肯定式补语	否定式补语	有无标记"得"
结果补语	表动作结果	吃完、写错	无	无
情态补语	表状态	兴奋得手舞足蹈	无	都有
趋向补语	表趋向	落下来、走出去	无	无
数量补语	表动作次数 表动作时量	来了三趟 住了半年	无	无
时地补语	表时间 表地点	建于明朝 来自上海	无	无
可能补语 可能结果补语 可能趋向补语	表动作可能性 表能否得到结果 表可能和趋向	吃得（能吃） 吃得完 看得出来	吃不得（不能吃） 吃不完 看不出来	有
程度补语	表程度	好极了、好得很	无	只有"很"必有

41. 宾语和补语的区别

分辨动词后的成分是补语或是宾语，主要是看标记、关系和词性。

（1）看标记。助词"得"是补语的标记，有助词"得"的就是补语，可插入助词"得"的也是补语。而某些动词含语素"得"，像"获得 丰收｜取得 胜利｜觉得 好看｜心情 显得 很沉重"，中间的"得"字是构词成分，不是助词。

（2）看关系。可用提问法，看动词后的词语能回答什么。能回答"V什么"的是宾语，能回答"V得＜怎么样＞"的是补语。例如 "爱 干净"和"扫＜干净＞"。

（3）看词性。宾语可由名词性和谓词性的成分充当，以名词性为主。补语限于由谓词性成分充当，例外就是表时间（时段）的名词性成分，如"我等了你〈三个小时〉了"，可拿它和"我浪费了三个小时了"比较，用"把"字提宾法来鉴别，能用"把"字提到动词前的是宾语，否则是补语。动词后面是量词短语的话，如"看了三次"和"看了三本"，有动量词的就是补语，有名量词的是宾语。遇到"看书看了三个小时"，这里有表时间的名词性偏正短语，就可用变换法，"看书把三个小时看了"不合原意，"三个小时"是补语。这种名词性补语是有条件的，表时量（时段）的才能作补语。

动词和宾语的关系是支配与被支配的关系，动词（或形容词）与补语的关系是被补充说明与补充说明的关系。

42. 主谓谓语句

主谓短语充当谓语的句子叫主谓谓语句。主谓谓语句的范围和类型，请大家看教材。这里重点介绍主谓谓语句的分析。

①（这件）事 ‖ 大家［都］赞成。

②他 ‖（任何）困难［都］［能］克服。

③咱们俩 ‖ 谁［也］［别］忘了谁。

④（三个）人 ‖ 一人（一件）大衣。

既然主谓短语前的"连"是助词，下面的句子就可以看作主谓谓语句了：

⑤（这道）（数学）题，‖ 连（中学）老师［都］［不］［会］做。

"他态度和蔼""沙漠地区气候干旱"等在大主语和小主语之间可以插入"的"，有人就认为这不是主谓谓语句，而是一般主谓句。但是这些句子的大小主语之间可以插入副词，说成"他［一向］态度和蔼""沙漠地区［的确］气候干旱"。因此，我们看作主谓谓语句。

用层次分析法分析主谓谓语句时，先切出大主语，再切出小主语：

⑥ 这 件 事 中 国 人 的 经 验 太 多 了。

⑦ 沙漠地区的确气候干旱。

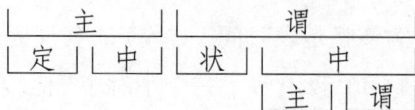

```
 |___ 主 ___|_____ 谓 _____|
 |定|_中_|_状_|___ 中 ___|
            |_主_|_谓_|
```

如果主谓短语充当主语，便构成主谓主语句。

⑧ 你去‖[比我去]好。

还有的句子主语和谓语都是由主谓短语充当的。例如：

⑨ 洋鬼子怎样就骗了钱去，‖老通宝[不][很]明白。

用简易画线法分析时，主谓短语作谓语，要画出主语和谓语；主谓短语作其他成分，内部就不需要分析。用层次分析法分析时，主谓短语处在什么位置上都要继续切分，直到切分至词为止。

43.“把”字句和“被”字句的分析

“把”字句和“被”字句都是以特定汉字命名的。这里的“把”是介词；“被”后面出现施事时是介词，不出现施事时是助词。

“把”字句的四个特点和“被”字句的三个特点，教材上写得很详细，请大家认真阅读教材，这里就不再赘述。下面仅讨论这两种句式的分析问题。

① 老张‖[把炉子]生＜上＞了火。（“把”字句）

② 叔叔‖[把背包]放＜到＞行李架上。（“把”字句）

③ [为什么][不][把这个消息]告诉他？（“把”字句，非主谓句）

④ [将革命]进行＜到底＞。（“把”字句，非主谓句）

⑤ (这件)事‖[已经][被上级领导]知道了。（“被”字句）

⑥ (十斤)麦种，‖[让老鼠]吃得＜不到三斤＞了。（“被”字句）

⑦ 衣服‖[给雨]淋＜湿＞了。（“被”字句）

⑧ (老王)的钱包‖被偷了。（“被”字句，没出现施事，“被”是助词）

“把”字句和“被”字句可以相互转换。例如：

⑨ 我把杯子打碎了一个。（“把”字句）

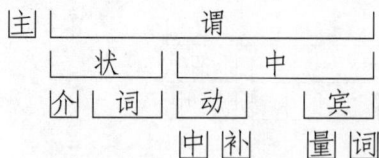

```
|主|_____ 谓 _____|
   |_状_|___ 中 ___|
   |介|词|_动_|_宾_|
   |中|补| |量|词|
```

⑩ 杯子 叫 我 给 打碎 了 一个。("被"字句)

（图：主谓分析；"给"是助词，不参与分析）

"把"字句和"被"字句可以出现在同一句子里。例如：

⑪ 有翼‖[被石头][把脚]砸〈伤〉了。

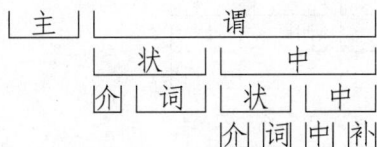

⑪′有翼 被 石头 把 脚 砸 伤 了。

（图：主谓分析）

44. 连谓短语和连谓句的分析

连谓短语是指由多项谓词连用，谓词性词语之间没有语音停顿，没有"主谓、动宾、偏正、中补、联合"等结构关系，也不用任何关联词语的短语。由连谓短语充当谓语或独立成句的句子叫连谓句。连谓短语前后谓词有多种语义关系，请大家通过阅读教材掌握。下面重点讲连谓句的分析符号（两个谓词性词语之间的"："只是为了结构显豁，在划分句法成分时，可加可不加）：

① 摸着石头：过河。（连谓短语独立成句）

② 弟弟‖举着牌子：跑〈过来〉。

③ 你‖[怎么]穿着拖鞋：开车?

④ (这件)事‖做〈起来〉：[并][不]容易。

⑤ 他‖[不]小心：[把衣服][被树枝]刮〈破〉了。

例③中的前一动作是后一动作的方式，不要误以为是状中短语。

以上是连谓短语作谓语或谓语中心，构成连谓句。连谓短语还可以作多种句法成分。例如：

⑥ 老是坐着不动‖影响(血液)循环。（连谓短语作主语中心）

⑦ 你‖见过(冬天开着窗户睡觉)的人吗?（连谓短语作定语中心）

⑧ 被打得〈躺在地上起不来〉。（连谓短语作补语）

连谓短语、连谓句，有的语法专著或教材叫"连动短语、连动句"。但有的连谓短语中还包含形容词或形容词性短语，比如"看了心烦""听了很高兴"等，"心烦""很高兴"是形容词性的，不是动词性的，叫"连动短语"有点名不副实。所以黄廖本叫"连谓短语、连谓句"。连谓句中的"连谓"不是"连续谓语"的意思，而是连续出现两个或两个以上的谓词。动词、形容词由于都能作谓语，所以合称"谓词"。

连谓句的层次分析：

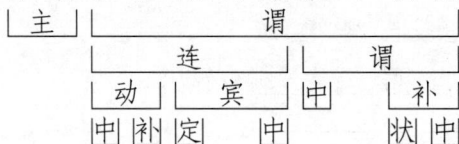

⑨ 家 珍 拉 住 她 的 手 摸 个 没 完。

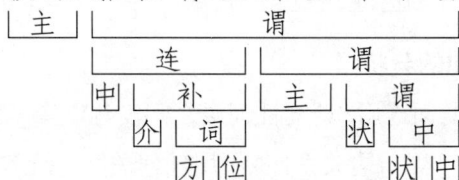

⑩ 队 长 躲 在 村 里 哪 里 都 不 去。

连谓短语的谓词，如果多于两个，可以按语义二分，也可以放在同一层次上。例如：

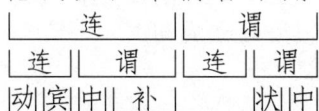

⑪ 花 钱 买 回 来 搁 着 不 用

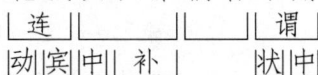

⑪′ 花 钱 买 回 来 搁 着 不 用

45. 兼语短语和兼语句的分析

兼语短语由前一个动语的宾语兼作后一谓语的主语，即一个动宾短语和一个主谓短语套叠在一起，比如：派他去。由兼语短语充当谓语或独立成句的句子叫兼语句。兼语句的四种类型请阅读教材。下面着重谈谈兼语短语和兼语句的分析。

用层次分析法分析：

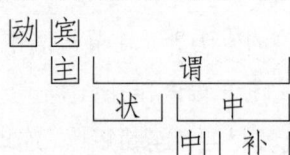

① 怪 我 没 有 说 清 楚

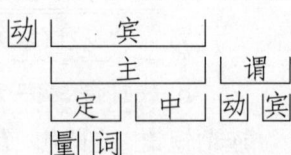

② 换 六 号 队 员 上 场

用简易线条标记法分析：

③ 他 ‖ 催着爸爸[给他]买 篮球。　　④ 学校 ‖ 留他当 会计。

⑤ 厂里 ‖ 叫 我[到上海]去〈一趟〉。　　⑥ 门外 ‖ 有小孩 放 鞭炮。

⑦ (这段)路 ‖ 归 老张 打扫。　　⑧ 我 ‖ 爱 他 勤奋好学。

　　兼语短语和兼语句一直存在争议。第一，有人不承认兼语的存在。朱德熙的《语法讲义》就把兼语式划归连动式①。第二，承认兼语存在的人，也对兼语的范围存在争论。北京大学计算语言学研究所开发的《现代汉语语法信息词典》把兼语结构限定为第一个动词的宾语、第二个动词的施事。这是比较流行的观点。按此标准，"选他当班长、请客人吃饭"中的"他、客人"是兼语，而"买杂志看、要水喝、帮她洗碗"中的"杂志、水、她"都不是兼语。②黄廖本的兼语原来比较宽泛，把受事也看作兼语。从增订六版开始，也改为流行的观点。

46. 兼语句和连谓句的兼用与套用

　　黄廖本介绍了一种兼语连谓兼用句。所举的例子是"我陪他上街、我扶他下楼、我带他去电影院"等，其中加点的都是陪同、伴随类动词。对这类句子，可以按兼语和连谓分别分析。例如：

① a.我 ‖ 陪他上街。(兼语句)　　b.我 ‖ 陪他：上街。(连谓句)

② a.我 扶 他 下楼。　　b.我 扶 他 下 楼。
　　主｜　谓　　　　　　主｜　谓
　　　动｜宾　　　　　　　连｜谓
　　　　主｜谓　　　　　动｜宾 动｜宾
　　　　　动｜宾

兼语式和连谓式可以在一个句子内套叠在一起。例如：

③ 市文联 ‖ 组织 作家 到 (西部)山区 采风。

④ (上级)领导 ‖ 分配 他 去 西藏 工作。

　　① 朱德熙：《语法讲义》，商务印书馆1982年版，第160-173页；朱德熙：《语法答问》，商务印书馆1985年版，第55-57页。
　　② 俞士汶、朱学锋等：《现代汉语语法信息词典详解》，清华大学出版社1998年版，第79页。

⑤(出售)的成衣‖开架 让 顾客 挑选。

⑥我‖花钱 请 (城里)的铁匠[给他]打了(一把)(小)镰刀。

⑦你‖打 电话 让 后勤处[速]派 人 去 城里 请 兽医 来[给猪]打防疫针。

47. 兼语句和主谓短语作宾句的区别

兼语结构与动词带小句宾语的格式表面上有些相同,都是"V_1+N+V_2",而且在语义层面上分析,N 都是 V_2 的施事,如:

①选他当班长。(兼语句)

②看见他出去了。(小句作宾句)

二者的区别在于:

(1) 兼语结构的自然语音停顿在 N 后面;"选他当班长"的语音停顿在"他"后面,"选"后不能停顿。动词带小句宾格式的自然语音停顿在 V_1 后面,如"看见他出去了"的语音停顿在"看见"后面。

(2) 兼语结构中 N 的前面不能再插入其他成分,而动词带小句宾格式则可以。如"选他当班长"中的"他"前面就不能插入状语成分,不能说"选明年他当班长",但"看见他出去了"中的"他"前面可以插入一些起状语作用的成分,可以说"看见刚才他出去了"。

(3) 第一个动词性质不同,支配的对象不同。兼语句的动词多有使令意义,支配的是人,不是一件事(人和动作);主谓短语作宾语的句子中的动词是认知、言说类动词,支配的是一件事,不是一个人。

(4) 变换式也不同。例如,②句可变换成:"他出去了,我看见了。"①句则不能说"他当班长,我选"。

48. 双宾短语和双宾句

教材讲"有指人和指事物双层宾语的句子叫双宾句"。这个定义不周密,因为双宾句中还存在很多纯指人和纯指物的双宾句。例如:

①幼儿园长‖[又]分〈给〉李老师 三名孩子。(纯指人)

②给 汽车 (20升)油〔它能跑多远?〕(纯指物)

③(这)(五车)羊粪,‖给 韭菜 两车,给 芹菜 三车。(纯指物)

因此，可以把双宾短语的定义修改为：动宾短语带宾语的短语构成双宾短语。由双宾短语充当谓语或独立成句的句子叫双宾句。双宾句的典型结构是：

④ 王老师　　教　　我们　　　语文。
　主语　　　动语　宾语1　　宾语2
　　　　　　　　近宾语　　远宾语
　　　　　　　　间接宾语　直接宾语

对于动词是"给予"义的双宾句，基本没有争议；但对于动词是"取得"义的双宾句，学界则有不同的看法。例如：

⑤ 我给他十块钱。

⑥ 我收他十块钱。

⑦ 我借他十块钱。

例⑤各家都承认是双宾句。例⑥有争议。朱德熙认为是双宾句，应该分析为："我‖收 他 (十块) 钱。"[1]邢福义认为不是双宾句，应该分析为："我‖收 (他) (十块) 钱。"[2]例⑦是黄廖本上的例子，它有两个含义："向他借"或"借给他"。看来黄廖本是把例⑥看作双宾句了。例⑥如果在两个宾语之间加"的"，则变为单宾句："我‖收了(他的)(十块)钱。"

下列句子也要看作双宾语：

⑧ 我‖派你们 每人 一个任务。

⑨ 老师‖评了我 一个优。

⑩ 我‖求你 (一件) 事。

⑪ (这点)东西‖算了我 (十八块) 钱。

尽管动词后面有两个宾语，但这两个宾语并不在一个层次上，用层次分析法图解如下：

⑫ 给 他 一 点 时 间
　｜动　｜　　宾　　　｜
　｜动｜宾｜定｜中｜

① 朱德熙：《语法讲义》，商务印书馆1982年版，第117-121页。

② 邢福义主编《现代汉语》，高等教育出版社2011年版，第326页。

⑬ 政 府 奖 励 给 秦 村 三 台 收 割 机。

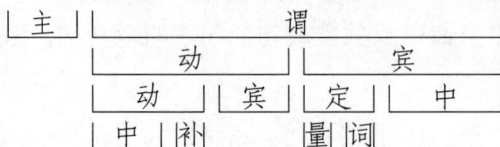

主	谓		
	动	宾	
	动 宾	定	中
	中 补	量 词	

⑭ 他 们 去 年 支 援 过 咱 们 一 批 蔬 菜 种 子。

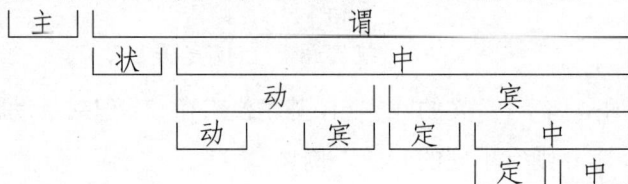

主	谓		
	状	中	
	动	宾	
	动 宾	定	中
		定	中

49. 存现句的特点

存现句的特点，可以按下表来掌握。

表 5-5　存现句句法特点表

类型		前段	中段	后段	说明
		何处	动词〔+着/了〕	施事	
存在		山上 台上 墙上 水缸里	有 坐着 挂着 养着	个庙。 主席团。 一幅画。 几条鱼。	动词后面可以加动态助词"着"。
隐现	消失	他家 她的脸上	丢了 也没有了	两只鸡。 往日的笑意。	动词后面可以加动态助词"了"。
	出现	教室里 天空中	来了 出现	一位新同学。 一片乌云。	
说明		表处所的词语，多为方位短语。	动词是表存在、消失、出现的。	由施事充当存现宾语，宾语前多带数量定语。	

•50. 省略和蕴含

在一定的语境里，为了语言的经济原则，说话时往往会省去句中某个句法成分，即省去已知信息。如果离开了这样的语境，意思就不清楚，必须添补一定的词语才行，这就是省略。（见黄廖本）

省略的类型（"∨"表示省略的成分）：

(1) 对话省

①你做完作业了吗？∨做完∨了。

对话中省略了主语"我"和宾语"作业"。

（2）承前省

② 他最初当工人，∨以后当了干部。

③ 父亲买了五个烧饼，我吃了两个∨。

④ 我叫阿毛，∨没有应，∨出去一看，∨只见豆撒得一地，没有我们的阿毛了。（鲁迅《祝福》）

例②第二个分句承前一个分句省略了主语"他"。例③第二个分句承前一个分句省略了宾语中心"烧饼"。例④第二分句的主语是承第一分句的宾语"阿毛"而省，第三、四分句的主语是承第一分句的主语"我"而省。

（3）蒙后省

⑤ ∨一听到儿子考上了大学，张老汉的脸上露出了久违的笑容。

⑥ 不仅我们这一代∨，而且我们的下一代也要世世代代友好下去。

例⑤前一分句的主语是蒙后一分句的主语的定语"张老汉"而省。例⑥前一分句的谓语"友好"，是蒙后一分句的谓语中心而省。谓语的省略并不常见。

省略是有条件的。吕叔湘说："第一，如果一句话离开上下文或者说话的环境意思就不清楚，必须添补一定的词语意思才清楚；第二，经过添补的话是实际上可以有的，并且添补的词语只有一种可能。这样才能说是省略了这个词语。"

按这个标准，下面几例都不是省略句：

⑦ 你一言，我一语。

⑧ 他要求参加。

⑨ 他要求放他走。

⑩ 明天星期三。

例⑦，可以在"一言"和"一语"前边添补"说"或者"来"，但不能限定是"说"或者是"来"，并且实际上都不这样说，我们就只能说这里隐含着一个"说"或"来"，不能说省略了一个"说"或"来"，至多只能说省略了一个动词。同样，在例⑧、例⑨里边，可以说"参加"前边隐含着"他"，"放"前边隐含着"别人"，但是不能说省略了"他"或"别人"，因为实际上这两个词不可能出现。例⑩似乎主谓之间可以加个"是",但这个句子平时以不加"是"为常态,我们只能说隐含着一个"是"。

"隐含"不同于"省略",必须可以添补才能叫作省略。[①]

51. 句子的语气类型

句子的语气类型,简称句类。请认真阅读并掌握下表。

表 5-6　句子的语气类型表

类型		例句	特点
陈述句		已经立春了。 车里的油还多着呢。	可带语气词"了、的、嘛、呢、罢了、啊"等。
疑问句	是非问	你还吃吗? 爸爸走了?	可用"吗",不用"呢"。用"是"或"不是"回答。
	特指问	谁来了? 今天几号?	不可用"吗",就疑问代词部分作答。
	选择问	是你来呢,还是我去? 你喝白酒,还是红酒?	不可用"吗",选择一项回答,或另外回答。
	正反问	你吃不吃榴梿呢? 今晚我们看不看电影?	
祈使句	命令、禁止	二排长,出列! 这事儿不要声张!	口气强硬,很少用语气词。
	请求、劝阻	你别为我操心了吧。	口气略缓,有时用"请"。
感叹句		哎哟! 多清的水呀!	多用语气词"啊",叹词可独立成句。

52. 倒装句

黄廖本把倒装句分为两类:一类是主谓倒置。例如:

　　① 怎么了,你?　　② 出来吧,你们!　　③ [多]乖呀,(这)孩子!

另一类是定语、状语后置。例如:

　　④ 我看了(本)小说,(长篇)的。

　　⑤ (许多)(外国)朋友 来<到>桂林～游览,[从伦敦,从纽约,从巴黎,从世界各地]。

[①] 吕叔湘:《汉语语法分析问题》,商务印书馆1979年版,第58-59页。

以上五个例子都来源于黄廖本。例④中"长篇的"可以看作后置的定语，也可以看作一个分句，分句的主语承前省略了。真正的定语后置如下例：

⑥ 我[倒]认识 (一个)(年轻)的姑娘(姓梅)的。(《雷雨》第二幕)

例⑥一般的语序是："我倒认识一个年轻的姓梅的姑娘。"

53. 各种短语作句子成分时的分析策略

在用简易线条法①划分句法成分时，应显示出句型结构。既不能过细，也不能过粗。过细，会淹没句子的结构；过粗，会使句型结构不完整。综合各家对句子分析的意见，结合我们的教学实际，提出以下分析意见。

(1) 定中短语作主语、宾语、谓语，要划出定语。例如：

① (伟大)的人民 ‖ 创造了(辉煌)的业绩。(作主语、宾语)

② 啊，丁香，‖ (我故乡)的花! 　　　　(作谓语)

③ (好)球! 　　　　　　　　　　(定中短语独立成句)

定中短语作其他成分时，内部不再分析。例如：

④ 班长 ‖ [向我们]讲述了(一件珍贵的衬衫)的故事。

⑤ (多么真挚)的感情啊!

例④中的"一件珍贵的衬衫"本身就是一个偏正短语，又和"故事"组成一个更大的名词性偏正短语，作"讲述"的宾语。因此在析句时，"一件珍贵的衬衫"内部就不能再继续分析。例⑤是名词性非主谓句，层次结构为：

```
多 么 真 挚 的 感 情 啊!
|　 定　 |　 |　中　|
|状 |　中　|
```

由此可见，"多么真挚"在第一层次上修饰"感情"，作定语。"多么"在第二层次上作"真挚"的状语，也就是说，"多么"是作定语的状语，而定语内部是不需要再分的。

要注意多项定语和多重定语的区别。定中短语加上定语形成多层定语，定中短语加上中心语就构成多重定语。比较下面两句的宾语：

⑥ 花瓶里 ‖ 插着(一朵)(鲜艳)的(大)(红)花。

⑦ 作报告的 ‖ 是 (我同学的父亲)的老师。

_____

① 简易线条法，又称读书标记法，是20世纪50年代由黎锦熙受西方语法著作影响而创立的析句法。

例⑥的宾语中包含四个定语,例⑦的宾语中只包含一个定语。

(2)动宾短语、中补短语、状中短语、主谓短语、连谓短语、兼语短语、紧缩短语,作谓语或谓语中心时内部要分析,独立成句时内部也要分析,直至找出句子的核心。例如:

⑧ 妹妹‖写作业。　　　　　　　　　　　(动宾短语作谓语)

⑨ 我们‖打〈赢〉了球。　　　　　　　　　(动宾短语作谓语)

⑩ 我‖借他(十块)钱。　　　　　　　　　(动宾短语作谓语,双宾句)

⑪ 她‖穿戴得〈整整齐齐〉。　　　　　　　(中补短语作谓语)

⑫ 您瞧,(这)菠菜‖[多]新鲜呀!　　　　(状中短语作谓语)

⑬ 母亲‖[这样]地[整日]劳碌着。　　　　(状中短语作谓语)

⑭ 小李‖动作[很]迅速。　　　　　　　　(主谓短语作谓语)

⑮ (这件)事‖[怎么]我一点也不知道。(嵌套的主谓短语作谓语)

⑯ 黄参谋‖写〈好〉报告:交〈给〉(站在旁边)的通信员。

　　　　　　　　　　　　　　　　　　　(连谓短语作谓语)

⑰ 额角上‖有(黄豆大)的汗粒落〈到〉地下。(兼语短语作谓语)

⑱ 师长‖派通信员告诉(先头)部队停止前进。

　　　　　　　　　　　　　　　　　(兼语短语内套双宾,作谓语)

⑲ 鲁迅先生‖派人叫我[明天早晨]打电话托内山先生请医生看病。　　　　　　　　　　　(兼语连谓套用,作谓语)

以上短语作其他成分时,内部不再分析。例如:

⑳ 马克思‖[十分]重视学习外语。　　　　(动宾短语作宾语)

㉑ (收旧家具)的人‖来了。　　　　　　　(动宾短语作主语的定语)

㉒ 花得省‖不如挣得多。　　　　　　　　(中补短语作主语、宾语)

㉓ 努力学习‖有(什么)错?　　　　　　　(状中短语作主语)

㉔ 我‖觉得中国历史的影子从我眼前飘忽而过。(主谓短语作宾语)

㉕ 洋鬼子怎样骗了钱去,‖老通宝[不][很]明白。(主谓短语作主语)

㉖ 他们‖[又]开始了(沉到水底捞出大鱼来)的拿手戏。

　　　　　　　　　　　　　　　　　　　(连谓短语作宾语的定语)

㉗ 我‖打算托小李买点药材。　　　　　　(兼语短语作宾语)

㉘ 一听批评就发火 ‖ [不]好。　　　　（紧缩短语作主语）

例㉕中的主谓和谓语都是主谓短语，主语位置上的主谓短语不必分析，谓语位置上的主谓短语必须分析。

(3) 联合短语、同位短语、方位短语、量词短语、介词短语、助词短语(包括"的"字短语、"所"字短语、比况短语)和各种固定短语，无论作什么成分，内部都不再分析。例如：

㉙ (这)一本日记和几箱书 ‖ [一直]保存〈到现在〉。

（联合短语作主语中心语）

㉚ [在敌国]，[在暴君的掌握之中]，我 ‖ [也]不怕不惊。

（联合短语作谓语中心语）

㉛ 他 ‖ 走得〈那么稳健，又那么豪迈〉。　（联合短语作补语）

㉜ 蜜蜂这东西，‖ [最]爱 劳动！　　　（同位短语作主语）

㉝ 广场上 ‖ 来了(一群)看戏的。

（方位短语作主语，"的"字短语作宾语中心语）

㉞ 一斤 ‖ (十块)钱。　　（数量短语作主语、作谓语中心语的定语）

㉟ 你 ‖ [把衣服]洗〈一洗〉。（介词短语作状语，量词短语作补语）

㊱ (我最崇拜)的人 ‖ 是 伟大的共产主义战士雷锋同志。

（主谓短语作定语，同位短语作宾语）

㊲ (这)孩子 ‖ 木头似的。　　　　　（比况短语作谓语）

㊳ 夜空 ‖ [被焰火]照得〈光彩夺目〉。

（介词短语作状语,固定短语作补语）

㊴ [1949年]，中华人民共和国 ‖ 成立。　（固定短语作主语）

另外，对于多义句，可以有两种不同的分析。例如：

㊵ a. 我 ‖ 看见 (她)的孩子：[很]高兴。

　　b. 我 ‖ 看见 她的孩子很高兴。

此部分的内容可扫描书后二维码，参阅《用简易线条法标记句法成分》和本章附录二《文章的句法成分分析》。

*54. 关于变换分析法

同一基本意义，可以用不同的句法格式。通过变换的手法可以揭示不同句法格式之间的语义联系。例如：

① a. 我丢了两把办公室的钥匙。　　（一般"主＋动＋宾"句）

　　 b. 我把办公室的两把钥匙丢了。　　（"把"字句）

　　 c. 办公室的两把钥匙被我丢了。　　（"被"字句）

　　 d. 办公室的两把钥匙我丢了。　　（主谓谓语句）

上述四种句式不同，但基本的施受关系没有变："我"是施事，"钥匙"是受事，"丢"是动作。

同样的意义可以用不同的语法形式来表示，相同的语法形式也可以表达不同的意义。比如说"鸡不吃了"，这个句子之所以有歧义，是因为主语"鸡"可以是施事，也可以是受事。

通过句式的变换，可以揭示一部分歧义句。例如：

② 反对的是他。

这句话的词类序列是：动词＋的＋是＋名词语。它有两个意思：a. "某人所反对的人就是他"，按此理解，"他"是"反对"的受事；b. "反对某人或某事的人是他"，按此理解，"他"是"反对"的施事。为了叙述的方便，我们先作出以下假设：

A式：按a理解的"动词＋的＋是＋名词语"。

B式：按b理解的"动词＋的＋是＋名词语"。

C式：动词＋名词语。

D式：动词＋实词语＋的＋是＋名词语。

A式都可以转换为C式	B式都可以转换为D式
反对的是他 ⇒ 反对他	反对的是他 ⇒ 反对搬迁方案的是他
吃的是馒头 ⇒ 吃馒头	苦练的是她 ⇒ 苦练基本功的是她
看的是电影 ⇒ 看电影	违反的是他 ⇒ 违反纪律的是他
学的是英语 ⇒ 学英语	吃过的是小王 ⇒ 吃过燕窝的是小王
惩罚的是他 ⇒ 惩罚他	出席的是冯平 ⇒ 出席会议的是冯平
A式不能转换为D式	B式不能转换为C式
吃的是馒头 ⇏ *吃××的是馒头	苦练的是她 ⇏ *苦练她

通过变换,我们成功分化了这个歧义句①。用层次分析法是无能为力的。

教材上还通过变换证明:"台上坐着主席团"和"台上演着京戏"虽然词类序列相同,但语义结构不同。大家请阅读教材,这里不再赘述。

55. 如何判断句子的句型?

所谓句型也就是句子的结构类型。确定句型,首先要区别单句和复句。对于单句而言:

第一步,要区分主谓句和非主谓句。我们通常把具备主语和谓语成分的句子称为主谓句,无法确定主语和谓语的句子称为非主谓句。

第二步,如果是主谓句,还要指出主谓句的下位类型。主谓句的下位类型是根据谓语的性质划分出来的,共有名词谓语句、动词谓语句、形容词谓语句、主谓谓语句四种。如果是非主谓句,也要指出其下位类型:名词性非主谓句、动词性非主谓句、形容词性非主谓句、叹词性非主谓句等。

第三步,如果是主谓句中的动词谓语句,对普通句式,还要回答是带宾句还是无宾句;对特殊句式,还要回答是特殊句式(连谓句、兼语句、双宾句、"把"字句、"被"字句、连谓兼语套用句、连谓兼语融合句等)中哪一类。例如:

①天气 ‖ [渐渐]暖和<起来>了。 （主谓句,形容词谓语句)

②你 ‖ [能不能]去<一趟>? （主谓句,动词谓语句,无宾句)

③(先头)部队 ‖ [立即]控制了(通往城外)的道路。

（主谓句,动词谓语句,带宾句)

④乔光朴 ‖ 走<过去>：抓<起>(一张)报纸：看<起来>。

（主谓句,动词谓语句,连谓句)

⑤(一种)(好奇)心, ‖ 促使 我[仔细]地观察着(蝉)的生长变化。

（主谓句,动词谓语句,兼语句)

⑥(黄桥)人民 ‖ 委托 (去北京参加群英会)的代表 带<去>(一些)(黄桥)土产 给 陈毅同志。 （主谓句,动词谓语句,兼语连谓套用句)

⑦泽覃叔叔 ‖ 率领 (赣南)独立师：转 战<在武夷山>。

泽覃叔叔 ‖ 率领 (赣南)独立师 转 战<在武夷山>。

（主谓句,动词谓语句,连谓兼语融合句)

---

① 陆俭明:《现代汉语语法研究教程》,北京大学出版社2005年版,第77-102页。

⑧ 母亲‖教〈给〉我 (许多)(生产)知识。

　　　　　　　　　　　　　　　　　(主谓句,动词谓语句,双宾句)

⑨ (节日)的申城,‖(一派)(喜气洋洋)的景象。

　　　　　　　　　　　　　　　　　　(主谓句,名词谓语句)

⑩ (多么美丽)的景色啊!　　　　(名词性非主谓句)

⑪ 有 人 找 你。　　　　　　　(动词性非主谓句,兼语句)

有的主谓句省略了主语,但仍然是主谓句。例如:

⑫ 小张,过来〈一下〉。　　　　(主语省略的主谓句,动词谓语句)

"小张"是称呼语(独立语的一类),主语"你"在对话中省略了,但整句仍然是主谓句。

下列因素不影响句型:

(1) 语气词的有无,不影响句型。比如:"你去吗?""你去!""他去。"这三句句类不同,意思不同,但句型相同,都是主谓句、动词谓语句。

(2) 倒装与否。比如:"怎么了,你?""你怎么了?"同是主谓句。

(3) 省略与否。比如以上例⑫。再如:"他派谁去?""派我去。"主语省略的也是主谓句(主谓变式句)。

(4) 独立成分的有无。比如:"看来快下雨了!""快下雨了!"这两句都是非主谓句。

决定句型的因素是结构,是主干成分:主语或主语中心,谓语或谓语中心,宾语或宾语中心。例如主谓句等。

56. 单句和复句的辨别

单复句的区分,应以结构关系为主,主要看有几套句子成分;此外还要看语音停顿、关联词语和意义关系。

(1) 看有几套句子成分。

所谓有几套句子成分,是指独立的不从属于其他句子成分的主语、谓语有几套。至于定语、状语、补语等附加成分可以不管,谓语中的宾语经常省略,也可以不管。

不管什么样的单句,全句只有一个结构中心,每个结构中心只有一套句子成分,即只能有一个主谓结构(主谓句)或非主谓结构(非主谓句);复句则有两个或两个以上的结构中心，因而具有两套或两套以上的句子成分。复句的一个结构中心就是一个分句。各个分句互不作句子成分，在结构上具有相对独立性。例如：

①他每天都忙些什么，我怎么会知道？

②但是大家都认为：如果合乎录取条件的只有一个人，那么这个人无疑应该是陈伊玲。

③他高高的个子，朴素的衣着，满头银发，慈祥的脸上总是挂着笑容。

例①有两个主谓短语，但这两个主谓短语有陈述和被陈述的关系，前一个作主语，后一个是谓语。这就只有一个结构中心，只分出一套句子成分，所以是单句。例②的"如果……那么……"这个"复句"充当了"认为"的宾语。"复句"在作句子成分时便丧失了独立性，要改称"复句形式"。此例也是单句。例③有四个短语，每个短语都互不作句子成分，这就有四个结构中心，因而是复句。

在由几个主谓句形式组成的复句中，谓语是各分句的核心，一般不能省略。但有时为了句子的简洁紧凑，也可以承前或蒙后省略。例如：

④不仅世界人民，我们自己也确确实实需要一个和平的环境。

⑤延安的歌声，是革命的歌声，战斗的歌声，极为广泛的群众的歌声。

例④前一分句蒙后省略了谓语"需要一个和平的环境"。但联合短语作宾语的单句，不能认为是谓语有所省略。比如例⑤，虽然可以在第二、第三个逗号后面分别加上"是"改成复句，但不能认为"是"后两个短语省略了谓语。因为这里的"是"不是谓语，而是动语。动语一般是不能省略的。

在单复句辨析中，不要把联合短语充当动语的单句误认为复句。例如：

⑥她思索着，判断着，寻找着自己的结论。

(2) 看句中有无语音停顿。

单句和复句在语音停顿上有差别。一般复句，分句与分句之间都有较小的停顿，书面上一般用逗号或分号表示。因此，在一定的条件下，可以把语音停顿的情况，作为区分单复句的一个参考标准。例如：

⑦小朋友们唱着跳着。　　　　　　　　（单句）

⑧小朋友们唱着、跳着。　　　　　　　（单句）

⑨ 小朋友们唱着，跳着。　　　　　　（复句）

⑩ 他立即站起来向电话机走去。　　　（单句：连谓句）

⑪ 他立即站起来，向电话机走去。　　（复句：顺承关系）

⑫ 他有个妹妹在北京工作。　　　　　（单句：兼语句）

⑬ 他有个妹妹，在北京工作。　　　　（复句：顺承关系）

例⑬第二分句的主语承前一分句的宾语而省略。

但是，不能机械地认为在书面上没有用标点表示停顿的就一定是单句，句中出现逗号、分号的就一定是复句。因为复句中间也可以没有停顿，单句的成分之间或成分内部也可以用逗号表示停顿。例如：

⑭ 困难再大我们也能克服。（紧缩复句）

⑮ 一个自命为马克思主义的革命作家，尤其是党员作家，必须有马克思列宁主义的知识。（单句）

(3) 看有无关联词语。

复句常用关联词语连接分句，显示分句间的逻辑关系和结构层次，单句的各成分间一般不用关联词语连接。因此，可以把关联词语看作复句的一种语法标志。识别这种标志，有助于区分单复句。例如：

⑯ 他坐下来练毛笔字。

⑰ 他一坐下来就练毛笔字。

例⑯没有关联词语，是连谓短语作谓语的单句。例⑰用了表示条件关系的关联词语"一……就……"，使人感到"坐下来"和"练毛笔字"是分别陈述"他"的，有两个结构中心，所以是紧缩复句。

但是不要认为只要有关联词语的句子就一定是复句。因为极少数单句，也可以使用关联词语。例如：

⑱ 只有我的诚挚，才能赢得你的信赖。

⑲ 无论在什么情况下，我们都不能放弃自己的信仰。

例⑱的"只有"放在主语前，与谓语里的"才"相响应，强调主语。例⑲的"无论"放在状语前，和谓语中的"都"相响应，强调状语所讲的情况毫无例外。这两例虽都使用了成对的关联词语，但它连接的只是句子内部的成分，因此都是单句。

（4）看词语的语法性质。

单复句的划分，和词语的性质密切相关。关联词语连接的前后两项，如果前项是名词性的词语，一般要看作单句；如果是谓词性的，一般要看成复句。例如：

    ⑳ 无论谁，都必须依法办事。

    ㉑ 无论谁当领导，都必须依法办事。

    ㉒ 只有你，才能说服他。

    ㉓ 只有你去，才能说服他。

例⑳中的"谁"、例㉒中的"你"，都是名词性词语，作主语，因此它们是单句。这时关联词语的作用在于连接主语和谓语。例㉑中的"谁当领导"、例㉓中的"你去"都是主谓短语（谓词性的），因此它们是复句。

有些词，如"因为、由于"等，兼属介词和连词。当后面是名词性词语时，是介词，它所组成的介词短语经常放在句首作状语。当后面是谓词性词语时，是连词，它后面的谓词性词语便是分句。例如：

    ㉔ 因为这件事，他受到了表扬。

    ㉕ 因为办了这件事，他受到了表扬。

    ㉖ 由于工作关系，我在济南逗留了几天。

    ㉗ 由于教练指导正确，大家的游泳成绩提高得相当快。

例㉔㉖是单句，介词短语作句首状语。例㉕㉗是复句，表示因果关系。

还有的句子，因为句中个别词的词性有争议，那么单复句的划分也存在着争议。例如：

    ㉘ 我为了婉儿的事情，后悔了两年。（巴金《秋》）

    ㉙ 为了取暖，我跺着脚。（杜鹏程《夜走灵官峡》）

    ㉚ 中国在八年抗日战争中，为了自己的解放，为了帮助各同盟国，曾经作了伟大的努力。（毛泽东《论联合政府》）

    ㉛ 这次，为了离开这块国土，为了珍贵的友谊，他们的"机密"泄露了。（魏巍《依依惜别的深情》）

"为了"，黄廖本只承认是介词，不承认它是连词，因此以上四例都是单句。

在单复句辨别问题上，句中词语有复指关系的句子，历来存在着争论。

下面结合例子谈谈我们的意见。

A组：

　　㉜ 雷锋，他是我们学习的榜样。

　　㉝ 童年，这是多么美好的时光啊！

B组：

　　㉞ 飞沙像山一样压下来，那在大戈壁里是不稀罕的。

　　㉟ 科学技术是生产力，这是马克思主义历来的观点。

　　㊱ 敌人的武力是不能征服我们的，这点已经得到证明了。

　　㊲ 夺取全国胜利，这只是万里长征走完了第一步。

C组：

　　㊳ 吃鲜荔枝，倒是时候。

　　㊴ 一只鸟儿失去了翅膀，是多么可怜的事情。

　　㊵ 泰山极顶看日出，历来被描绘成十分壮观的奇景。

　　A组逗号前的词语是名词性的，作主语；逗号后的短语是主谓短语，作谓语。例句只有一套句子成分，因而是单句。B组逗号前的词语是谓词性的，我们看作分句，整个句子就是复句。C组和B组比起来，逗号后缺少"这""他"等指代词，逗号前虽然是谓词性的词语，却是逗号后部分判断、陈述的对象，只能作主语，因此是单句。再比如：

　　㊶ 他的两个姐姐，一个是医生，一个是演员。

　　㊷ 他有两个姐姐，一个是医生，一个是演员。

　　这两例的差别在于，前一例"他的两个姐姐"是名词性的偏正短语，后一例"他有两个姐姐"是主谓短语。我们把前者看作单句（联合短语作谓语），将后者看作复句（二重复句）。再比较下面两例：

　　㊸ 游园的人，有的看电影，有的猜灯谜，有的开碰碰车。

　　㊹ 游园的人很多，有的看电影，有的猜灯谜，有的开碰碰车。

　　前一例是名词性短语作主语，联合短语作谓语；后一例是个多重复句（第一层是解说关系，第二层是并列关系）。再如：

　　㊺ 我们从堂倌的口头报告上指定了四样菜：茴香豆，冻肉，油豆腐，青鱼干。

㊻黄妈用一个篮子把四样冷盆提了进来：是凉拌蜇皮，椒麻鸡，火腿，皮蛋。

例㊺中的"四样菜"与"茴香豆，冻肉，油豆腐，青鱼干"所指相同，并且位置相连，是同位短语作宾语，该句从结构来看是个单句。例㊻中的"四样冷盆"与后面的"凉拌蜇皮，椒麻鸡，火腿，皮蛋"，虽有复指关系，但并不相连，并且冒号后还有一个判断动词"是"，因此该例是解说关系的复句。

下面这些句子，我们看成单句：

㊼(许多)(文学)大师，‖[同时][又]是(科学)巨匠。

㊽(她)的不嫁，怎么穷也不嫁，‖一半 为了 女儿。

㊾(我)的习惯，‖选择了一本书,我就要认真把它读完。(判断句)

㊿尼采‖[就]自诩过他是太阳,光热无穷,只是给与,不想取得。

下面这些句子，我们看成复句：

51 无论如何，我明天决计要走了。（条件复句）

52 不仅这样，他们还把小岛建成花园一样美丽。（递进复句）

57. 多重复句的分析（复句的层次和关系）

分析复句，就是要搞清分句数目、确定分句的结构关系和层次。

我们用"㊀、㊁、㊂……"按顺序标明分句的数目，用竖线"｜、‖、‖‖……"表示分句间的结构层次（"｜"表示第一层,"‖"表示第二层,"‖‖"表示第三层，其余类推），在竖线上面用文字注明各层次间的关系。例如：

　　　　　　　　　　　转折
①㊀太阳虽然早已经下落,｜㊁但暑气并没有收敛。
　　　　　　　　　　并列
②㊀白色梨花开满枝头,｜㊁多么美丽的一片梨树林啊！
　　　　　　　　　　　　因果　　　　　　　　　　　假设
③㊀因为我们是为人民服务的,｜㊁所以,我们如果有缺点,‖

㊂就不怕别人批评指出。

　　　　　　并列　　　　　　假设　　　　　　　　并列
④㊀车摇慢了,‖‖㊁线抽快了,‖㊂线就会断头;｜㊃车摇快

　　　　　　并列　　　　　　　假设　　　　　　　　　　　并列
了，‖‖⑤线抽慢了，‖⑥毛卷、棉条就会拧成绳，‖‖⑦线就会打成结。

　　当然，也可以采用分析短语的那套办法来分析复句的结构层次和关系：

　　例①、例②包含两个分句，只有一层关系，是一重复句。例③、例④都包含三个或三个以上的分句，不止一个层次，这种复句叫多重复句。下面我们重点介绍多重复句的分析。

　　在分析复句时，我们只切分到分句为止，句子成分内部的关系不再分析。但如果有必要，可以单独拿出来分析。

　　复句的分析方法和短语的分析一样，基本上采用的是"二分法"，但遇到并列、选择、顺承等关系可以"多分"。例如：

　　　　　　　　　　　　　　　　顺承　　　　　　　顺承
　　⑤㊀林部长走下公共汽车，｜㊁解下脖子上的毛巾，｜㊂把脸上
　　　顺承
的汗擦了擦，｜㊃便急急地扛起行李往工地走。（王愿坚《普通劳动者》）

　　　　　　　　　　　　　　　　　　　并列
　　⑥㊀在中国的年节中，有的是要踏青的，｜㊁有的是要划船的，
并列
｜㊂有的是要赶会的……（秦牧《花城》）

　　　㊀某些人在解决各种具体问题的时候，常把个人利益摆在前面，
　　⑦
并列　　　　　　　　　　　　　选择
‖㊁而把党的利益摆在后面；｜㊂或者他对于个人总是患得患失，
并列　　　　　　　选择　　　　　　　并列
‖㊃计较个人的利益；｜㊄或者假公营私，‖㊅借着党的工作去达
　　　　　　选择　　　　　　　　　　　顺承
到他私人的某种目的；｜㊆或者借口原则问题、借口党的利益，‖㊇用

这些大帽子去打击报复他私人所怀恨的同志。（刘少奇《个人和集体》）

⑧ 一孩子被摆在照相机的镜头之下，表情是总在变化的，｜ ^{解说}二时而

活泼，‖ ^{并列}三时而顽皮，‖ ^{并列}四时而驯良，‖ ^{并列}五时而拘谨，‖ ^{并列}六时而烦厌，

‖ ^{并列}七时而疑惧，‖ ^{并列}八时而无畏，‖ ^{并列}九时而疲劳……（鲁迅《从孩子的

照相说起》）

例⑤、例⑥，尽管有三四个分句，但这些分句都在同一个层次上，是一重复句；例⑦、例⑧都有两个层次，是多重复句。例⑦的八个分句可以分为四组，一二为一组，三四为一组，五六为一组，七八为一组，这四组分句在同一个层次上，是第一层，为选择关系。例⑧的第一层是解说关系，第二层是并列关系，而且具有并列关系的八个分句（二—九）也在同一层次上。因此，多重复句一定具有三个或三个以上的分句，而包含三个或三个以上分句的复句并不一定是多重的。

关于多重复句分析更详细的内容，请扫描书后二维码，参考《复句分析举例》。

58. 紧缩复句

紧缩复句由复句紧缩而成。它是分句间没有语音停顿的特殊复句，简称"紧缩句"。前后两个谓词性词语存在着像复句那样的语义关系的短语，叫紧缩短语。

非去不可（条件）	不问不开口（假设）
不学也会（假设）	再学也不会（假设）
一学就会了（顺承）	一吃辣椒就上火（条件）
说一遍再说一遍（顺承）	无私才能无畏（条件）
种什么庄稼都得施肥（条件）	看了又看（并列）
想看又不敢看（转折）	看了又怎么样（假设）
看看就长见识（条件）	你请我就来（假设）
有手你就要工作（条件或因果）	想想也有几分高兴（顺承）
不睡觉也要做完作业（假设）	想起他也会感动（假设或条件）
条件不好也干出了成绩（转折）	因为下雨不能起飞（因果）

人勤地不懒（假设）　　　　　争气不争财（转折）

面和心不和（转折）　　　　　雨过天晴（顺承）

　　要注意：用了某种关联词语的短语，并不一定是紧缩短语。黄廖本教材在复句的"概说"部分提醒我们："有少量表示条件、假设关系的关联词语'无论……都''只有……才''除非……才''就是……也''哪怕……也'等，既可以用在复句的不同分句里，也可以用在单句的句法成分之间。不能看见句中有复句惯用的关联词语就认为是复句。"所举例子其中一个为："无论在什么特殊情况下，我们都要坚持到底。"并解释说："'无论'表示状语所说无例外。把关联词语去掉就可清楚看出前后是互作句法成分的，没有分句与分句之间的关系。"但在"紧缩句"中却举了"在哪儿你都要好好工作"的例子，这就自相矛盾了。此处的"在哪儿"是介词短语作状语，不是分句。用简易画线法分析为："[在哪儿]你‖[都][要][好好]工作。"它根本就不是紧缩句。

59. 紧缩短语与其他短语的区别

　　(1) 紧缩短语与主谓短语的区别

　　紧缩短语经常用"不……也……"等成对的关联词语，但用这对关联词语的不一定是紧缩短语。例如：

　　　　① 不买票也能进站　　　　② 不去也行　你不来也好

　　例①是紧缩短语，表示假设关系，前面可以添加关联词语"即使"。例②前面不能添加表示假设的关联词语，"也行""也好"是陈述前面的谓词的，是主谓短语。用简易画线法分析为："不去‖[也]行、你不来‖[也]好"。

　　(2) 紧缩短语与连谓短语的区别

　　顺承关系的紧缩短语与连谓短语很像，但是：第一，紧缩短语内经常有"再、也、就、又"等起关联作用的副词，连谓短语内不能出现这些副词。第二，紧缩短语内的几个谓词可以陈述同一对象，也可以陈述不同对象，但连谓短语中的几个谓词只能陈述同一对象。通过这两点，我们很容易地区别出例③是顺承关系的紧缩短语，例④是连谓短语。

　　　　③ 吃完午饭再走　　　吃完午饭就走　　　　你请我就来

　　　　④ 吃完午饭走　　　吃完午饭马上走

(3) 紧缩短语与联合短语的区别

要注意区别紧缩短语与联合短语。第一，紧缩短语有两个动词性的核心，联合短语中的几项可以是动词性的，也可以是形容词性的、名词性的。第二，紧缩短语的前一个动词后往往带动态助词"了"或带"完、好"等补语表示完结，联合短语的前一个动词后一般不带这些词语。根据这两项，可以看出，例⑤都是紧缩短语，例⑥都是联合短语。

⑤ 说了又说　哭完了又笑　喂完猪又喂鸡　做好饭又洗衣服

⑥ 又气又急　又香又甜　香而甜　非打即骂

你来或者我去〔都可以〕　　〔达坂城的西瓜〕大又甜

60. 病句的诊断和修改

病句是不符合语法的句子，或者说是违背了语法规律的句子。判断一个句子合不合语法，是语言运用的基本功。因此"修改病句，并说明理由"的题目经常出现在考卷上。有不少同学反映，修改相对容易些，难的是说明理由。那我们先从说明理由谈起。

对句子进行检查，就像给人体检一样，看有没有病。没病，不需要理由；有病，就要写出诊断结论。结论包括具体症状、得的是什么病等。我们也要学习这种方法。例如：

ˣ① 举重运动一直是我们很优势的项目。

【理由】"优势"是名词，它不能受程度副词"很"修饰，这是把名词误用为形容词了〔以上为症状〕，属于词类误用〔此为病的名称〕。

【修改1】举重运动一直是我们占优势的项目。

【修改2】举重运动一直是我们很有优势的项目。

ˣ② 这位罪犯民愤极大。

【理由】量词"位"含有褒义色彩，用于"民愤极大的罪犯"不合适〔以上为症状〕，这属于混淆了词义的褒贬色彩〔此为病的名称〕。

【修改1】这名罪犯民愤极大。

【修改2】这个罪犯民愤极大。

ˣ③ 这件事值得我们各级政府的重视。

【理由】动词"值得"是谓宾动词，要求带谓词性的宾语，而"我们各级政府的重视"是名词性的〔以上为症状〕,这属于动宾搭配不当〔此为病的名称〕。

【修改】这件事值得我们各级政府重视。

　×④ 因为昨天下大雪,所以班车不能按时到,因此厂里许多职工都迟到了。

【理由】该复句的语义关系简单而明显,用了"因为……所以……因此……"等关联词语,反而使句子拖沓冗长,不简洁〔以上为症状〕,这属于关联词语冗余〔此为病的名称〕。删除关联词语,反倒使句子干净利落。

【修改】昨天下大雪,班车不能按时到,厂里许多职工都迟到了。

　×⑤ 人们亲切地注视着这位老人的谈话。

【理由】从语义特征上说,"注视"这个动词的宾语必须具有视觉可感性,比如是"人"或"物"或"场景";而"这位老人的谈话"不具有视觉可感性〔以上为症状〕,这属于动宾搭配不当〔此为病的名称〕。

【修改1】人们亲切地注视着这位谈话的老人。

【修改2】人们认真地倾听着这位老人的谈话。

　×⑥ 我们被暂时的困难不要吓倒。

【理由】"被"字句中能愿动词和表否定、时间的副词只能置于"被"字前,而"不要吓倒"却置于动词前〔以上为症状〕,这属于语序不当〔此为病的名称〕。

【修改】我们不要被暂时的困难吓倒。

以上只是举例性质,目的是通过以上例子体会说理由的方法。

我们期中、期末考试的改病句都有个大致范围,比如上册往往是涉及词义问题,下册才涉及语法问题,但专升本考试和研究生入学考试往往是考全册的,所以也必须把词义问题考虑进去。

要全面掌握病句的修改方法和说理技巧,掌握基本的语法规律是前提,此外还必须认真阅读教材"语法"第三节中的"词类的误用"、第七节"单句语病的检查和修改"、第八节中的"复句语病的检查和修改"、第九节中的"句群语病的检查和修改"以及标点符号的用法等内容。

五　强化练习

（一）填空题

1. 语法实际上有两层含义：一是指＿＿＿＿＿＿＿＿＿＿＿＿＿＿＿＿＿＿＿；一是指＿＿＿＿＿＿＿＿＿＿＿＿＿＿＿＿＿＿＿。

2. 语法具有＿＿＿＿＿性、＿＿＿＿＿性和＿＿＿＿＿性。

3. "他的意见很中肯"这个短语的主语是＿＿＿＿＿，谓语是＿＿＿＿＿。

4. 名词性短语里中心语前面的修饰语叫＿＿＿＿＿，谓词性短语里中心语前面的修饰语叫＿＿＿＿＿。

5. 支配、涉及后面的宾语的成分叫＿＿＿＿＿，出现在中心语后面、对中心语起补充、说明作用的成分叫＿＿＿＿＿。

6. 划分词类的依据是词的＿＿＿＿＿、＿＿＿＿＿和＿＿＿＿＿。

7. 形容词可以分为＿＿＿＿＿形容词和＿＿＿＿＿形容词两类。

8. 数词可以分为＿＿＿＿＿和＿＿＿＿＿两类。

9. 量词可以分为＿＿＿＿＿和＿＿＿＿＿两类。

10. 代词可以分为人称代词、＿＿＿＿＿代词和＿＿＿＿＿代词三类。

11. 只能作状语的词是＿＿＿＿＿词，只能作定语的词是＿＿＿＿＿词。

12. "没吃的了"中的"没"是＿＿＿＿＿词，"没来"中的"没"是＿＿＿＿＿词。

13. 谓词是指＿＿＿＿＿词和＿＿＿＿＿词。

14. 加词是指＿＿＿＿＿词和＿＿＿＿＿词。

15. 动词重叠后主要表示＿＿＿＿＿＿＿＿＿＿＿，形容词重叠后主要表示＿＿＿＿＿＿＿＿＿＿＿。

16. 由词构成短语所用的语法手段主要是＿＿＿＿＿和＿＿＿＿＿。

17. "严肃、明白、平整"可以是＿＿＿＿＿词，也可以是＿＿＿＿＿词，它们都是兼类词。

18. "您"读作＿＿＿＿＿，从词源上讲，"您"是从＿＿＿＿＿演变来的，所以一般不用"您们"的说法。

19. ＿＿＿＿＿词和＿＿＿＿＿词经常被借用作名量词。

20. 量词重叠后，作主语，表示"＿＿＿＿＿＿＿"的意思；作＿＿＿＿＿语，表示"按次序进行"的意思。

21. "难道、莫非、究竟"是表示＿＿＿＿＿的副词。

22. "似的、一般、一样"是＿＿＿＿＿＿助词。

23. "报告、经验、生活"在词性上兼属于＿＿＿＿＿和＿＿＿＿＿。

24. "关于"和"对于"在用法上是有区别的。表示关联、涉及的事物，用"＿＿＿＿＿"；指出对象，用"＿＿＿＿＿＿"。

25. "科学、精神、道德"在词性上兼属于＿＿＿＿＿和＿＿＿＿＿。

26. "特别、非常"在词性上兼属于＿＿＿＿＿和＿＿＿＿＿两类。

27. "向、朝、比"在词性上兼属于＿＿＿＿＿和＿＿＿＿＿两类。

28. "重重叠叠的枝丫间"是＿＿＿＿＿＿词性的＿＿＿＿＿＿短语。

29. "把困难踩在脚下"从结构上来说是＿＿＿＿＿＿短语，从功能上来说是＿＿＿＿＿＿短语。

30. "计算机软件的设计"从结构上看是＿＿＿＿＿短语，从功能上看是＿＿＿＿＿＿短语。

31. 固定短语是和＿＿＿＿＿＿短语相对而言的。

32. 词和词按照一定的＿＿＿＿＿＿＿＿＿＿和＿＿＿＿＿＿＿＿＿组合在一起成为短语。

33. 一个动宾短语和一个主谓短语套叠在一起，前一个动宾短语的宾语是后一个主谓短语的主语，这样的短语叫＿＿＿＿＿＿＿。

34. "他头脑冷静"，这个句子的主语是＿＿＿＿＿＿＿。

35. 从主语的意义类型看，形容词作谓语时，主语是＿＿＿＿＿＿的。

36. 情态补语前的中心语，由＿＿＿＿＿＿词充当。

37. 从宾语的意义类型看，表示动作的结果、处所、时间或原因的宾语叫＿＿＿＿＿＿宾语。

38. 在"王老师教我们数学"一句中，直接宾语是＿＿＿＿＿＿，间接宾语是＿＿＿＿＿＿。

39. 从句子成分的角度看，"他喜欢游泳"中的"喜欢"充当＿＿＿＿＿＿语。

40. 能带双宾语的动词必须是＿＿＿＿＿＿动词。

41. "我等得你真着急"的补语是 _____ 。

42. 从定语与中心语的语义关系看,定语可分为两类:一类是 _____ 性定语,主要由名词性或动词性的词语充当;一类是 _____ 性定语,主要由形容词性词语充当。

43. "写得好"中的"好",既可以看作 _____ 补语,也可以看作 _____ 补语。

44. 当代词宾语与数量补语或介语充当的补语同时出现在一个句子中时,其顺序一般是 _____ 。

45. "小王,快过来!"这句子中的"小王"作 _____ 语。

46. 复句是由两个或两个以上意义上 _____ 、结构上 _____ 的分句加上贯通全句的句调构成的。

47. 构成复句的单句形式叫 _____ 。

48. 关联词语"宁可……也……"表示的是 _____ 关系。

49. 复句中分句间的结构关系用 _____ 法和 _____ 法来表达。

50. 复句的关联词是由 ____ 词和起关联作用的 ____ 词来充当的。

51. 关联词语"哪怕……也……"表示 _____ 关系,"既然……就……"表示 _____ 关系。

52. 并列关系的复句从意义上可分为两大类:一类是平列的,一类是对举的。"虚心使人进步,骄傲使人落后"就是属于 _____ 的;像"中国是火药的故乡,又是火箭的故乡"就是属于 _____ 的。

53. "她进入这个世界,给这个世界以真诚。"这属于 _____ 关系的复句。

54. "孙中山不但没有得到资本主义国家的援助,反而遭到了它们无情的打击。"这是一个 _____ 关系的复句。

55. 关联词语"不是……就是……"表示 _____ 关系,"不是……而是……"表示 _____ 关系。

56. 关联词语"别说……就是……也"表示的是 _____ 关系。

57. "任凭风浪起,稳坐钓鱼船。"这是个 _____ 关系的复句。

58. "他长得结结实实,只是比原先黑了些。"该句是 _____ 关系的复句。

59. "你亲自把信交给本人，以免丢失。"这是个 _____ 关系的复句。

60. 顺承复句与并列复句不同。呈平行的雁行式排列的是 _____ 复句；呈相继鱼贯式排列的是 _____ 复句。

61. "统考表面上是考学生，而实际上是考老师。"这是一个 _____ 关系的复句。

62. "玉山上石头块子都炼成铁水了，可见人的本事大着呢。"这是一个 _____ 关系的复句。

63. "你去，他去不去？"这是一个 _____ 关系的复句。

64. 关联词语"一……就……"既可以表示 _____ 关系，又可以表示 _____ 关系，这要看具体的语境才能确定。

65. "生铁百炼成好钢，军队百炼无敌挡"。这是一个 _____ 关系的复句。

66. 句群和复句的构成单位不同。句群的构成单位是 _____，复句的构成单位是 _____。

67. 后个分句对前个分句说明或总括的复句叫 _____ 复句。

68. "我们这么大一个国家，怎么才能团结起来，组织起来呢？一靠理想，二靠纪律。"这是一个 _____ 关系的句群。

69. 紧缩句是以 _____ 句的形式，表达 _____ 句内容的句子。

70. "纷纷扬扬的大雪下了半尺多厚。天地间蒙蒙的一片。"这是一个 _____ 关系的句群。

71. 在紧缩复句中，"再……也……"表示 _____ 关系。

72. "只要不是闰年，一月一日是星期几，十月一日一定是星期几。四月一日同七月一日，九月一日同十二月一日。"这是一个 _____ 关系的句群。

73. "看看再说。"这是个 _____ 关系的紧缩复句。

74. "㊀一种是教条主义，㊁一种是经验主义，㊂两种都是主观主义。"该复句的第一层在第 _____ 分句之间，表示 _____ 关系。

75. "刘兰芳活龙活现讲岳飞。"这个单句的主要错误是 _____。

76. "新加坡的竹节虫，不仅体色几乎和竹子一样，体形在安静时完全像一根树枝。"这个复句的主要错误是 _____。

（二）判断题

1. 句法学研究短语和句子的结构和类型。（　　）

2. 语法学有两个含义，语法体系只有一个含义。（　　）

3. "脸很白"中的"白"和"白跑一趟"中的"白"词性不同，所以属于兼类词。（　　）

4. 词都能独立运用，但是能独立运用的语言单位不一定是词。（　　）

5. 形容词不能带宾语。（　　）

6. 短语是造句单位，所有的短语都能独立成句。（　　）

7. 在任何语言中，形态特征都是划分词类的主要依据。（　　）

8. 大部分实词在短语或句子里的位置是不固定的，大部分虚词在短语或句子里的位置是固定的。（　　）

9. 形容词重叠后一般表示程度加强，所以形容词的重叠形式不能再受程度副词修饰。（　　）

10. 凡不能受程度副词修饰的形容词，一般也不能重叠。（　　）

11. 不及物动词都不能带宾语。（　　）

12. "严格考试纪律"是形容词带宾语。（　　）

13. "笔直、雪白、通红、红彤彤"等可以受程度副词修饰。（　　）

14. 所有的动词都能单独充当谓语。（　　）

15. 一般动词通常不受由名量词组成的量词短语或程度副词的修饰。（　　）

16. 并不是所有的动词都能带"着、了、过"。（　　）

17. 名词一般不受副词修饰，主要充当主语和宾语。所以凡是名词受副词修饰或名词充当谓语的句子都可以看作病句。（　　）

18. "很有水平、很讲卫生"中的"很"是程度副词，"有、讲"是动词，这说明"有、讲"之类的动词也可以受程度副词修饰。（　　）

19. 能受量词短语修饰的都是名词。（　　）

20. 名词一般不能重叠。（　　）

21. 名词只能充当主语、宾语或主语中心语、宾语中心语。（　　）

22. 有些代词既可以代替词，也可以代替短语。（　　）

23. 分数既可以用于数目的减少，也可以用于数目的增加。（　　）

24. 指示代词只有区别作用，没有代替作用。（　　）

25. 有些量词具有一定的感情色彩。（　　）

26. "王老师住在一号楼二单元三层四室。"这里的"一、二、三、四"都表示基数。（　　）

27. 倍数只能用于数目的增加，不能用于数目的减少。（　　）

28. 副词都不能单独回答问题。（　　）

29. 拟声词不能充当谓语和定语。（　　）

30. 少数副词偶尔能充当定语。（　　）

31. "格外、十分、更"等副词都是等义的，通常可以相互替换使用。（　　）

32. "就、又、再"具有关联作用，所以应归入连词。（　　）

33. 叹词有时也可以充当宾语、状语、谓语等成分。（　　）

34. "我是去年上的大学"中的"的"是时间助词。（　　）

35. 连词"及"和"以及"都只能连接名词性词语。（　　）

36. 语气助词只能出现在句末，不能出现在句中。（　　）

37. 结构助词"的"不能出现在句末，只能出现在句中。（　　）

38. 连词"或者"既可以连接词、短语，也可以连接分句。（　　）

39. 连词除了具有连接作用，也具有修饰作用。（　　）

40. "和"只能连接名词性词语，不能连接动词性或形容词性词语。（　　）

41. "看一看""打一枪"等短语中，"一"后的"看""枪"等都可以看作量词。（　　）

42. 介词可以和名词性词语构成介词短语，而不能和动词性词语构成介词短语。（　　）

43. "从、到、自"等介词可以表示方向或处所，也可以表示时间。（　　）

44. 介词短语偶尔也作谓语，如"班长在教室里"。（　　）

45. "的"经常连接定语和中心语，因此也可以看作连词。（　　）

46. "锁、决定"等多义词既可以受数量短语修饰，也可以受副词修饰，带宾语，所以是名词兼动词。（　　）

47. 凡是连接分句时不能用在主语前面的词，不是连词。（　　）

48. "恳切、悲观"等词既可以充当谓语、定语,也可以充当状语,所以是形容词兼副词。(　　)

49. "愿意"是表示心理活动的动词。(　　)

50. 助词具有附着性,缺乏独立性。(　　)

51. 连词只有连接作用,没有修饰作用。(　　)

52. "的"字短语用在句中时,都能加相应的中心语而改为偏正短语。
(　　)

53. 内部结构不同的短语,语法功能也一定不同。(　　)

54. "想出来主持工作"是连谓(连动)短语。(　　)

55. "所"字短语一般不能单说(不能独立成句)。(　　)

56. 由动量词组成的量词短语是形容词性短语。(　　)

57. 内部结构相同的短语,语法功能也一定相同。(　　)

58. 同位短语都是名词性的。(　　)

59. 动语(述语)就是谓语,谓语就是动语(述语)。(　　)

60. 主语、谓语、宾语是处于同一层次上的成分。(　　)

61. 动语(述语)都是由动词性词语充当的。(　　)

62. 名词性词语充当谓语时,大多可以受副词的修饰。(　　)

63. 主谓短语以外的短语独立成句时,该句没有直接成分。(　　)

64. 在"'呢'是语气助词"一句中,"呢"是主语,可见语气助词等虚词也可以充当主语。(　　)

65. 数词和量词都不能单独充当主语。(　　)

66. 当谓语或谓语中心语是动作动词时,主语必须是施事的。(　　)

67. 主谓短语充当谓语时,这个主谓短语的谓语同时也是整个句子的谓语。(　　)

68. 在"老人可以接待"中,主语可以是施事的,也可以是受事的。(　　)

69. 带中性宾语的动词都是非动作动词。(　　)

70. 多层定语之间可以发生直接的结构关系。(　　)

71. 主谓短语也可以充当状语。(　　)

72. 双宾语有时可以通过"把"前置远宾语而变成"把"字句。(　　)

73. 带双宾语的动词都是表示授受意义的动词。（　　）

74. "北京我也去过"中的"北京"是前置宾语。（　　）

75. 形容词性短语有时也可以充当动语（述语）。（　　）

76. "他愉快地接受了邀请。"这是连谓（连动）句。（　　）

77. "问题没有这么严重"中的"这么严重"是宾语。（　　）

78. 独立语的位置往往比较灵活,有的在句子中间,有的在句首或句末。
（　　）

79. 名词性词语绝对不受副词修饰。（　　）

80. "觉得""获得"中的"得"不是补语的标志,而是一个虚语素。（　　）

81. 有时"个""了个"等也可看作补语的标志。（　　）

82. 从语义指向上说,结果补语可以指向中心语,也可以指向主语、宾
语。（　　）

83. "他性格直爽。""他的性格直爽。"这两句话的主语不同,谓语
相同。（　　）

84. "选他当人大代表说明大家对他信任。"这是兼语句。（　　）

85. "妈妈教我一支歌。"这是双宾句。（　　）

86. 名词性谓语的主要作用是从肯定方面对主语加以说明判断。（　　）

87. 非主谓句是句子省略主语或谓语而构成的。（　　）

88. 连谓句是连谓短语（词组）充当句子成分的句子。（　　）

89. 一种语言中的句型是有限的,但具体的句子是无限的。（　　）

90. 兼语句是兼语短语作句子成分的句子。（　　）

91. 选择问和正反问都是必须选择其中的一项作答,而不能选择另外的
话作答。（　　）

92. 单音副词作状语时,状语和中心语之间一般不加"地"。（　　）

93. 用"关于"组成的介词短语作状语时,总是放在句首。（　　）

94. 名词性词语作谓语的句子都是肯定句。（　　）

95. 构成句子的条件是:具备主语和谓语并且末尾有语调。（　　）

96. 介词短语不能单独充当主语或谓语。（　　）

97. 不能带宾语的动词和不能带受事宾语的动词叫不及物动词。（　　）

98. 能带受事宾语的动词叫及物动词。（　　）

99. 能带当事宾语（也叫关系宾语、中性宾语）的动词叫不及物动词。
（　　）

100. 动词都能带宾语。（　　）

101. "被"字句中的主语表示的受事必须是定指的人或事物。（　　）

102. "被"字句中的谓语动词必须是表示动作意义的动词。（　　）

103. "把"字句中，"把"后面介引的对象一般是确指的。（　　）

104. 中心语可以由词充当，也可以由词组充当。（　　）

105. 存现句的宾语一般都是不确指的。（　　）

106. 名词性短语的中心语也可以是动词或形容词。（　　）

107. "他借我一本书。"这是个多义句。（　　）

108. 介词短语的基本功能是作状语；也可以充当定语，表示对象或范围。（　　）

109. 双宾语句的两个宾语之间没有结构关系。（　　）

110. 单、复句的区别主要有两点：(1) 单句中无语音停顿，复句中有语音停顿。(2) 单句中无关联词语，复句中有关联词语。（　　）

111. "近两年来，他的科研成果的水平又有新的提高，其中有两项不但达到了国际先进水平，而且也填补了国内这方面的空白。"这个复句存在"结构混乱、层次不清"的错误。（　　）

112. "刘局长安排了老王，明天与李主任一块去上海领车。"这是一个兼语短语作谓语的单句。（　　）

113. 凡成对使用关联词语的句子，都可看作复句。（　　）

114. "不论在什么情况下，都会出现同样的结果。"这是个条件句。（　　）

115. 因果句是第一个分句说明原因，第二个分句说明结果的句子。（　　）

116. 让步假设复句一般要成套地使用关联词语。（　　）

117. 递进复句中管启下的关联词语可以省去，管承上的关联词语则不能省去。（　　）

118. 顺承复句的分句次序一般不能颠倒。（　　）

119. 多重复句是指有两个以上（含两个）层次关系的复句。（　　）

120. "即使人们疑心,也只能怀疑他是新到城里来的乡下佬,大概不认识路,所以讲不出价钱来。"这是一个多重复句,第一层是假设关系。(　　)

121. 由三个或三个以上分句构成的复句,叫多重复句。(　　)

122. 紧缩复句的内部没有语音停顿。(　　)

123. 紧缩复句可以有一个或数个主语。(　　)

124. "不管谁都要遵守纪律。"这是具有条件关系的紧缩复句。(　　)

125. 紧缩复句内部必须使用关联词语。(　　)

126. 在书面上,复句内部逗号、分号、冒号等标点符号前后的名词性词语都不能充当分句。(　　)

127. 在书面上,复句内部逗号、分号、冒号等标点符号前后的谓语性词语一定是分句。(　　)

128. 凡是包含三个以上分句的复句,一定会有两个以上的层次。(　　)

129. 在递进复句中,如果分句的主语不同,关联词语"不但"应放在主语之前。(　　)

130. 非主谓结构不能充当复句的分句。(　　)

131. 同一个关联词语,在不同的语境中也可以表示不同的关系。(　　)

132. 复句有两个或两个以上的结构中心。(　　)

133. "中国劳动人民还有过去那一副奴隶相么?没有了,他们做了主人了。"这是一个解说关系的复句。(　　)

134. "一听批评就发火不好。"这是紧缩复句。(　　)

135. "他给我们以信心。"这是双宾句。(　　)

136. "窗下一幅繁华的街景。"这是名词性谓语句。(　　)

137. "葡萄一斤多少钱?"这是主谓谓语句。(　　)

138. "力大无穷。"这是连谓句。(　　)

139. "荣获诺贝尔物理学奖的殊荣。"该句没有语病。(　　)

140. "不仅这样,他们还把小岛建得花园一样美丽。"该句是复句。(　　)

（三）单项选择题

1. 汉语中最小的造句单位是(　　)

　　A. 语素　　　　B. 词　　　　C. 短语　　　　D. 语素和词

2. 经常单独充当状语的名词是（　　）

　　A. 时间名词　　　B. 方位名词　　　C. 处所名词　　　D. 事物名词

3. 能直接用在介词后面,和介词一起组成介词短语的词是（　　）

　　A. 名词　　　　　B. 动词　　　　　C. 形容词　　　　D. 副词

4. 语言的使用单位是（　　）

　　A. 语素　　　　　B. 词　　　　　　C. 短语　　　　　D. 句子

5. "在……中"之间经常插入（　　）

　　A. 名词性词语　　　　　　　　　B. 动词性词语

　　C. 形容词性词语　　　　　　　　D. 任意性质的词语

6. "我的这本书是刚买的"中的两个"的"（　　）

　　A. 都是结构助词　　　　　　　　B. 都是语气词

　　C. 分别是结构助词和语气词　　　D. 分别是语气词和结构助词

7. "你连他一块叫来"中的"连"是（　　）

　　A. 动词　　　　　B. 助词　　　　　C. 连词　　　　　D. 介词

8. "怎样、怎么样、什么样"是（　　）

　　A. 人称代词　　　B. 疑问代词　　　C. 指示代词　　　D. 其他代词

9. "几乎、尤其、有点儿"属于（　　）

　　A. 表示语气的副词　　　　　　　B. 表示范围的副词

　　C. 表示程度的副词　　　　　　　D. 表示肯定的副词

10. 下列各词中,全为处所名词的一组是（　　）

　　A. 到处　门口　阵地　边疆　东边

　　B. 以内　村外　山东　特区　南方

　　C. 北京　各处　附近　内地　市区

　　D. 天空　远处　处处　里头　济南

11. 下列各词中,全为不及物动词的一组是（　　）

　　A. 间接　劳动　休息　特约　逃荒

　　B. 放假　自发　举重　转弯　开幕

　　C. 冲突　睡觉　撒谎　出来　失败

　　D. 密切　叛变　考试　流传　毕业

12. "大力、大肆、大举"这三个词,应归入（   ）

    A. 形容词　　　B. 能愿动词　　C. 名词　　　　D. 副词

13. "'语言学'跟'跟语言学有关的某些问题'"中的两个"跟"（   ）

    A. 都是连词　　　　　　　　B. 都是介词

    C. 分别是介词和连词　　　　D. 分别是连词和介词

14. 下列各词中,全为形容词的一组是（   ）

    A. 聪明　积极　乐观　同情　发达

    B. 熟练　佩服　重要　狡猾　充裕

    C. 愉快　感人　关心　幸福　优秀

    D. 高兴　光荣　善良　痛苦　悲观

15. 下列各词中,全为区别词（非谓形容词）的一组是（   ）

    A. 共同　临床　无名　彩色　恶性

    B. 所谓　家务　主要　应届　黄色

    C. 同等　感性　党性　军用　动用

    D. 公共　特殊　终身　忘我　首要

16. 下列各词中,全为副词的一组是（   ）

    A. 又　也　不必　尤其　不论

    B. 愈　竟　简直　陆续　不然

    C. 永　只　向来　过去　互相

    D. 已　才　赶紧　仍然　一律

17. "敌人被我们消灭了"中的"被"是（   ）

    A. 连词　　　　B. 助词　　　　C. 介词　　　　D. 动词

18. 下列词语都有关联作用,其中属于副词的一组是（   ）

    A. 然而　除非　虽　　　　B. 固然　即便　并

    C. 反而　从此　又　　　　D. 只要　以至　或

19. 下列各词,全为时间名词的一组是（   ）

    A. 早上　平时　向来　时常　　B. 马上　现在　刚才　平时

    C. 早上　目前　最近　刚才　　D. 时常　刚刚　最近　即将

20. 下列各词中,全为名词的一组是（   ）

A. 品质 作风 茶色 晚上 信件

B. 战争 动静 将来 前面 阴谋

C. 衣服 风格 万能 文化 前天

D. 精力 长期 临时 衣物 过去

21. 下列词语,词性相同的一组是( )

A. 叫作 恐怕 后悔 当心 宁愿 亲生 昏迷 怀念

B. 一直 大约 从来 更加 终归 恰巧 格外 倒是

C. 新颖 尊重 生动 相继 坚固 恶劣 短 不得了

D. 假使 总之 并且 果然 何必 但是 而已 如果

22. "啊,这里植物的种类真多啊!"其中的两个"啊"( )

A. 都是叹词

B. 都是语气词

C. 前一个是叹词,后一个是语气词

D. 前一个是语气词,后一个是叹词

23. "没有耕耘,就没有收成"中的"没有"( )

A. 都是副词

B. 都是动词

C. 前一个是动词,后一个是副词

D. 前一个是副词,后一个是动词

24. 下列各词,全为代词的一组是( )

A. 自个儿 大伙儿 群众 一切

B. 其余 彼此 那里 每

C. 这会儿 某 等等 同志

D. 这儿 这样 同样 各

25. 能在"在……上""在……下"中间插入的是( )

A. 名词性词语 B. 动词性词语

C. 形容词性词语 D. 任何词语

26. 区别词主要充当( )

A. 主语 B. 谓语 C. 宾语 D. 定语

27. "我什么时候也不会忘了您的恩德"中的"什么"表示（   ）

    A. 反问　　　B. 任指　　　C. 虚指　　　D. 不定指

28. 下列各词中，词性相同的一组是（   ）

    A. 勇气　愿望　友谊　木本　独幕

    B. 准备　以为　吓唬　同情　讨厌

    C. 相对　新颖　灿烂　雪白　感激

    D. 等于　集合　民办　内服　毕业

29. 下列各组词中，两个词都属于副词的是（   ）

    A. 平常　时常　　　　　B. 稍微　微小

    C. 幸亏　幸运　　　　　D. 必然　仍然

30. "每人交一篇作文"中的"每"表示（   ）

    A. 分指　　B. 不定指　　C. 旁指　　D. 疑问

31. "党叫干啥就干啥"中的"啥"表示（   ）

    A. 询问　　　B. 任指　　　C. 虚指　　　D. 不定指

32. "他在济南住了三年了"中的两个"了"（   ）

    A. 都是动态助词　　　　B. 都是语气词

    C. 分别是动态助词和语气词　D. 分别是语气词和动态助词

33. 下列各句中的"就"属语气副词的是（   ）

    A. 我就走，你等我一会儿。　B. 我就这点积蓄了。

    C. 你不让我去，我就去。　　D. 没有主语就无从谈谓语。

34. "你再等等，卖票的会来的"中的两个"的"（   ）

    A. 都是结构助词　　　　B. 都是语气助词

    C. 分别是结构助词和语气词　D. 分别是结构助词和语气助词

35. "你什么时间下的火车"中的"的"是（   ）

    A. 连词　　　B. 介词　　　C. 结构助词　　D. 时间助词

36. "卓越的科学家竺可桢"是（   ）

    A. 偏正短语　　　　　　B. 联合短语

    C. 主谓短语　　　　　　D. 同位短语

37. 下列短语，属兼语短语的是（   ）

A. 有能力把工作搞好　　　　　B. 希望你能来一趟

C. 发现他在打球　　　　　　　D. 嫌她脚太大

38. 下列短语,属连谓短语的是(　　　)

A. 一考试就紧张　　　　　　　B. 转来转去

C. 看着心烦　　　　　　　　　D. 有人敲门

39. 下列短语,属动宾短语的是(　　　)

A. 整整下了一夜大雪　　　　　B. 大雪整整下了一夜

C. 大雪下了整整一夜　　　　　D. 下了整整一夜大雪

40. "开会之前"属于(　　　)

A. 偏正短语　　B. 方位短语　　C. 主谓短语　　D. 比况短语

41. 下列短语,属动词性短语的是(　　　)

A. 进大学之后　　　　　　　　B. 漂亮得多

C. 一遍一遍地计算　　　　　　D. 学习目的

42. 下列短语中的连谓短语是(　　　)

A. 一学就会　　B. 躺着吃饭　　C. 有人说语　　D. 开始比赛

43. "蜂蜜似的"是(　　　)

A. 主谓短语　　　　　　　　　B. "的"字短语

C. 比况短语　　　　　　　　　D. 偏正短语

44. 不能作定语的短语是(　　　)

A. 比况短语　　　　　　　　　B. 方位短语

C. "的"字短语　　　　　　　　D. 介词短语

45. 可以出现施事宾语的句式是(　　　)

A. 双宾句　　B. "把"字句　　C. "被"字句　　D. 存现句

46. 下列动词中,都可以带双宾语的一组是(　　　)

A. 发给　奖励　通知　　　　　B. 给予　分配　允许

C. 请教　答应　占领　　　　　D. 陪　　介绍　照顾

47. "老张在家养病。"其中的宾语属于(　　　)

A. 对象宾语　　　　　　　　　B. 结果宾语

C. 原因宾语　　　　　　　　　D. 目的宾语

48. "今天下午,我们打扫环境卫生。"其中的宾语属于(　　)

　　A. 原因宾语　　B. 处所宾语　　C. 对象宾语　　D. 目的宾语

49. "他企图逃避法律的严厉惩罚。"该句的宾语是(　　)

　　A. 惩罚　　　　　　　　　　B. 严厉惩罚

　　C. 法律的严厉惩罚　　　　　D. 逃避法律的严厉惩罚

50. "队长带着大家上山采药。"这句话是(　　)

　　A. 连谓句　　　　　　　　　B. 兼语句

　　C. 连谓兼语融合的句子　　　D. 联合短语充当谓语的句子

51. "老师带着同学们下地插秧。"这个句子是(　　)

　　A. 主谓谓语句　　　　　　　B. 连谓句

　　C. 兼语句　　　　　　　　　D. 连谓兼语融合句

52. "他有理由提出申请。""他有个弟弟在上海。"这两个句子(　　)

　　A. 都是连谓句

　　B. 都是兼语句

　　C. 都是动宾短语作宾语的句子

　　D. 前句是连谓句,后句是兼语句

53. "那本书厚不厚?"这个句子属于(　　)

　　A. 是非问　　B. 特指问　　C. 正反问　　D. 选择问

54. "连长命令战士们继续前进。"这个句子是(　　)

　　A. 主谓短语作宾句　　　　　B. 双宾句

　　C. 连谓句　　　　　　　　　D. 兼语句

55. "多聪明的孩子。"这个句子的句型是(　　)

　　A. 主谓句、形容词性谓语句

　　B. 主谓句、名词性谓语句

　　C. 名词性非主谓句

　　D. 形容词性非主谓句

56. 下列各句属于连谓句的是(　　)

　　A. 母亲想安慰他。　　　　　B. 母亲边思索边劳动。

　　C. 母亲有话问你。　　　　　D. 母亲决定去一趟。

57. "虫子把树叶吃光了。"这个句子的句型是（　　）

  A. 主谓句、动词谓语句、"把"字句

  B. 主谓句、形容词谓语句、"把"字句

  C. 主谓句、名词谓语句、"把"字句

  D. 动词性非主谓句、"把"字句

58. 下列句子中属于变式句的是（　　）

  A. 我们对前景充满了信心。

  B. 粉色荷箭高高挺出来，是监视白洋淀的哨兵吧。

  C. 房后河边上许多好看的石子儿，红的，黄的，粉的。

  D. 那水的尽头——天边处，出现了几片紫红的霞晕。

59. "他给我一本鲁迅创作的小说。"这个句子是（　　）

  A. 双宾句 B. 兼语句 C. 连谓句 D. 主谓谓语句

60. "学生唱着歌走进会场。"这个句子是（　　）

  A. 兼语句 B. 存现句 C. 连谓句 D. 双宾句

61. "连长放下电话让通信员立即跑步前去叫指导员回来。"这句话的谓语是（　　）

  A. 连谓谓语 B. 兼语谓语 C. 连谓套兼语 D. 兼语套连谓

62. "运动员迅速地在篮球场上来回奔跑。"这句话的谓语是（　　）

  A. 连谓短语 B. 动词性短语 C. 联合短语 D. 动补短语

63. 下列句子，属主谓谓语句的是（　　）

  A. 这本书内容不错。   B. 牛奶拿我们家的吧。

  C. 好人好事有人夸。   D. 要说年纪大约十六七。

64. 形容词性谓语句的主要作用是对主语加以（　　）

  A. 描写 B. 判断 C. 说明 D. 叙述

65. "把"字句中"把"所介引的对象一般是（　　）

  A. 不定指的 B. 定指的 C. 任指的 D. 虚指的

66. 下列句子属于被动句的是（　　）

  A. 虫子把树叶吃光了。 B. 虫子吃光了树叶。

  C. 虫子连树叶也吃光了。 D. 树叶给虫子吃光了。

67. 下列句子中含有感叹语成分的是（　　）

　　A. 啊，多么美好的生活啊！　　　　B. 啊！多么美好的生活啊！

　　C. 多么美好的生活啊！　　　　　　D. 啊！

68. "菜吃完了。"这个句子是（　　）

　　A. 被动句　　　B. 主动句　　　C. "被"字句　　D. 倒装句

69. "祥林嫂，你放着吧！"这个句子是（　　）

　　A. 陈述句　　　　B. 祈使句　　　　C. 感叹句　　　　D. 疑问句

70. 下列句子属于双宾语句的是（　　）

　　A. 我希望你能当选。　　　　　　B. 我羡慕你有这样的好条件。

　　C. 我交给学生一项任务。　　　　D. 我打算借给你两本数学书。

71. "晒太阳"中的"太阳"是（　　）

　　A. 受事宾语　　　B. 施事宾语　　　C. 工具宾语　　　D. 主语后置

72. 下列句子属名词谓语句的是（　　）

　　A. 对虾一对值多少钱？　　　　B. 对虾一对多少钱？

　　C. 对虾一对有几两？　　　　　D. 对虾一对多重？

73. 下列句子属于主谓主语句的是（　　）

　　A. 你问这事干什么？

　　B. 他们想要知道的就是远景问题。

　　C. 党提倡说老实话。

　　D. 新来的人们对这些问题不太了解。

74. 下列句子属于兼语连谓融合句的是（　　）

　　A. 他走到凉台上坐下来。　　　　B. 他拽着我回家。

　　C. 他命令我下车。　　　　　　　D. 他请我下棋。

75. 下列句子属于兼语句的是（　　）

　　A. 我知道他会来的。　　　　　　B. 我证明他来过。

　　C. 我有心叫他来。　　　　　　　D. 我并没叫他来。

76. 下列句子中，补语的语义指向谓词的是（　　）

　　A. 她说得很慢。　　　　　　　　B. 她跑得无影无踪了。

　　C. 他喝干了酒杯。　　　　　　　D. 他把东西弄坏了。

77. "不到长城非好汉。""不到黄河不死心。"这两句都是（　　）

　　A. 主谓句　　　B. 紧缩句　　　C. 连谓句　　　D. 省略句

78. 下列句子的补语属于结果补语的是（　　）

　　A. 火把亮〈起来〉了。

　　B. 他走得〈太快〉了。

　　C. 消息像春风一样吹〈遍〉了大江南北。

　　D. 把问题弄〈明白〉再说。

79. 下列句子，谓语动词后的量词短语属于宾语的是（　　）

　　A. 大家批评了他一顿。

　　B. 他说了三次。

　　C. 这些水果，要洗三遍。

　　D. 像这样大的雨，一个月总要下两场。

80. 主要充当补语的动词是（　　）

　　A. 心理动词　　B. 能愿动词　　C. 判断动词　　D. 趋向动词

81. "您出门上锁防的是谁呀？"这句是（　　）

　　A. 紧缩句　　　B. 连谓句　　　C. 兼语句　　　D. 主谓谓语句

82. 能带程度补语的词，只有（　　）

　　A. 形容词和心理活动动词

　　B. 性质形容词和动作动词

　　C. 状态形容词和一部分趋向动词

　　D. 形容词和一部分助动词（能愿动词）

83. "这些书你都读过吗？"这属于（　　）

　　A. 是非问　　　B. 特指问　　　C. 选择问　　　D. 正反问

84. "把"字句中否定词、助动词作状语时（　　）

　　A. 都只能放在"把"字前

　　B. 都只能放在"把"字后

　　C. 否定词可以放在"把"字前，助动词只能放在"把"字后

　　D. 助动词只能放在"把"字前，否定词放在"把"字前后都可以

85. "社会主义强国，靠装，装不出来；靠吹，吹不出来；只能实实在在地

干出来。"该复句共有（　　）

　　A. 四个分句　　B. 五个分句　　C. 六个分句　　D. 七个分句

86. "这样崇高的革命爱情，不应该让它永远埋藏在心里，应该公开告诉人民，以激起人民对反动派的仇恨，并让广大人民都知道，对于一个共产主义战士来说，'生命诚可贵，爱情亦美好，若为革命故，二者皆可抛'。"这个复句有（　　）

　　A. 四个分句　　B. 五个分句　　C. 六个分句　　D. 七个分句

87. "有一次，丽娜不厌其烦地描述她八岁那年如何勇敢地从城西换一趟车到城东，我突然想到，我八岁的时候独自翻过几座大山，把我家养的一头老黄牛从深山里找回来，从此我不再羡慕丽娜。"这一复句共有（　　）

　　A. 两个分句，一个层次　　　　B. 三个分句，两个层次

　　C. 四个分句，两个层次　　　　D. 四个分句，三个层次

88. "这个创造性的设计，不但节约了石料，减轻了桥身的重量，而且在河水暴涨的时候，还可以增加桥洞的过水量，减轻洪水对桥身的冲击。"这个复句有（　　）

　　A. 两个分句　　B. 三个分句　　C. 四个分句　　D. 五个分句

89. "如果我们不是马克思主义者，或者不把马克思主义同中国自己的实践相结合，走自己的道路，中国现在还是四分五裂，不但没有独立，也没有统一。"这一复句有（　　）

　　A. 两个层次　　B. 三个层次　　C. 四个层次　　D. 五个层次

90. 多重复句是（　　）

　　A. 由两个以上分句组成的复句

　　B. 有两个及两个以上层次的复句

　　C. 完全由主语短语充当分句的复句

　　D. 具有两个以上关联词语的复句

（四）多项选择题

1. 词法学研究（　　）

　　A. 词的分类　　　　　　　　　B. 词的构成

　　C. 词的形态变化　　　　　　　D. 词的具体意义

2. 句法主要研究（   ）

    A. 短语的结构　　　　　　　B. 句子的结构

    C. 短语的类型　　　　　　　D. 句子的类型

3. 下列各项属于汉语语法单位的是（   ）

    A. 语素　　　　B. 词　　　　C. 短语　　　　D. 句子

4. 区别词的主要特点有（   ）

    A. 可以受"不"修饰　　　　　B. 不能单独作谓语

    C. 不能单独充当主语和宾语　　D. 都能修饰名词

5. 语言的备用单位是（   ）

    A. 词　　　　B. 短语　　　　C. 句子　　　　D. 句群

6. 只能带施事宾语的动词属于（   ）

    A. 及物动词　　　　　　　　B. 不及物动词

    C. 他动词　　　　　　　　　D. 自动词

7. 下列各词中属名词的有（   ）

    A. 旁边　　　　B. 男式　　　　C. 观念　　　　D. 廉价

8. 能受程度副词修饰的词有（   ）

    A. 时间名词　　　　　　　　B. 形容词

    C. 表示心理活动的动词　　　D. 能愿动词（助动词）

9. 普通话中"我们"表达的意思是（   ）

    A. 只能是包括式（包括说话人和听话人双方）

    B. 只能是排除式（不包括听话人）

    C. 可以是包括式

    D. 可以是排除式

10. 概数的表示法有（   ）

    A. 在基数词之后加"来、多、左右"等

    B. 在量词短语之后加"来、多、左右"等

    C. 用疑问代词"几"来表示

    D. 用两个基数词相连表示

11. 复合量词中的两种计算单位可以（   ）

A. 都是名量词　　　　　　　　B. 都是动量词

C. 前为名量词,后为动量词　　D. 前为动量词,后为名量词

12. "你多住两天吧"中的"两"可以是（　　　）

A. 概数　　　　B. 序数　　　　C. 倍数　　　　D. 基数

13. 下列句子中加点的词属连词的有（　　　）

A. 我和他交换意见。

B. 无论在数量上还是在质量上都有很大的提高。

C. 由于工作关系,我在长沙逗留了几天。

D. 难道因为前人没有做过,我们就可以不做吗?

14. 下列各项中,比况短语有（　　　）

A. 暴风雨般的掌声　　　　　　B. 像小山似的

C. 有功劳似的　　　　　　　　D. 传出银铃般的笑声

15. 下列短语中的同位短语有（　　　）

A. 我们渔民　　　　　　　　　B. 我们这些渔民

C. 我们的渔民　　　　　　　　D. 这些勤劳的渔民

16. 下列各句中,谓语是主谓短语的句子有（　　　）

A. 什么书他都看。　　　　　　B. 他什么书都看。

C. 他都是看了些什么书。　　　D. 什么书也没看。

17. 下列各项中,"的"字短语有（　　　）

A. 修自行车的　　　　　　　　B. 喜欢新的

C. 他会来的　　　　　　　　　D. 没吃饭的

18. 下列短语中的名词性偏正短语是（　　　）

A. 树林子东边　　　　　　　　B. 我们大家

C. 升学或者就业的选择　　　　D. 遥远的地方

19. 下列短语中,属形容词性偏正短语的有（　　　）

A. 商人的精明　　　　　　　　B. 慢慢儿地走

C. 特别厚道　　　　　　　　　D. 死一般地寂静

20. "在这儿睡不好"可以看作（　　　）

A. 主谓短语　　B. 中补短语　　C. 偏正短语　　D. 介词短语

21. 下列各项,属于中补短语的是(　　)

    A. 买了三本　　　　　　　　B. 浪费了两个钟头

    C. 耽搁不得　　　　　　　　D. 说个没完

22. 主谓短语作宾语,动语(述语)一般是(　　)

    A. 趋向动词　　B. 心理动词　　C. 感知动词　　D. 言语动词

23. 下列各项,属于中补短语的是(　　)

    A. 喜欢安静　　　　　　　　B. 热得满头大汗

    C. 大意不得　　　　　　　　D. 打扫干净教室

24. 从语义上看,"他急得像疯了一样"可以是(　　)

    A. 情态补语　　B. 结果补语　　C. 能愿补语　　D. 程度补语

25. 下列句子中的主语属于施事的是(　　)

    A. 共产党像太阳。　　　　　B. 我没有这本书。

    C. 中国人民站起来了。　　　D. 母亲和宏儿都睡着了。

26. 下列各项中,属于中补短语的是(　　)

    A. 他急得像热锅上的蚂蚁　　B. 觉得热

    C. 看了三个小时　　　　　　D. 摔下来

27. 下列句子属于当事(中性)主语的是(　　)

    A. 上级批准了他的建议。　　B. 老孙头神色慌张。

    C. 前面围着一圈人。　　　　D. 指导员非常英俊。

28. 下列句子中,含有中性(当事)主语的是(　　)

    A. 各地风光我也喜欢看。

    B. 这件事也不能都怪他。

    C. 这样的好机会,你可别错过了。

    D. 这个鱼塘,清一色的鲫鱼。

29. 下列句子中,含有叙述性谓语的是(　　)

    A. 前面的车子转弯了。

    B. 这小伙子诚实可靠。

    C. 苍鹰在空中盘旋。

    D. 蜿蜒无尽的长城,好像浩浩荡荡的队伍。

30. 下列句子含有说明性谓语的是（　　）

   A. 我的故乡，比过去更迷人。

   B. 今天星期一。

   C. 秘密就在这里。

   D. 我国的石拱桥有悠久的历史。

31. 下列句子中的主语属于受事的是（　　）

   A. 钱花得不少了。　　　　B. 科学的春天到来了。

   C. 道静在睡梦中被推醒。　D. 与上级的联系不可中断。

32. 下列句子中的宾语属当事宾语的有（　　）

   A. 这真是个令人赞叹的奇迹。　B. 我问问他近来的情况。

   C. 村里又建了一所小学。　　　D. 新来的老师姓张。

33. 下列句子的宾语，属施事宾语的有（　　）

   A. 屋里坐着十多个人。　　　B. 窗子上糊上了纸。

   C. 别把棒槌当作针。　　　　D. 飞走了一只鸽子。

34. 能带双宾语的动词主要有（　　）

   A. 使令动词　　B. 授受动词　　C. 心理动词　　D. 称呼动词

35. 下列各句的宾语，属施事宾语的有（　　）

   A. 外面捆一道绳子。　　　B. 那时候，院子里住着两个人。

   C. 沂蒙山区也通了火车。　D. 王冕七岁死了父亲。

36. 下列句子属于双宾句的有（　　）

   A. 小李答应小王不去上海了。

   B. 小李劝小王别去上海了。

   C. 小李转告小王不去上海了。

   D. 小李问："小王去不去上海？"

37. 下列句子属于双宾句的有（　　）

   A. 他送黄鹤楼一副对联。　　B. 你快去通知王书记来开会。

   C. 我一连敬了他三杯酒。　　D. 老师给了我很大的支持。

38. 下列动词中，既可以带双宾语，又能带兼语的动词有（　　）

   A. 分配　　　　B. 带领　　　C. 使　　　　D. 招待

39. 下列各项中，可以充当状语的词或短语是（ ）

    A. 疑问代词   B. 区别词   C. 量词短语   D. 复指短语

40. 下列句子中有独立语的是（ ）

    A. 啊，我明白了。   B. 外面下雨了。

    C. 孩子，快吃吧，啊！   D. 孩子啊，快吃吧。

41. 下列句子属连谓句的有（ ）

    A. 他每天都备课，批作业。   B. 他走到海边停下来。

    C. 小李也上街去买菜了。   D. 我越听越生气。

42. 下列句子属于兼语句的有（ ）

    A. 他告诉大家已经开会了。   B. 他告诉大家开会去。

    C. 他通知大家吃饭去。   D. 他通知大家吃饭了。

43. 下列句子属于兼语套连谓的是（ ）

    A. 我们希望你叫他来。

    B. 学校派他去请王教授来讲学。

    C. 小王有个弟弟去美国留学了。

    D. 大家相信你能把事办好。

44. 充当状语时必须加"地"的是（ ）

    A. 单音节副词   B. 双音节副词

    C. 普通名词   D. 主谓短语

45. 后面可以带补语的词是（ ）

    A. 名词   B. 动词   C. 形容词   D. 代词

46. "有个叫有翼的人被石头把脚砸烂了。"这是（ ）

    A. 兼语句   B. 连谓句（连动句）

    C. "把"字句   D. "被"字句

47. "松花江被晚霞照得通红。"这个句子可以看成（ ）

    A. 主谓句   B. 被动句

    C. 动词谓语句   D. 形容词谓语句

48. 下列各句中，可以作"主谓谓语句"和"主谓主语句"两种句法分析的有（ ）

A. 他走路又轻又快。

B. 他走路又轻又快,手脚很麻利。

C. 玉芳为社会办事好,文化也高。

D. 他看书写文章都在晚上。

49. 下列动词,可以作"把"字句的谓语中心语或动语(述语)的有(　　)

　　A. 踩　　　　　B. 有　　　　　C. 等于　　　　　D. 读

50. 下列各句属被动句的是(　　)

　　A. 他的胳膊给扭断了。　　　　　B. 他的胳膊断了。

　　C. 他被打断了胳膊。　　　　　　D. 他断了胳膊。

51. 下列句子属于特指问的有(　　)

　　A. 这个班有多少学生?

　　B. 小张也来了吗?

　　C. 你来了,小张为什么没来呢?

　　D. 你来了,小张也来了吧?

52. 下列句子属于省略句的有(　　)

　　A. 你一言,我一语。

　　B. 他买了两幅画,我也买了一幅。

　　C. 稿子写得不好就重写,一次不行写两次,两次不行就三次。

　　D. 他要求放他走。

53. 下列句子属于兼语句的是(　　)

　　A. 有人敲门。　　　　　　　　　B. 是你救了我的命。

　　C. 我喜欢他老实。　　　　　　　D. 我希望他去。

54. 下列各句属于连谓(连动)句的是(　　)

　　A. 你怎么丢下我们不管了?

　　B. 你去买点汽水喝。

　　C. 马克思十分重视学习外语。

　　D. 他从早到晚总是洗衣服,做饭,打扫卫生。

55. 下列各句属于连谓(连动)句的是(　　)

　　A. 总理抓住他的手不放。　　　　B. 光线渐渐暗下来。

C. 大家不要躺着看书。　　　D. 他有能力领导这项工作。

56. 下列各句属于连谓（连动）句的是（　　）

A. 她低着头想着往事。

B. 你想办法把碉堡炸掉。

C. 这时候，杨老师已经微笑着走进教室。

D. 他看书看累了。

57. "战士们击落了三架敌机。"该句可以转换为（　　）

A. 双宾句　　　B. 存现句　　　C. "把"字句　　　D. "被"字句

58. 下列各句属于主谓谓语句的有（　　）

A. 银杏，我思念你。

B. 我们两人谁也不看谁。

C. 关于这些自然现象的变化，他都做了翔实的记录。

D. 他性格豪爽。

59. 下列各句中的宾语是主谓短语的有（　　）

A. 你们知道他是谁？　　　B. 四老爷讨厌她是寡妇。

C. 我觉得这样办不妥。　　　D. 你瞧，这是什么？

60. 下列各句属于双宾句的是（　　）

A. 你喊他一声。　　　B. 国家要收他的版税。

C. 咱们给他点厉害。　　　D. 大家仍叫她祥林嫂。

61. 下列各句属于主谓谓语句的是（　　）

A. 他考试考得很好。　　　B. 他成绩很好。

C. 他的考试成绩很好。　　　D. 这次考试，他考得很好。

62. 下列各句属于兼语句的是（　　）

A. 我相信你会来的。

B. 没有人找你。

C. 他有个弟弟在医院工作。

D. 我们请示领导怎么回答人家。

63. 下列句子中，属于正反问的疑问句是（　　）

A. 你还去不去？　　　B. 明天你去呀我去？

C. 你愿意不愿意去？　　　　D. 这两碗我都吃了吧？

64. 下列句子中，属于特指问的疑问句是（　　　）

A. 谁让他来的？　　　　B. 你要看哪本书？

C. 你让他来的？　　　　D. 这本书你还看不？

65. 下列句子中，属于主谓倒置句的是（　　　）

A. 怎么了，你？　　　　B. 出来吧，你们！

C. 回去吧，妈妈。　　　　D. 是我不对。

66. "你是来帮我呢，还是来拆我的台呢？"这属于（　　　）

A. 测度疑问句　　　　B. 反诘疑问句

C. 是非问疑问句　　　　D. 选择问疑问句

67. 下列句子中，属于主谓句的是（　　　）

A. 从前有个白胡子老头。

B. 今天国庆节。

C. 墙上挂着一幅地图。

D. 风声过后，从树林里跳出一只大老虎来。

68. 下列各句，属于连谓（连动）句的有（　　　）

A. 老王披着衣服给我们开门。

B. 一见面就连忙把我们拉到炕头上。

C. 急切地问我们上级有什么指示。

D. 我从衣缝里取出一张纸条递给他。

69. 下列各句，属于因果复句的有（　　　）

A. 既然提高教育质量与实现四个现代化的关系这样密切，为什么有的领导干部就无动于衷呢？

B. 事情既被点破，我也就不在乎了。

C. 祥子没有说什么，他已经顾不上命了。

D. 我多次给递眼色，叫他快离开。

70. 下列复句中属一重复句的是（　　　）

A. 树上飞下来一只小鸟，叽叽喳喳叫了几声，又向天空飞去了。

B. 他虽然没有很用力，可是因为铁烧得过了火，火星溅得特别多。

C. 技术革新以后,不但加快了生产速度,而且提高了产品的质量。

D. 只有在特殊情况下,才可以改变咱们的计划;现在必须严格执行计划。

71. 下列句子中的紧缩句有(　　　)

A. 一说他就明白。

B. 一个人就不能把孩子拉扯大?

C. 我希望你把孩子拉扯大再改嫁。

D. 你去我也去。

72. 下列各句,不属于紧缩复句的是(　　　)

A. 他坐下来看书。　　　　B. 馒头再大也大不过笼。

C. 我非做完作业不休息。　D. 你通知他来开会。

73. 下列各句,属于多重复句的有(　　　)

A. 我爱热闹,也爱冷静;爱群居,也爱独处。

B. 我的两个妹妹,一个是教师,一个是护士。

C. 夜正长,路也正长,我不如忘却,不说的好罢。

D. 野梨花开满山岗,溪水哗哗地流淌,春天迈开了大步,庄稼在抢着生长。

74. 下列各句,表达顺承(承接、连贯)关系的复句是(　　　)

A. 若谈到这个问题,就会引起争论。

B. 到酒馆一坐,就花掉了几十块。

C. 这么一分析批判,就把我到手的房子批判走了。

D. 工作以后,这些问题你就明白了。

75. 下列各句,属于顺承复句的有(　　　)

A. 代表团决定明天去工厂,后天下农村。

B. 一进门摆着张方桌,方桌上放着一个座钟。

C. 快把枪拿出来,装上子弹。

D. 白狗子一来,老百姓可就遭殃喽。

76. 下列复句中属于二重复句的是(　　　)

A. 清宫是皇帝的寝宫,清朝的时候,皇帝在这里处理日常政务,批阅各种奏报，后来还在这里接见外国使节。

B. 刚抽出嫩条，还没有打花苞的蔷薇枝，把皮一剥，我就能吃下去。

C. 他有两个优点：一是能吃苦，二是虚心。

D. 孔乙己是这样的使人快活，可是没有他，别人也便这么过。

77. 下列各句，含有三个分句的复句有（　　　）

　　A. 王桂英早年死了丈夫，留下三个孩子，除了大女儿已经出嫁外，两个小的还在学校读书。

　　B. 啊，多么宽广的草原，多么新鲜的空气啊！

　　C. 妈妈经常对我说，做人要诚实，做活要卖力。

　　D. 那天临走的时候，伯父送我两本书，一本是《表》，一本是《小约翰》。

78. 下列句子中的复句有（　　　）

　　A. 这篇文章写得很深刻，领导看了非常满意。

　　B. 不仅我们这一代，而且我们的后代，也要世世代代友好下去。

　　C. 这一年的秋季，她们学会了射击。

　　D. 洋鬼子怎样就骗了钱去，老通宝不很明白。

79. 下列句子中的二重复句是（　　　）

　　A. 你瞧不起我，我瞧不起你，这是一种很坏的作风。

　　B. 几千双眼睛都盯着你，看你穿上战士的衣服，看你挂着银质的奖章。

　　C. 可是当兵一当三四年，打仗总打了百十回吧，身上一根汗毛也没碰断。

　　D. 几个女人有点失望，也有点伤心，各人在心里骂着自己的"狠心贼"。

80. 下列句子中的复句有（　　　）

　　A. 我有时爱坐在海边礁石上，望着潮涨潮落，云起云飞。

　　B. 蓝天，远树，金色的麦浪。

　　C. 从北京到上海，火车走了二十多个小时。

　　D. 浓云重得像山，远山又淡得像云。

81. 下列句子中的复句有（　　）

　　A. 我这样做，还不是为了你好？

　　B. 即使在法庭上，布鲁诺神色仍然是凛然不可侵犯的。

　　C. 那双手满是茧子，沾着新鲜的泥土。

　　D. 许多文学大师，同时又是科学巨匠。

82. 下列句子中的单句是（　　）

　　A. 让他来喂鸟，还不如让鸟来喂他。

　　B. 当他回到家里的时候，孩子一个也不在家。

　　C. 我们的武器，一部分是自己造的，一部分是敌人造的。

　　D. 国无论大小，都各有长处和短处。

83. 下列复句中的因果复句有（　　）

　　A. 你买这本书吧——这本比那一本好。

　　B. 他们说得很快，听不清说些什么。

　　C. 我又仔细地看他的脸——瘦。

　　D. 我们不愿恣情地悲痛，这还不是我们恣情悲痛的时候。

84. 下列词语，表示条件关系的关联词语是（　　）

　　A. 尽管a，还是b　　　　　　B. 不管a，还是b

　　C. 除非a，才b　　　　　　　D. a，只是b

（五）实践题

1. 指出下列各词的词性。

　　宁愿（　　）　　连忙（　　）　　难免（　　）　　乃至（　　）

　　能够（　　）　　从此（　　）　　从而（　　）　　大型（　　）

　　不料（　　）　　不止（　　）　　除了（　　）　　如此（　　）

　　长于（　　）　　交互（　　）　　跟前（　　）　　据说（　　）

　　后头（　　）　　刚才（　　）　　好多（　　）　　吗（　　）

　　然后（　　）　　而已（　　）　　着呢（　　）　　禁得住（　　）

　　以及（　　）　　以来（　　）　　以为（　　）　　以至于（　　）

　　云云（　　）　　愿意（　　）　　人次（　　）　　巴不得（　　）

　　尚且（　　）　　似的（　　）　　哗啦（　　）　　突然间（　　）

情绪（　　）　　场所（　　）　　是否（　　）　　实际上（　　）

2. 指出下列加点词的词性。

① 泪水模糊了我们的双眼　　　　视力模糊

② 今天的会还是由他主持　　　　是提高重要，还是普及重要

③ 繁荣市场　　　　　　　　　　一派繁荣的景象

④ 天气实在热　　　　　　　　　这人不实在

⑤ 以防万一　　　　　　　　　　万一下雨呢

⑥ 污水顺街流　　　　　　　　　今年干啥啥顺

⑦ 钱包让人偷了　　　　　　　　我让他别去，他非要去

⑧ 五官端正　　　　　　　　　　端正态度

⑨ 被人算计　　　　　　　　　　小王的钱包被偷了

⑩ 长期存款　　　　　　　　　　长期聘用

⑪ 她好像有点儿不舒服似的　　　运动员们好像离弦的箭一样

⑫ 两个孩子年纪相仿佛　　　　　他仿佛着了魔

⑬ 这事怪不得他　　　　　　　　怪不得他要走，原来……

⑭ 路特别滑　　　　　　　　　　特别行政区

⑮ 把事情的经过告诉他　　　　　经过整顿，工作步入正轨

⑯ 由于情报泄露，阻击失败　　　由于工作关系，我在北京逗留了两天

⑰ 只有老王会这手艺　　　　　　只有老王去，才能修好

⑱ 努力工作　　　　　　　　　　大家再努一把力

⑲ 我们不要在一起　　　　　　　我与她一起复习功课

⑳ 永远不后退　　　　　　　　　坚持到永远

㉑ 反复思考　　　　　　　　　　决不反复

㉒ 连小狗都不喜欢他　　　　　　山连着山

3. 用"｜"号切分下面句子中的词，并注明词性。

① 我特别喜欢素净而明朗的花色。

② 当我回来的时候，他已经睡着了。

③ 凡是跟他一起工作过的人，都称赞他良好的工作作风。

④ 尽管我们花了很大力气，但仍然没有收到预期的效果。

4. 用层次分析法分析下列短语。

① 又留我吃晚饭

② 幸而写得一笔好字

③ 闭着眼睛躺在床上

④ 飞也似的赶了过来

⑤ 已经累得动弹不得

⑥ 大家责备他不守信用

⑦ 扯住我的衣服不放手

⑧ 去图书馆借了两本书

⑨ 分配你去五号操作台

⑩ 达坂城的姑娘辫子长

⑪ 爱买西红柿当水果吃

⑫ 看见她的孩子很高兴

⑬ 对不及格同学的意见

⑭ 那声音轻得跟心跳似的

⑮ 我所知道的他们也知道

⑯ 这鱼一块钱一斤很值得

⑰ 卖给隔壁老张家一张床

⑱ 这种花儿我叫不出名字

⑲ 害得我们全家不得安宁

⑳ 给学校这块空地作操场

㉑ 今晚你还去图书馆自习不

㉒ 一动也不动地在檐下站着

㉓ 刚才他打电话叫了一辆车

㉔ 我恨我自己没把事情办好

㉕ 路边有个可以躲雨的草棚

㉖ 把石头从山坡儿上推下来

㉗ 一个位子两个人让来让去

㉘ 昨天祥子牵回来一头骆驼

㉙ 也可以品尝到最地道的美食

㉚ 结构相同或相似的一组句子

㉛ 已经叫他找来了一份新地图

㉜ 不能把责任都往别人身上推

㉝ 汉武帝派张骞出使西域的目的

㉞ 一条很长的驼色的羊绒围巾

㉟ 感受到重庆人民的热情与豪放

㊱ 告诉我们一段惊心动魄的故事

㊲ 赶快广播通知全县明晨有霜冻

㊳ 住房问题交给行政部门去解决

㊴ 整个七区都归这个管理所管辖

㊵ 我的老师沈从文先生的好朋友

5. 用加线法分析下列句子的句法成分。

① 请您再说一遍。

② 沈先生腰板挺得笔直。

③ 我夏秋两季看守庄稼。

④ 和他同来的还有两个人。

⑤ 春天的百花送来了浓香。

⑥ 沈先生额头上汗水渗了出来。

⑦ 女人们在场里院里编着席。

⑧ 我要把城里米行陈老板的女儿娶过来。

⑨ 一个农夫在冬天看见一条蛇冻僵着。

⑩ 我们不能不感谢那些地质勘探队。

⑪ 无数革命先烈为了人民的利益牺牲了他们的生命。

⑫ 你听听群众的意见好不好？

⑬ 能否更上一层楼，主要是看我们努力的程度怎么样。

⑭ 多么平静的一片原野！

⑮ 世界上哪有不包含矛盾的事物！

⑯ 让我们对土地倾注更强烈的感情吧！

⑰ 多美啊，黄山的风景！

⑱ 歌唱吧，为迎接这辉煌的胜利！

⑲ 张老师介绍小王入了党。

⑳ 团长把桌上的蜡烛移到正注视着军用地图的师长面前去。

㉑ 这些谬论都已经被我国各项建设事业的胜利驳斥得体无完肤。

㉒ 我们必须鼓励青年工人利用一切现有的条件提高自己的技术水平。

㉓ 孩子们给在地里劳动的父母送开水、红薯和煎饼。

㉔ 您想在您身后留下什么样的名誉？

㉕ 我国古代的三大发明——火药、印刷术、指南针对世界历史的发展有伟大贡献。

㉖ "团结－批评－团结"，是解决人民内部矛盾的正确方针。

㉗ 她瘦得脸上的骨头都突了出来。

㉘ 我像个哨兵一样在那棵树下守着他。

㉙ 这个定律是两千多年以前希腊学者阿基米德发现的。

㉚ "北京－广州"特别快车就要开车了。

㉛《沁园春•雪》写于 1936 年 2 月。

㉜《鸿门宴》节选自《史记•项羽本纪》。

㉝ 语境一般分为语言语境和情景语境两种。

㉞ 修辞同语法的关系更为密切。

㉟ 讲究修辞要以合乎语法为基础。

㊱ 这套丛书寄托了我们最深沉的喜怒哀乐。

㊲ 三峡筑坝、恐龙出土、熊猫保护，这些消息，都让我们忍不住关切、震撼、焦急！

㊳ 我前天亲眼见你偷了何家的书。

㊴ 金刚山的美景，被朝鲜人民引为自豪。

㊵ 忽而一个被绑在树上的土匪给一个头扎白绳的连砍三刀。

㊶ 在这里，你可以品尝到最正宗的泰山味道。

㊷ 这些表演让游客们充分感受到了重庆人民的热情与好客。

㊸ 如今的十八梯吸引着越来越多的游客前来参观。

㊹ 盛大的庙会活动，吸引了大量的游客和当地居民前来参与。

㊺ 有几个学生在操场上练单杠。

㊻ 没有哪个姑娘会愿意选个懒汉当老公。

㊼ 我娘站在茅屋门口弯着腰使劲喊我。

㊽ 那次他给凤霞带来一根扎头发的红绸。

㊾ 我丈人怕是连门槛都不让我跨进去。

㊿ 总算能让你们吃上一顿好的了。

6. 辨别单复句。单句用加线条法划出句法成分，复句用竖线划出层次并标明关系。

① 通宝，你今年还是自家做丝？

② 这件事应该不应该谈，他完全知道。

③ 一位到广州旅游的美籍华人，被广州交通运输职工医院的青年外科医生治好了多年的疾患。

④ 应当清醒地看到，当前在各个方面我们都还存在不少需要花很大力气才能解决的问题。

⑤ 日本朋友告诉我，樱花一共有三百多种，最多的是山樱、吉野樱和八重樱。

⑥ 在非汉语使用汉字的国家中，汉字实际上发挥了一种超语言的作用。

⑦ 出来吧，你们！

⑧ 这个孩子的嘴多巧，你听。

⑨ 在列宁诞生后的第二年，即 1871 年，出现了英勇的巴黎公社起义。

⑩ 科技的发展，经济的振兴，乃至整个社会的进步，都取决于劳动者素质的提高，大量合格人才的培养。

⑪ 在螳螂世界里，有一种奇特的现象是："结婚"就意味着雄螳螂走向自己的坟墓。

⑫ 原来鲁镇是僻静地方，还有些古风：不上一更，大家便都关门睡觉。

⑬ 周工程师召集各车间的主任开会，讨论如何完成本月生产任务的问题。

⑭ 当学术委员会宣布张一同志获得博士学位时，大厅里响起了热烈的

掌声。

⑮ 参加国庆献礼的优秀影片《风暴》《青春之歌》《林则徐》等，也将在各大城市放映；

⑯ 张老教导他的学生："一定要采取实事求是的态度，'知之为知之，不知为不知'，不要强不知以为知。"

⑰ 为了要显显他的本领，在平道上，他把牲口赶得飞也似的跑。

⑱ 1919 年的五四运动，第一次以彻底的不妥协的精神，亮出了"科学"和"民主"的旗帜。

⑲ 这里选的一段是写杨志替北京大名府留守、蔡京的女婿梁世杰押送生辰纲往东京，在途中被晁盖、吴用等夺取的经过。

⑳ 灯光，不管是哪个人家的灯光，都可以给行人 —— 甚至像我这样的一个异乡人 —— 指路。

㉑ 细细的秋雨 —— 大约是今年的最后一场了吧 —— 在窗外静静地飘洒着。

㉒ 小坪下面有几块菜地，豆角蔓、苦瓜藤和紫苏叶子都非常茂密。

㉓ 老张的屋里，书籍、衣服、杯盘碗碟都放得井井有条。

㉔ 现在的孩子不会了解 19 世纪俄罗斯小说家契诃夫的沉痛的话："我小时候就没有童年。"

㉕ 什么地方什么条件下可以种植什么样的药材，老农了如指掌。

㉖ 自己家里的炉子用多少煤，你从来不管。

㉗ 看，家乡一幢幢美丽的瓦房，一片片葱翠的农田，一条条笔直的渠道：真是翻天覆地的变化。

㉘ 通常情况下，总是把修辞理解为对语言的修饰和调整，即对语言进行综合的艺术加工。

㉙ 只晓得每年芦花飘飞苇叶黄的时候，全淀的芦苇收割，垛起垛来，在白洋淀周围的广场上，就成了一条苇子的长城。

㉚ 好席子，白洋淀席！

㉛ 修辞最佳效果的产生，得力于对语言近义形式的严格选择和在比较中作出的精心调整。

㉜ 有人以为学习修辞是咬文嚼字，单纯追求华丽的辞藻，这种看法是不对的。

㉝ 词语的感情色彩是指词语反映客观事物时，或表达者选用词语时表现出来的不同态度与感情。

㉞ 做诗行文有时讲求着色，即为了修辞的需要着意突出颜色效应。

㉟ 优美的语言韵律，能给人以美感。

㊱ 井冈山五百里林海里，最使人难忘的是毛竹。

㊲ 一个夏天的早晨，在北京一个绿树成荫的宾馆里，服务员们高高兴兴地往大楼上挂起一幅鲜红的写着"热烈欢迎劳模大会的代表！"的标语。

㊳ 干部下基层是实行从群众中来又到群众中去，把领导的经验和群众的智慧结合起来，调动群众的积极性和创造性，使干部增长知识才干，因而使领导工作严格地做到实事求是和从实际出发的最好的方法和制度。

㊴ 古往今来，没有一场真正的革命，不是大大推动社会生产力发展的。

㊵ 生活可不像你做衣服，做一件不合适，扔掉再重做。

7. 分析下列复句，标出层次和关系。

① 语言文字的学习，就理解方面说，是得到一种知识；就运用方面说，是养成一种习惯。

② 对于我来说，生命的意义在于设身处地替人着想，忧他人之忧，乐他人之乐。

③ 启明星把黑暗送走，却从不与朝霞争辉；红梅花把寒冬送去，却从不与百花争春。

④ 挑专业就是挑兴趣，专业再热，学科再强，你不喜欢，没有意义。

⑤ 他到处收集有关资料，对收集到的资料进行认真的分析，不拘泥于前人的说法，终于有了新的发现。

⑥ 但在社会里，仓颉也不止一个，有的在刀柄上刻一点图画，有的在门户上画一些画，心心相印，口口相传，文字就多起来……

⑦ 鲁镇的酒店的格局，是和别处不同的：都是当街一个曲尺形的大柜台，柜里面预备着热水，可以随时温酒。

⑧ 我们用语言交流思想、传达信息，不仅要表达得准确无误、清楚明

白，还应该力求生动形象、妥帖鲜明、连贯得体、新颖独特，尽可能给人以深刻的印象和语言的美感。

⑨ 血糖仪检测的是毛细血管内的全血血糖浓度，而医院静脉采血检测的是静脉血浆或血清血糖浓度，虽然都是葡萄糖，但是所处的血液环境不同，自然结果也会不同；并且血糖仪采用的检测化学、电路方法与医院大生化仪检测的完全不同，所以两者的结果也会存在差异。

⑩ 特定的内容和语境决定了最佳表达形式只有一种，表达者必须有效地通过修辞活动，觅求到这唯一的语言形式，才能产生所追求的最佳表达效果。

⑪ 亲人之间的沟通，很多时候讲的不是效率，而是细节的交换和往来，哪怕只是琐碎地说些废话，也能让人觉得幸福。

⑫ 话语说得或写得合乎语法，才有调整加工的可能，合乎语法是讲究修辞的先决条件。

⑬ 要经常从生活的无穷源泉中汲取营养，不断丰富和提高使用词语的技巧，否则就只能重复或简单地套用前人的语言，使作品失去表现力，也就很难推陈出新。

⑭ 有些散文是当诗来写的，为了加强表达效果，也很讲究押韵，虽然间隔长了些，也不那么严整，但仍然让人感到韵律的回环美，给人以艺术享受。

⑮ 音节匀称、整齐，就有节奏感，如果再安排好韵脚，就会和谐悦耳，朗朗上口。

⑯ 把刚下网的新鲜蟹放锅里一蒸，清汤白脑儿，紫盖红螯，剁下姜，浇上醋，叫它姜汁蟹，实在是一盘下酒的佳肴。

⑰ 他身材不高，可是红光满面，胸挺腰圆，穿着一条旧黄马裤，泥污的黑马靴，配上一件散领淡青衬衣，活像一个修理汽车的工人。

⑱ 词内有专门表示语法意义的附加成分，一个附加成分表达一种语法意义，一种语法意义也基本上由一个附加成分来表达；词根或词干跟附加成分的结合不紧密，这是黏着型语言的特点。

⑲ 你永远那么青翠，永远那么挺拔，风吹雨打从不改色，刀砍火烧

从不低头，这正是英雄的井冈山人，也是亿万中国人民的革命气节和革命精神。

⑳ 在研究矛盾特殊性的问题中，如果不研究过程中主要的矛盾和非主要的矛盾以及矛盾之主要的方面和非主要的方面这两种情形，也就是说不研究这两种矛盾情况的差别性，那就将陷入抽象的研究，不能具体地懂得矛盾的情况，因而也就不能找出解决矛盾的正确的方法。

（六）概念解释题

1. 语法　2. 词法　3. 句法　4. 实词　5. 虚词　▲6. 词的形态　7. 语法形式　8. 语法意义　9. 方位词　▲10. 处所名词　11. 区别词　12. 状态形容词　13. 判断词　14. 趋向动词　15. 概数数词　16. 能愿动词　▲17. 形式动词　18. 谓宾动词　▲19. 黏宾动词　▲20. 名动词　21. 复合量词　22. 程度副词　23. 关联副词　24. 虚指　25. 介词　26. 连词　27. 尝试助词　28. 时间助词　29. 概数助词　30. 主语　31. 谓语　32. 宾语　33. 补语　34. 定语　35. 状语　36. 独立语　37. 短语　38. 量词短语　39. 介词短语　40. "所"字短语　41. 比况短语　42. 双宾语　43. 连谓短语　44. 兼语句　45. "把"字句　46. "被"字句　47. 主谓谓语句　48. 非主谓句　49. 变式句　50. 祈使句　▲51. 句子形式　52. 复句　53. 句群　54. 点号　55. 标号

（七）问答题

1. 举例说明什么是词的语法功能。

2. 举例说明现代汉语中词的形态有哪些。

3. 名词和谓词的主要区别是什么？

4. 分析动词和形容词语法功能的异同点。

5. 举例说明形容词和区别词的区别。

6. 举例说明词的兼类与同形同音词的区别。

7. 举例说明词的兼类与词类活用的区别。

8. 举例说明能愿动词的语法特征。

9. 简要说明区别词的语法特征。

10. 举例说明连词"和"与介词"和"的区别。

11. 将下列各词分成名词和副词两组，并简要说明区分依据。

早已 当前 目前 现在 正在 向来 一向 当初

12. 将下列各词分成副词和形容词两组,并简要说明区分依据。

亲自 亲切 坚决 几乎 不妨

迟钝 直观 屡次 依然 坦然

13. 用层次分析法切分短语应掌握什么原则?试举例说明。

14. 如何区别动宾短语与中补短语?

15. 举例说明语序和虚词在短语组成中的重要作用。

16. 短语的多义性主要取决于哪几个方面?试举例说明。

17. 举例说明短语的语法功能。

18. 短语的功能类与结构类之间有何对应关系?

19. 如何区别连谓句与兼语句?

20. 以"我请他参加""我希望他参加"两句为例,说明兼语句与主谓短语作宾句的区别。

21. 简述"把"字句的特点。

22. 简述"被"字句的特点。

23. 什么叫谓词主语句?什么叫主谓主语句?请各举几例说明。

24. 举例说明主语的意义类型。

25. 举例说明宾语的意义类型。

26. 举例说明补语和宾语的主要排列顺序。

27. 从大主语和小主语之间的关系来看,主谓谓语句可分为哪几种主要类型?试举例说明。

28. 存现句的构成对动词有何要求?

29. 举例说明非主谓句与主语省略句的区别。

30. 简述四种疑问句在基本结构及答语上的区别。

31. 简述短语和句子的主要区别。

32. 以"他休息了三天"和"他浪费了三天"两句为例,说明表时段的量词短语作补语和作宾语的区别。

33. 举例说明什么性质的动词可以构成双宾句。

34. 举例说明双宾句与同位短语作宾语的句子的区别。

35. 哪些因素不影响句型的确定？

36. 举例说明条件关系复句的分类。

37. "既然A，那么B"与"如果A，就B"是表示相同关系的关联词语吗？试举例分析。

38. 以下句为例，说明多重复句的分析步骤。

我赞美白杨树，就因为它不但象征了北方的农民，尤其象征了今天我们民族解放斗争中所不可缺少的质朴，坚强，以及力求上进的精神。

39. 结合以下句子分析同位短语作宾句与解说复句的区别。

①人们都有这么一种体验：碰到热闹和奇特的场面，心里面就像被一根鹅羽撩拨着似的，总想把自己所看到和感受的一切形容出来。

②鲁镇的酒店的格局，是和别处不同的：都是当街一个曲尺形的大柜台，柜里面预备着热水，可以随时温酒。

40. 以"除非在特殊条件下，才可以改变咱们的计划"为例，说明是否出现关联词语的句子都是复句。

41. 举例说明复句的性质。

42. 什么是紧缩复句？举例说明紧缩复句与连谓句的区别。

43. 什么是句群？句群和复句有什么区别？

44. 简述"句群"和"自然段"的区别。

扫描书后二维码可获得以上练习题答案。

附录一

几种常见教材词类划分比较表

教材及版本	实词	虚词	其他
黄廖本	名词、动词、形容词、区别词、数词、量词、副词、代词、拟声词、叹词	介词、连词、助词、语气词	
邵敬敏本	名词、动词、形容词、数词、量词、代词、区别词、副词、叹词、拟声词	介词、连词、助词、语气词	
胡裕树本	名词、动词、形容词、数词、量词、副词、代词	连词、介词、助词、语气词、叹词、象声词	
邢福义（卫电）本 1986	名词、动词、形容词、数词、量词、代词	副词、介词、连词、助词、叹词、拟声词	
邢福义精品课程本 2015	名词、动词、形容词、数词、量词、副词、代词、拟音词（叹词、象声词）	介词、连词、助词	
北大增订本（商务印书馆）2012	名词、动词、形容词、状态词、区别词、数词、量词、代词	副词、介词、连词、助词、语气词	叹词、拟声词
张斌新编本	体词：名词、数词、量词 谓词：动词、形容词 加词：区别词、副词 代词	关系词：连词、介词 辅助词：助词、语气词	拟音词：象声词、叹词
齐沪扬本	体词：名词、数词、量词 谓词：动词、形容词 加词：区别词、副词 代词	关系词：连词、介词 辅助词：助词、语气词	叹词、拟声词
兰宾汉、邢向东本	体词：名词、数词、量词 谓词：动词、形容词 加词：区别词、副词 代词 拟音词：象声词、叹词	关系词：连词、介词 辅助词：助词、语气词	

附录二
文章的句法成分分析

　　【说明】此稿经黄伯荣、高更生、刘小楠先生审定。文中出现的冒号（：）一律暂且看作句末标点，冒号后面的片段另行分析。"∶"前后表示紧缩关系。

　　唐朝 ‖ 有 (个)诗人 叫 贾岛。[一天]，贾岛 ‖ 骑着 驴子，[在大街上][一边][慢悠悠]地走着，[一边]酝酿着诗句。[突然]，他 ‖ 想<到>(两句)(好)诗："鸟 ‖ 宿 (池边)树，僧 ‖ 敲 (月下)门。"(这)(通俗易懂)的(两句)诗，‖ 描绘了(这样)(一幅)场景：[在一个万籁俱寂的夜晚]，(一轮)明月 ‖ [高]挂，(如水)的月光 ‖ 洒<在>山前山后。[这时]，有 (个)和尚[深夜]回寺，绕<过>河塘，穿<过>垂柳，踏<上>(寺院)的台阶，[对着寺门]["笃——笃——笃——"]地[连]敲<几下>。(清脆)的声音，‖ 打<破>了(静谧)的夜空，鸟儿 ‖ [吃惊]地睁<开>眼睛……贾岛 ‖ 觉得 某些词还可以修改，想 把"敲"改成"推"。于是[便][在驴背上][一边]吟哦，[一边]伸<出>手 做 (推门和敲门)的姿势。

　　[正在这时]，代理京城长官、大文学家韩愈 ‖ [在仪仗队簇拥下]，路过大街。贾岛 ‖ [在驴背上]，思考<入神>，[一个劲儿][不停]地做 (推推敲敲)的动作，[竟然]碰撞了(韩愈)的仪仗队。

　　"干 什么？"贾岛 ‖ [只]听<得>对面有人猛喝一声，[刚]抬 头，[还][没]弄<清>是怎么回事，[就][被人][一把]拉<下>(驴)背，[推推搡搡] 带<到>(韩愈)马前。贾岛 ‖ 定 神[一]看，知道 闯了(大)祸，心头 ‖ [顿时][扑通扑通][直]跳。没有 (其他)办法，他 ‖ [只得][把事情经过][直]说，[最后]请求 韩愈 开恩 饶了他。

　　然而事情 ‖ [大大]出乎 贾岛意料之外。韩愈 ‖ 不仅[没有]处罚 他，反而[对他的诗句][很]感 兴趣。他 ‖ [当即][跟贾岛]研究<起>(诗句的修改)办法<来>了。韩愈 ‖ 思索了<一会儿>，说："用'敲'字 ‖ 好。"[随后]，他们 ‖ [并辔]而行，[一同]议论 (写诗)的事。

　　[从此]，贾岛和韩愈 ‖ 成了(文学上)的挚友，"推敲"两字，‖ [也]成了(表示反复修改、字斟句酌)的(一个)词，(这个)故事 ‖ [也]成为 (文学史上)的(一则)佳话。(《反复推敲》)

第六章 修　辞

一 ╬ 知识要点

1. 什么是修辞？修辞原本是修饰言辞的意思，后来逐渐衍生出三种含义：一是指客观存在的修辞现象，二是指修辞知识或修辞学，三是指依据特定题旨情境运用有效的语言手段来达到某种表达效果的活动。

修辞与文字一样，它不属于语言的基本要素。

2. 修辞的原则：(1) 得体原则；(2) 美辞原则；(3) 价值原则。

3. 修辞的要求：(1) 贴切；(2) 简明；(3) 生动。

4. 修辞和语境的关系。

▲5. 修辞学与语用学的关系。

6. 词语的锤炼。词语的锤炼既要遵守既有的规范，也要讲究创新。一般从意义和声音两方面入手。

7. 句式。什么是句式？句式通常指的是句子的结构方式。

修辞学给句式的分类：常式句和变式句（省略句、倒装句）、长句和短句、主动句和被动句、肯定句和否定句、整句和散句、口语句和书面语句等。

8. 句式的选用原则：(1) 根据表达的目的和表达的内容；(2) 根据句式自身的修辞功能；(3) 根据语境，尤其是上下文语境。

表示相同或相近的意义而在风格色彩、修辞功能、表达效果方面存在细微差别的一些句式，称作同义句式。善于选择调整句式，可以有效地增添文采，增强语言的表现力，收到理想的修辞效果。

长句和短句的变换。双重否定句的作用。

9. 比喻。

比喻就是打比方，是用本质不同又有相似点的事物来描绘事物或说明道理的辞格，也叫"譬喻"。

比喻的构成要素：本体、喻体、喻词。比喻的三种类型：明喻、暗喻、借喻。运用比喻需要注意的问题。

10. 比拟。

根据想象把物当作人写或把人当作物写，或把甲物当作乙物来写，这种辞格叫比拟。被比拟的事物称为"本体"，用来比拟的事物称为"拟体"。

比拟可分为拟人和拟物两种。"把甲物当作乙物来写"属于"拟物"的一个小类。

运用比拟需要注意的问题。

比拟与比喻的区别。

11. 借代。

不直说某人或某事物的名称，借同它密切相关的名称去代替，这种辞格叫借代，也叫"换名"。被代替的事物称为"本体"，用来代替的事物叫作"借体"。

借代重在事物的相关性。主要类型有：特征、标志代本体，专名代泛称，具体代抽象，部分代整体，结果代原因等。

借代与借喻的区别。

12. 拈连。

利用上下文的联系，把用于甲事物的词语巧妙地用于乙事物，这种辞格叫拈连，又叫"顺拈"。

拈连可分为全式拈连和略式拈连两类。

13. 夸张。

故意言过其实，对客观的人、事物作扩大或缩小或超前的描述，这种辞格叫夸张。

夸张可分为扩大、缩小、超前三类。

14. 双关。

利用语音或语义条件，有意使语句同时关顾表面和内里两种意思，言在此而意在彼，这种辞格叫双关。

双关的基本类型：双关可分为谐音双关和语义双关两类。

语义双关和借喻的区别。

15. 仿词。

根据表达的需要，更换现成词语中的某个语素，临时仿造出新的词语，这种辞格叫仿词。仿词是仿拟形式之一。仿拟也叫"仿化"，还包括仿句和仿篇。

仿词是在现有词语基础上进行仿造，要通过更换现成词语的部分语素来完成仿拟，因此仿词和被仿的词往往同时出现。

仿词的基本类型：仿词可分为音仿和义仿两类。

16. 反语。

故意使用与本来意思相反的词语或句子来表达本意，这种辞格叫反语，也叫"倒反"或"反话"。

反语的特点是：词语表里不一，但并不影响正面理解，因为词语的反义在表里之间起作用。

反语的基本类型：反语可分为以正当反和以反当正两类。

17. 婉曲。

有意不直接说明某事物，而是借用一些与某事物相应的同义语句婉转曲折地表达出来，这种辞格叫婉曲，也叫"婉转"。

婉曲的特点是："意在言外，使人思而得之。"（司马光语）婉曲可使读者在品味中体察所表达的本意，使认识深化，感受强烈。婉曲有时平和动听，使人乐于接受；有时曲折婉转，容易感染对方。

婉曲的基本类型：婉曲可分为婉言和曲语两类。

18. 对偶。

结构相同或基本相同、字数相等、意义上密切相连的两个短语或句子，对称地排列，这种辞格叫对偶。

对偶有鲜明的民族特点。

对偶的基本类型：对偶可大致分为正对、反对、串对三类。

19. 排比。

把三个或三个以上的结构相同或相似、语气一致、意思密切关联的句子或句子成分排列起来，使内容和语势增强，这种辞格叫排比。

排比的基本类型：排比可分为句子排比和句法成分排比两类。

运用排比要注意的问题。

20. 层递。

根据事物的逻辑关系，连用结构相似、内容递升或递降的语句，表达层层递进的事理，这种辞格叫层递。

层递的基本类型：层递分为递升和递降两类。

层递和排比有明显的区别。

21. 顶真。

用上一句结尾的词语做下一句的起头，使前后的句子头尾蝉联，上递下接，这种辞格叫顶真，也叫"联珠"。

顶真的修辞作用。

22. 回环。

把前后语句组织成穿梭一样的循环往复的形式，用以表达不同事物间的有机联系，这种辞格叫回环。回环可使语句整齐匀称，能揭示事物的辩证关系，使语意精辟警策。

回环和顶真的区别。

23. 对比。

对比是把两种不同事物或者同一事物相反或相对的两个方面放在一起相互比较的一种辞格，也叫"对照"。对比可以使客观存在的对立统一关系表达得更集中、更加鲜明突出。

对比的基本类型：对比可以分成两体对比和一体两面对比两类。

24. 映衬。

为了突出主体事物，用类似的或相反或相异的事物作陪衬的辞格叫映衬，也叫"衬托"。

映衬的基本类型：映衬可分为正衬和反衬两类。

25. 反复。

为了突出某个意思、强调某种感情，特意重复某个词语或句子，这种辞格叫反复。

反复的基本类型：反复可分为连续反复和间隔反复两类。

间隔反复与排比的区别与联系。

26. 设问。

无疑而问，自问自答，以引导读者注意和思考问题，这种辞格叫设问。设问也就是明知故问。

27. 反问也是无疑而问，明知故问，又叫"激问"。但它只问不答，把要表达的确定意思包含在问句里。

28. 辞格的综合运用。

辞格的综合运用的基本类型：(1) 连用；(2) 兼用；(3) 套用。

29. 修辞中常出现的问题：

(1) 韵律配合不协调：音节不匀称，平仄不相间，押韵不和谐。

(2) 词语选用不精当：词语表意不确切，词语的感情色彩不相宜，词语的语体色彩不相称。

(3) 句子表意不畅达：句式选择不恰当，句子不简练，句子表达不连贯。

(4) 辞格运用不恰当。

30. 语体。

什么是语体？语体是为了适应不同的交际需要和表达功能而形成的语言表达体式。

语体属于语言的风格类型，间接体现了修辞要求和修辞规律。

语体的基本类型：根据交际目的不同，语体可分为公文语体、科技语体、政论语体、文艺语体。

各类语体的特点和适用文体。

二 必会技能

1. 从理论上大体掌握修辞的规律。掌握所用词语的准确含义，尤其是感情色彩。熟悉各种句式的特点和修辞作用。

2. 掌握各种修辞格的特点，能够辨别出相近修辞格。

3. 会修改表达不恰当的修辞错误。

4. 掌握各类语体的特点。

5. 会按照题目要求（一般是指定辞格）作文（写一段话）。

三　复习提示

本章主要包含"词语、句式的选用""辞格""语体"三大块。按陈望道《修辞学发凡》的观点,"词语、句式的选用"属于"消极修辞",运用"辞格"属于"积极修辞"。消极修辞使用更广,但考试的重点往往在积极修辞上。所以掌握各种修辞格的特点和辨析相近辞格是我们复习考试的重点。

"比喻、借代、夸张、对偶、设问、反问、反语"这些辞格,我们上小学时就接触过。但要让我们给这些辞格下一个准确的定义,还是有一定难度的,所以,应当会对这些常用辞格进行概念解释。

从各家历年考试的情况来看,"拈连、仿词"这两种辞格在考卷中出现的次数最多,希望引起考生的重视。

对于考研,尤其是考修辞方向的同学,教材的内容还显单薄,应该读一两本修辞学专著,如《修辞学发凡》等。为了帮助没有时间读专著的同学,我们在网络资源中还补充了一些辞格,供考研的同学参考。

四　重点难点讲析

1. "修辞"一词的多义性

"修辞"一词有三个含义:第一,指运用语言的方法、技巧和规律,例如"《〈红楼梦〉修辞艺术研究》";第二,指说话和写作中积极调整语言的行为,即修辞活动,例如"写文章、做演说都要注意修辞问题";第三,指以加强表达效果的方法、规律为研究对象的修辞学或修辞著作,例如"新闻工作者,要找一些语法、修辞、逻辑的书来读一读"。除第二项为动词义外,第一、三两项均为名词义。

通常情况下,总是把修辞理解为对语言的修饰和调整,即对语言进行综合的艺术加工。在内容和语境确定的情况下,修辞总是着力探讨下列三个问题,即选用什么样的语言材料,采取什么样的修辞方式,追求什么样的表达效果。

2. 什么是语境?它与修辞活动有什么关系?

语境就是语言单位出现时的环境。语境一般分为语言语境(又叫上下文语境）和情景语境（又叫社会现实语境）。

语言语境是纯语言方面的，情景语境虽与语言相关，但不属于语言。

构成情景语境的因素有两方面：一是主观语境因素，包括交际双方的身份、职业、修养、处境、心情等自身因素，它直接制约着个人的语言特色和语言风格；二是客观语境因素，它指在语言运用过程中的时间、地点、场合、话题、情景等因素。主、客观因素都直接有力地给言语活动以语境上的制约，从而形成修辞上的语境意义。

修辞活动离不开语境。同一思想内容可有各式各样的表达方式，可以选用不同的词语或句子来表达，采用哪种表达方式、什么样的语句最好，往往受制于特定的语言环境。表达效果的好坏，不完全在于语句本身。语料的选择、表达方式的确定无不受制于语境。同样一句话，出现在不同的场合、说给不同的人听，所起的效果往往相差很大甚至相反。所以，语境既是进行言语活动的场所，也是检验修辞效果的依据。

3. 如何从词语锤炼的角度分析文字的修辞效果？

词语的锤炼一般从意义和声音两方面入手。意义的锤炼要注意：（1）观察事物的角度要适宜；（2）用词要准确、妥帖；（3）词语之间要配合得当，前后呼应，整体和谐；（4）感情色彩、语体色彩、形象色彩都要鲜明。声音的锤炼要注意：（1）音节整齐匀称；（2）声调平仄相间；（3）韵脚和谐；（4）叠音自然；（5）双声叠韵配合得当。

抓住表现力强的典型词语，从以上九个方面（但不限于这九个方面）来分析。

下面我们结合本章教材"思考和练习二"中的两段话具体谈谈修辞效果。

① 金刚山的美景，被朝鲜人民引为自豪。

她位于朝鲜中部东海岸太白山脉的北部地区，绚丽多姿，四季有不同的雅名。春天万紫千红，叫金刚山；夏天飞泉腾空，浓荫蔽日，又名蓬莱山；秋天漫山红叶，层林尽染，外号枫岳山；冬天白雪皑皑，银装素裹，人称皆骨山。

"绚丽多姿"一语十分准确地概括了对金刚山美好景色的总印象。"绚丽"言其美，"多姿"言其变化，只此一语便包括了下文的许多描写。"万紫千红,飞泉腾空,浓荫蔽日,漫山红叶,层林尽染,白雪皑皑,银装素裹"等四字格词语描绘了金刚山四季景物的变化,音节整齐匀称,声调抑扬起伏,富于音乐美。又"飞、腾、蔽、染、装、裹"等动词使静止的景物鲜明而生动,随季节变化而更替的山名,更使人感到金刚山的四时之美。

　　② 这里的水,多、清、静、柔。在园里信步,但见这里一泓深潭,那里一条小渠。桥下有河,亭中有井,路边有溪。石间细流脉脉,如线如缕;林中碧波闪闪,如锦如缎。这些水都来自难老泉。泉上有亭,亭上挂着清代著名学者傅山写的"难老"两个字。这么多的水长流不息,日日夜夜发出叮叮咚咚的响声。

首句用了"多、清、静、柔"四个单音节形容词,简洁干脆,描写贴切,有容量。作为总写部分,很有概括力和形象感。次句对偶十分自然,"深潭""小渠"点出到处是深水浅流。第三句的"有河""有井""有溪"除了同前一句尽写这里水多之外,还暗含无水不成景之意。接下来的对偶句又含蓄地写出了这里的水给人的感官之美:清亮、平静、柔和。水之源头就是难老泉。这段文字用词准确形象,朴素自然,透出一股清新之气。单音节词用得平实稳妥,其文多有整句的修辞效果。①

4. 带有"像、好像、如同"一类词的句子,有的是明喻,有的不是。应该如何区别?

为了便于说明问题,我们先看以下几个例子:

　　① 她的歌声像清泉流淌,滋润了我干涸的心灵。

　　② 她长得像妈妈,不太像爸爸。

　　③ 秋天的落叶,如同一只只美丽的蝴蝶在翩翩起舞。

　　④ 我一定会更爱您,如同您爱我们每个人一样。

第①③例都是明喻,把"歌声"比作"清泉",把"落叶"比作"蝴蝶"。"像、如同"前后的事物本质是不同的,但又有突出的相似点。

第②④例虽也有"像、如同"这类词,但它们前后的词语并不表示不同本质的事物,所以不是明喻。又如"他像他哥哥一样高"也不是明喻,而是

---

① 本章与课后练习题结合的部分参考了黄廖本《现代汉语教学与自学参考》里的答案。

比较。"我好像在哪儿见过她"中的"好像"不是动词,是副词,表示不十分准确的判断或感觉。

5. 借喻和借代有什么不同?

借喻与借代有相近的地方,它们都是本体不出现而用其他的词语指代本体。但它们毕竟是不同的辞格,其区别也是明显的。为了便于说明问题,我们先看下面的例子:

①我就知道,我们之间已经隔了一层可悲的厚障壁了。(鲁迅《故乡》)

②等到惊蛰——犁土的春播时节,十家已有八户亮了囤底,揭不开锅了。(刘绍棠《榆钱饭》)

以上例①是借喻,例②是借代。它们的区别如下:

第一,借喻侧重表达本体和喻体之间的相似性,借代则侧重说明本体和借体之间的相关性。换言之,借喻的构成基础是相似性,借代的构成基础是相关性。如例①侧重说明"我和闰土之间的隔膜"像"厚障壁"那样深、厚,二者具有相似性,是比喻。例②中的"囤"是装粮食的工具,用"亮了囤底"代指缺了粮;"锅"是做饭的工具,用"揭不开锅"代指没饭吃。这是用工具代本体。

第二,借喻是喻中有代,而借代是代而不喻。如例①用"厚障壁"比喻"我和闰土之间的隔膜",例②中"亮了囤底""揭不开锅"与缺粮和没饭吃之间并没有相似点,因而不属于比喻,仅仅是借代。

第三,借喻可改为明喻,借代则不能。如例①可以改为"我和闰土之间的隔膜像厚障壁那样深、厚"。例②不能改为明喻。

第四,借喻的作用是使本体形象化,借代的作用是给本体换个名称,达到具体生动的效果。

6. 比喻和比拟有什么区别?

比喻就是打比方,是用本质不同又有相似点的事物来描绘事物或说明道理的辞格,也叫"譬喻"。例如:

①叶子出水很高,像亭亭的舞女的裙。(朱自清《荷塘月色》)

比拟是根据想象把物当作人写或把人当作物写,或把甲物当作乙物来写。例如：

　　② 一捆捆的稿纸从屋角的两只麻袋中探头探脑地露出脸来……（徐迟《哥德巴赫猜想》）

　　比喻是取本体和喻体的一个相似点，通过喻体加以形象描绘，并不涉及本体事物其他方面属性的描写问题。如例①以"亭亭的舞女的裙"比喻出水很高的荷叶，二者不仅高度相似，而且色泽、形状也相仿。比拟是物我不分，把拟体的特征加给本体，把本体完全当作拟体来描述，如例②把稿纸当作有生命的动物或人来描述，这就是比拟。

　　7. 拈连和比拟有什么区别？

　　为了便于讨论问题，先看下面两个例句：

　　　　① 在高原的土地上种下一株株的树秧，也就是种下了一个美好的希望。

　　　　② 群山肃立，江河挥泪，辽阔的祖国大地沉浸在巨大的悲痛之中。

　　例①是拈连。拈连的特点主要是利用上下文的联系，把适用于上文甲事物的词语巧妙地用于下文乙事物上。"种下"与"希望"的搭配是顺着"种下"和"树秧"的搭配关系而临时运用的。拈连的成立是依赖甲乙两事物都出现。例②是比拟。比拟由本体和拟体构成，在字面上只出现本体，而拟体是不出现的。"群山""江河""大地"都是本体，它们有共同的拟体——人，然而拟体并没有出现，字面上只是把人的特征——"肃立""挥泪""沉浸在巨大的悲痛之中"，直接加在本体上。

　　8. 婉曲和反语、双关的区别

　　为了便于讨论问题，请先看下面的例子：

　　　　① 今天光明的新中国已经到来，他这个最有资格看见它的人却永远闭上了眼睛。（巴金《忆鲁迅先生》）

　　　　② 几个女人有点失望，也有些伤心，各人在心里骂着自己的狠心贼。（孙犁《荷花淀》）

　　　　③ 美的，生活可以更美的。（"美的"空调广告词）

　　例①是婉曲。它是用委婉曲折的话来正面表达本意。这里不说"去世了"，而用"永远闭上了眼睛"来委婉地表达。例②是反语。它是故意使用和本意恰好相反的词语或句子来表达本意。这里"狠心贼"的本意与句中本意恰恰相反。反语的意思一定是与本义截然相反的，或者在感情色彩上是对立的，对立越鲜明，反语的效果也就越明显。例③是双关。它有意利用语音或语义的条件，使词语或句子具有双重含义，言在此而意在彼。这里的"美的"，既指品牌的名称，又可以理解为"这种空调是很美的"。双关的两重意思一般只有意义上的联系或语音上的联系，并不一定要求对立。

9. 排比和层递的异同

为了便于比较排比和层递的异同，请先看下面的例子：

①朋友不会讥讽你的微笑，朋友不会欺骗你的情感，朋友不会打乱你的节拍，朋友不会纵容你的过错。

②仔细瞧那浪花，近处的呈鲜绿色，远一点的呈翠绿色，再远的呈墨绿色，一层又一层，最后连成一片，茫茫的跟蓝天相接。

两者的相同点：

(1) 都有三个及三个以上事物较整齐地排列着，例①是四个结构相同的分句并列，例②是三个结构相同的分句并列。

(2) 都有提示语，例①是"朋友不会"，例②是"呈"。

两者的不同点：

(1) 从形式上看，排比要求相同或相似，要求有共同的提示语，层递没有这样的要求。

(2) 从内容上看，层递要求有层递性（递升或递降），排比没有这样的要求。

有的例子既符合排比的特点，又符合层递的特点，可以看作排比和层递的兼用。

③保卫家乡，保卫黄河，保卫华北，保卫全中国！

例③从形式来看是排比，从内容来看是层递，即排比和层递的兼格。

10. 顶真和回环的区别

请先看下面的例子：

①拜师不如访友，访友不如经手。（顶真）

②有翼的床头仿佛靠着个谷仓，仓前边有几只缸，缸上面有几口箱，

箱上面有几只筐,其余的小东西便看不见了。(顶真)

　　③人人为我,我为人人。(回环)

　　例③前后句的用词相同,经变序形成回环往复的语言形式,反映彼此不分的亲密关系,是回环。

　　(1)顶真是"顶"而不回,首尾相接呈直线形;回环虽然也是首尾相接,但呈往返形。如例①的两个"访友"头尾顶接,反映了事物间的顺接关系,在内容上强调实践的重要性,是顶真。例③的三个词"人人、为、我"正反排列各一遍,在内容上强调"我"与大家("人人")的相互依存,是回环。

　　(2)顶真可以不止一个接点,如例②就有三个接点;回环只有一个接点,如例③,也可以没有接点,如把例③改为"只有'我为人人',才能'人人为我'",或改为"既然'人人为我',我当'我为人人'",这样的回环就没有接点了。

　　(3)顶真不一定非用整句格式,如例②;回环本身就是整句,如例③。

　　11. 顶真与层递的异同

　　请先看下面的例子:

　　①搞建设需要人才,人才培养需要教育,教育需要教师,教师的培养需要师范院校。(顶真)

　　②在北国,除泰山、华山这些早已名闻中外,还有许多等待人们去发现、去观赏、去利用的风景区。(层递:递升)

　　③当战士两年多,没有什么贡献,想起来真对不起革命,对不起上级,也对不起自己。(层递:递降)

　　从以上例子可以看出,顶真与层递存在相同点:两者都讲究层次性,有层层推进的意思。主要区别是:顶真形式上的特征很明显,必须环环相联,尾首相继,如例①;层递形式上的特征没有严格要求,只侧重内容上层层推进。有的是递升,如例②;有的是递降,如例③。

　　当表达的内容具有层递关系而又采用顶真的形式时,可以认为是顶真和层递的兼用。例如:

　　④他们先是找到了街道办,街道办管不了就报到了区政府,区政府解决不了又上报给了市政府。

该例形式上前后接续、套合,上递下接,符合顶真的特征;语意上由低到高、逐层推进,具有层递的特点。

12. 对比与映衬有什么不同?

请先看下列例子:

① 这些人,马克思主义是有的,自由主义也是有的;说的是马克思主义,行的是自由主义;对人是马克思主义,对己是自由主义。(对比)

② 有缺点的战士终竟是战士,完美的苍蝇也终竟不过是苍蝇。(对比)

③ 已是悬崖百丈冰,犹有花枝俏。(映衬)

④ 在这阴雨连绵的日子里,她的心情也渐渐灰暗起来。(映衬)

对比与映衬都含有把相反、相对的事物或意思放在一起使其相互比较或衬托的特点。区别是:

(1) 在形式上,例①、例②相互对比的两个事物或同一事物的两个方面不存在主次关系,也不存在先后关系,而是相互比照、相互依存的关系;而例③、例④映衬的两个事物之间则分衬体和主体,衬体在前,主体在后,衬体是陪衬主体的,存在主次、先后关系。

(2) 在范围上,对比只限于相反、相对的事物或意思之间的两相对照,如例①、例②;映衬的范围则广泛得多,除了相反、相异事物之间的对比之外,还可以是相似或相近事物之间的衬托、烘托。例③是用"百丈冰"的寒冷衬托梅花的顽强和傲骨,是反衬;例④是用雨天的阴暗低沉来衬托人心情的抑郁烦闷,是正衬。

13. 反复和重复的区别

反复是一种修辞格,是为了突出某个意思、强调某种感情,特意重复某个词语或句子,能达到积极的修辞效果;而重复则是相同的词句多次出现,给人以乏味的感觉,是词汇贫乏的一种表现。下面是黄廖本教材"思考和练习七"中的两个例子:

① 他说的是沙漠里的胡杨树。"没有滴水它居然能活上一千年,终于枯死后又挺挺地站立一千年,倒下后不散架不朽腐又是一千年!"

② 平淡的生活,平静的心情,平和的脾气,平静的话语。

例①的三个"一千年"突出了胡杨树的顽强生命力,属于间隔反复。例

②前后两个"平静"用词重复,后一个"平静"改成"平实"好些。

14. 什么是辞格的兼用?

辞格的兼用是指一定长度的语句同时使用两种或两种以上的辞格,从甲角度看是A辞格,从乙角度看是B辞格⋯⋯或者认为是多种辞格采用了相同的语句。例如:

　　① 虚心使人进步,骄傲使人落后。

这句从形式上来看是宽式对偶,从内容上来看是对比。

下面列举几种常见的兼格:

　　② 眼睛正像两把刀,刺得老栓缩小了一半。(夸张和比喻)

　　③ 跟随的人越来越多,霎时汇成了一条长长的河流。(夸张和比喻)

　　④ 天简直热得发了狂。(夸张和比拟)

　　⑤ 他们看见那些受人尊敬的小财东,往往垂着一尺长的涎水。(夸张和借代)

　　⑥ 人过大佛寺,寺佛大过人。(对偶和回环)

　　⑦ 你必须参加今年高考,最好能考个本科,本科上不了上普通专科,普通专科上不了上高职院校,高职院校的分数不够,就再复读。别再说外出打工的话了。(顶真和层递)

下面的例子不属于辞格的兼用。

　　⑧ 长征是宣言书,长征是宣传队,长征是播种机。

　　⑨ 高粱涨红了脸,稻子笑弯了腰。冬瓜披白纱,茄子穿紫袍。

例⑧共有三个分句,每个分句又都是一个独立的比喻(暗喻),这属于比喻的连用;但从句式上来说是排比。同类辞格的连用与另一个辞格不能构成兼格。例⑨句号前后的两个分句都是独立的比拟(拟人),这属于比拟的连用。"高粱涨红了脸,稻子笑弯了腰"既是拟人,又是对偶;"冬瓜披白纱,茄子穿紫袍"既是拟人,又是对偶。

两个比拟合起来,构成一个宽式对偶,这也不算辞格的兼用。例⑨前一句的辞格现象,与后一句的相同。如果要归类,可以看作辞格的套用。例⑧是排比里套用了三个暗喻,例⑨是两个宽式对偶各套用了两个拟人句。

五　强化练习

(一) 填空题

△1. 我国最早的专论辞格的著作是1923年出版的唐钺的《＿＿＿＿＿》。

△2. 我国最早以"修辞学"作为书名而又真正介绍修辞的著作是＿＿＿＿＿的《修辞学》。

△3. 在我国早期的修辞学论著中，＿＿＿＿＿于1932年出版的《修辞学发凡》对后世的影响最大。

△4. 陈望道在《修辞学发凡》中提出修辞的两大分野，即＿＿＿＿＿和＿＿＿＿＿，前者是抽象的、概念的，后者是具体的、体验的。

△5. 陈望道的《修辞学发凡》认为："修辞以适应＿＿＿＿、＿＿＿＿为第一义，不应是仅仅语辞的修饰。"

6. 通常情况下，人们总是把修辞理解为对语言进行＿＿＿＿＿和＿＿＿＿＿，即对语言进行综合的艺术加工。

7. 在内容和语境确定的情况下，修辞总是着力探讨下列三个问题，即选用什么样的＿＿＿＿＿，采取什么样的＿＿＿＿＿，追求什么样的表达效果。

8. 词语的声音美体现在：音节＿＿＿＿＿、声调＿＿＿＿＿、韵脚和谐自然以及叠音与双声叠韵的恰当运用等方面。

9. 词语的锤炼，古人叫作"炼字"，它一般从＿＿＿＿＿和＿＿＿＿＿两方面着手。

10. 比喻里被比方的事物叫＿＿＿＿＿，用来打比方的事物叫＿＿＿＿＿，联系二者的词语叫喻词。

11. "生得又高又胖并不就是伟人，做得多而且繁也决不就是名著。"这是比喻中的＿＿＿＿＿。

12. 利用上下文的联系，把用于甲事物的词语巧妙地用于乙事物，这种辞格叫＿＿＿＿＿。

13. "我失骄杨君失柳，杨柳轻扬直上重霄九"一句使用了＿＿＿＿＿的修辞方式。

14. "几个青年妇女把掉在水里又捞出来的小包裹，丢给他们，战士们的三只小船就奔着东南方向，箭一样飞去了。"该句是比喻与夸张的_____。

15. 对比可分为_____和_____两种。

16. "延安的歌声，是革命的歌声，战斗的歌声，劳动的歌声，极为广泛的群众的歌声。"这句话用了_____的修辞方式。

17. "姓陶不见桃结果，姓李不见李花开。"该句所使用的修辞格是_____。

18. "一根火柴，它自己熄灭了，却把别人点燃起来，引起了比自己大十倍、百倍、千倍以至万万倍的熊熊大火。"该句用了_____的修辞方式。

19. "聂耳以二十三岁青春年华，过早地写下了他生命的休止符。"这句话运用了_____的修辞格。

20. "农民们都说：看见这样鲜绿的苗，就嗅出白馒头的香味来了。"这例所用的辞格，从大类上来说是_____，从小类上来说是_____。

21. 拈连可分为_____和_____两类。

22. 衬托与对比的根本区别就在于_____有主次之分，_____无主次之分。

23. "风雨能摧残樱花，但是冲风冒雨，樱花不是也能舒开笑脸么？"最后一个分句是_____和_____的兼用。

24. "野火烧不尽，春风吹又生。"该句所用的辞格属于对偶，从小类上来说属于_____。

25. "惨象，已使我目不忍睹；流言，尤使我耳不忍闻。"这句话运用了对偶中的_____。

26. "历史研究是'实事求是'，历史剧作是'实事求似'。所以戏剧不同于历史书。"这里使用了_____的修辞方式。

27. "电灯明亮，就像千万颗珍珠飞上了天。"这是_____辞格与_____辞格的兼用。

28. 把甲事物当作乙事物来写，从修辞格来说是_____。

29. "霎时间，东西长安街成了喧闹的大海。"这是_____辞格与_____

辞格的兼用。

30. "天简直热得发了狂。"这是 _____ 辞格和 _____ 辞格的兼用。

（二）判断题

1. 否定句用反问语气说出来就表达肯定的内容，肯定句用反问语气说出来就表达否定的内容。（　　）

2. 在反问中，如果它的表面是否定的，实际就是肯定的；反之，如果它的表面是肯定的，实际就是否定的。（　　）

3. 设问可以自问自答，也可以只问不答。（　　）

4. 衬托是表明对立现象的，两种对立的事物并无主次之分，而是相互依存的。（　　）

5. 对比的基本特点是结构形式上"对立"。（　　）

6. "有缺点的战士终究是战士，完美的苍蝇不过是苍蝇。"该句运用了对比。（　　）

7. "我们的战士，对敌人这样狠，而对朝鲜人民却是那样的爱，充满了国际主义的深厚感情。"该句运用了衬托。（　　）

8. "边干边学，边学边干"一句的辞格是严式回环。（　　）

9. 层递无须用提示语，但结构必须相同。（　　）

10. "我有所念人，隔在远远乡；我有所感事，结在深深肠。"该句的辞格是排比。（　　）

11. 对偶的上联和下联，只能是两个分句，不能是句子成分。（　　）

12. "长城内外钢焰油海汇成千层浪，大江南北麦浪稻波卷起万里潮。"该句的辞格是对偶中的正对。（　　）

13. 反语的特点是词面与词里相反，利用表面相反的话语把真正的意思隐藏起来。（　　）

14. "联欢晚会开得好不热闹。"该句的辞格是反语。（　　）

15. 在"仿词"格中被仿的词可以不出现。（　　）

16. 夸张重在感情的抒发，不重在事实的记叙。（　　）

17. "谁说他射出的不是热血，而是子弹！"该句运用了倒装拈连。（　　）

18. 比喻中的博喻是指连用比喻辞格的现象。（　　）

19. "闻说双溪春尚好,也拟泛轻舟,只恐双溪舴艋舟,载不动许多愁。"该句运用了拈连。(　　)

20. 借代只可具体代抽象,不可抽象代具体。(　　)

21. 借代的基本特点是"甲乙相似,以乙代甲"。(　　)

22. 比拟可分为物拟人、人拟物、物拟物、人拟人四类。(　　)

23. 带有"像、好像、好似、同、如同"一类词的都是明喻。(　　)

24. 句式的选择在较多的情况下是同义句式的选择。(　　)

25. 因为音节整齐匀称才富有节奏美,所以为求匀称,可以任意增减音节。(　　)

26. 顾名思义,修辞就是修饰文辞,因而书面语才可以修辞,口语中就无法修饰了。(　　)

27. 学习修辞就是咬文嚼字,追求华丽的辞藻。(　　)

28. 修辞必须注意词句的选择和调配,恰当地运用辞格。(　　)

29. "党啊,亲爱的妈妈!"该句运用了比喻辞格。(　　)

30. "鲁迅主张痛打落水狗。"这是运用了比喻辞格的借喻。(　　)

31. "风带着雨星,像在地上寻找什么似的东一头西一头地乱撞。"此句仅运用了比拟辞格。(　　)

32. "暖瓶的爆炸声把主人从屋里揪了出来。"该句运用了比拟辞格。

(　　)

33. 辞格的连用是指几个辞格在话语中前后衔接、连续出现的综合运用情况。(　　)

34. 修辞格的兼用也就是修辞格的融合。(　　)

35. 辞格连用式和套用式交错地综合运用的,叫兼用式,也叫兼格。

(　　)

36. "想不到郭振山勃然大怒,大眼珠在鼓眼泡里瞪得拳头般大。"这里仅运用了比喻辞格。(　　)

37. "可我不停地写,写在纸上的我不得不一封封毁掉,可写在心里的都铭刻得愈来愈深。"这里运用了拈连。(　　)

38. "风啊,撕开这暑气,切开这暑气,把它撕成碎片。"此句运用了拈连。(　　)

△39. "杜甫川唱来柳林铺笑，红旗飘飘把手招"运用了拟人；"悲惨的皱纹，却也从他的眉头和嘴角出现了"运用了移就。（　　）

40. "这里除了光彩，还有芳香，香气也是浅紫色的，轻轻曼曼地笼罩着我。"本例中用了比喻辞格。（　　）

△41. "无言独上西楼，月如钩。寂寞梧桐深院锁清秋。"这里运用了移就的修辞手法。（　　）

42. "日本日立公司电机厂，五千五百人，年产一千二百万千瓦。咱们厂，八千九百人，年产一百二十万千瓦，这说明了什么？要我们干什么？"这里运用了衬托的手法。（　　）

43. 鲁迅的《为了忘却的记念》中的一段话："夜正长，路也正长，我不如忘却，不说的好罢！"此句加点的部分运用了语义双关。（　　）

44. "凭着崇高的理想、豪迈的气概、乐观的志趣，克服困难不也是一种享受吗？"此句仅运用了反问辞格。（　　）

45. "近来连伤风咳嗽都跟我请了假喽！"此句运用了借代兼拟人的修辞方式。（　　）

46. "有喜有忧，有哭有泪，有花有实，有香有色，既须劳动，又长见识，这就是养花的乐趣。"此句运用了排比。（　　）

47. "为了忘却的纪念"、"冬天里的春天"等运用了对比。（　　）

48. "明月松间照，清泉石上流"仅是对偶，而"朱门酒肉臭，路有冻死骨"则既是对偶，又是对比。（　　）

49. 对偶中的"反对"就内容说是对比，就形式说是对偶。（　　）

50. "蝉噪林愈静，鸟鸣山更幽。"这是对偶中套用了映衬（衬托）。
　　　　　　　　　　　　　　　　　　　　　　　　　　　（　　）

51. "虚心使人进步，骄傲使人落后。"此句所用的辞格是对比而非映衬。（　　）

52. "一个人的能力有大小，但只要有这点精神，就是一个高尚的人，一个纯粹的人，一个有道德的人，一个脱离了低级趣味的人，一个有益于人民的人。"此句所用的辞格是层递而不是排比。（　　）

53. "天下文章数三江，三江文章数吾乡，吾乡文章数吾弟，吾弟请我改

文章。"这是辞格的兼用。（　　）

54. "十里运河滩,像一张碧水荷叶,荷叶上闪烁着一颗晶莹的露珠,那便是名叫柳巷的小村落。"本句是比喻的连用。（　　）

55. "大家略有一点兴奋,但又很淡漠,不大相信,因为这一类不甚可靠的传闻,是谁都听得耳朵起了茧的。"该句是夸张与借代的兼格。（　　）

56. "这时天已大亮,家人和街坊都已起床。于是她尽情地刷牙漱口,她发出的声音非常之响,好像一列火车开进了她们的院子。而她洗脸的声音好像哪吒闹海。"这段话是比喻与夸张的兼格。（　　）

57. "是秦书田把她背回老胡记客栈来,像劝亲人一样地劝她,像哄妹儿一样地哄她,打了一碗蛋花汤喂她。"该例是比喻的连用。（　　）

58. "刘局长放声大笑,那笑声震得公文、窗上的玻璃直至窗外的小叶杨树,窸窸窣窣地发抖。"该例是比喻与夸张的兼用。（　　）

59. "在我来说,抱着这支枪,就像怀抱着我们的海岛,怀抱着我们的祖国,怀抱着幸福美好的岁月。"该句是比拟的连用。（　　）

60. "像民歌那样朴素,像抒情诗那样单纯,比酒还浓烈,啊,故乡的叶笛。"该句运用了博喻。（　　）

（三）单项选择题

1. "夸张"这一辞格的构成基础是（　　）

　　A. 客观实际　　B. 极力渲染　　C. 大胆臆造　　D. 丰富的想象

2. "三十八年过去,弹指一挥间。"该例所用的辞格是（　　）

　　A. 比拟　　B. 借代　　C. 双关　　D. 夸张

3. "我炮兵一阵猛轰,把敌人炸得死的死,伤的伤,逃的逃。"该句所用的辞格是（　　）

　　A. 反复　　B. 回环　　C. 排比　　D. 顶真

4. "不闻不若闻之,闻之不若见之,见之不若知之,知之不若行之。"该例是（　　）

　　A. 词的顶真　　　　　　B. 句子的顶真

　　C. 短语的顶真　　　　　D. 段落的顶真

5. "过宫墙,绕回廊;绕回廊,近椒房;近椒房,月昏黄;月昏黄,夜生凉。"

这段文字是（ ）

    A. 词的顶真　　　　　　　　B. 句子的顶真

    C. 短语的顶真　　　　　　　　D. 段落的顶真

6."为人民你洒的是汗，泼的是血，捧的是心，出的是力！"该句所用的辞格是（ ）

    A. 对偶　　　　　B. 层递　　　　C. 比喻　　　　D. 排比

7."村子靠着山，山脚有个大龙潭，龙潭的水流到村前成了小溪。"这句是（ ）

    A. 词的顶真　　　　　　　　B. 句子的顶真

    C. 短语的顶真　　　　　　　　D. 段落的顶真

8."四化需要人才，人才需要教育，教育需要教师。"该句所运用的辞格是（ ）

    A. 拈连　　　　　B. 反复　　　　C. 顶真　　　　D. 回环

9. 下列说法正确的是（ ）

    A. 顶真完全是根据意义的需要而创造出来的。

    B. 顶真只能是词或词组的顶真，而不是句子的顶真。

    C. 顶真只能是词语前后紧接的连续顶真，不能是段与段相隔的顶真。

    D. 顶真主要在于揭示事物内部既矛盾又统一的辩证关系。

10."科学需要社会主义，社会主义需要科学。"这句运用了（ ）

    A. 顶真　　　　B. 回环　　　　C. 反复　　　　D. 排比

11."革命斗争的烈火映红了长江，映红了安源，映红了井冈山，映红了二万五千里草地雪山，映红了陕北、中原、江南。一个红彤彤的新中国屹立在世界东方。"本例所用的辞格是（ ）

    A. 排比　　　　　　　　　　B. 反复

    C. 既是排比又是反复　　　　D. 既不是排比，也不是反复

12."所谓国民党参政会是个什么东西呢？难道不是独夫蒋介石所委派的一个无聊机关？"这是（ ）

    A. 反问的连用　　　　　　　　B. 设问的连用

    C. 反问与设问的结合　　　　D. 一般疑问句

▲13. "红杏枝头春意闹"一句运用的是（　　）

    A. 比喻型通感　　　　　　　B. 夸张型通感

    C. 比拟型通感　　　　　　　D. 拈连型通感

14. "塘中的月色并不均匀，但光与影有着和谐的旋律，如梵婀玲上奏着的名曲。"该句运用的是（　　）

    A. 比拟型通感　　　　　　　B. 夸张型通感

    C. 比喻型通感　　　　　　　D. 借代型通感

15. "方鸿渐看唐小姐不笑的时候，脸上还依恋着笑意，像音乐停止后袅袅空中的余音。"该句运用的是（　　）

    A. 触觉和听觉的沟通　　　　B. 视觉和触觉的沟通

    C. 视觉和味觉的沟通　　　　D. 视觉和听觉的沟通

16. 关于修辞所用的材料，下列说法正确的是（　　）

    A. 只利用语音、词汇、语法的材料

    B. 只利用词汇的材料

    C. 只利用语言各个要素的材料，而与文字无关

    D. 可利用语言、文字一切可能有的要素

17. "肚子瘪得贴到背脊骨，喉咙都要伸出手。"该句是（　　）

    A. 兼用比拟的夸张　　　　　B. 兼用比喻的夸张

    C. 兼用对偶的夸张　　　　　D. 兼用反语的夸张

18. "忽听到刘珍在外面喊道：'韩梅，桂部长找你！'她喊得春雷一样响亮，和秘书的声音完全不同。"该例是（　　）

    A. 夸张与比拟的兼用　　　　B. 比喻与夸张的兼用

    C. 引用与比喻的兼用　　　　D. 引用与比拟的兼用

19. "摇动的车轮，旋转的锭子，争着发出嗡嗡嘤嘤的声音，像演奏弦乐，像轻轻地唱歌。"该句是（　　）

    A. 比喻与夸张的连用　　　　B. 比拟与层递的连用

    C. 比拟与排比的连用　　　　D. 比拟与比喻的连用

20. 双关这种辞格仅仅是利用（　　）

    A. 词义条件构成的双重意义

B. 语音条件构成的双重意义

C. 语音和词义条件构成的双重意义

D. 文字条件构成的双重意义

21. "时间也是一条河,一条流在人们记忆里的河,一条生命的河,似乎是涓涓细流,悄然无声,花花亮眼。"该例是( )

A. 同类辞格连用

B. 异类辞格连用

C. 既含同类辞格连用又含异类辞格连用

D. 既非同类辞格连用也非异类辞格连用

♣22. "'过了谷雨,百鱼上岸',大对虾像一阵乌云似的涌到近海,密密层层,你挤我撞,挤得在海面上乱蹦乱跳。"本例是( )

A. 引用与比喻的连用　　　　B. 引用与比喻的兼用

C. 拟人与引用的套用　　　　D. 比喻与引用的套用

♣23. "如果说,商业部门在经济建设方面是'桥梁'和'橱窗',那么,在精神文明建设方面,商业部门应该成为建设新型社会关系的'桥梁'和吹拂社会主义新风的'窗口'。"该句是( )

A. 博喻　　　　　　　　　　B. 互喻

C. 比喻的连用　　　　　　　D. 比拟的连用

24. "繁星般的豆儿,艳如红玉,明似珍珠,颗颗饱满,粒粒喜人。"该例是( )

A. 同类辞格连用　　　　　　B. 既含同类连用又含异类连用

C. 异类辞格连用　　　　　　D. 既非同类连用也非异类连用

25. "'吹面不寒杨柳风',不错的,像母亲的手抚摸着你。"该例是( )

A. 比拟和引用的连用　　　　B. 引用和比喻的连用

C. 比喻和借代的连用　　　　D. 比拟和比喻的连用

♣26. "女儿像山中的果子河边的花,疯了秧的瓜蔓儿一样野生野长,他不敢吭一声。"该例是( )

A. 排比　　　　　　　　　　B. 博喻

C. 比喻和比拟的连用　　　　D. 比拟的连用

27. 老师批改作文时将"拦路抢劫的是位青年,大个子,身穿一件皮夹克"中的"位"改为"个",因为这里用"位"（　　）

    A. 语义不切合　　　　　　　　B. 语体色彩不当

    C. 感情色彩不合　　　　　　　D. 语音不和美

28. 下面各句运用了"反问"辞格的是（　　）

    A. 长而空不好,短而空就好吗? 也不好。

    B. 问君能有几多愁? 恰似一江春水向东流。

    C. 都是中学生了,难道写不对自己的名字,我不信。

    D. 小屋点缀了山,什么来点缀小屋呢? 那是树。

29. 下面各句中用"夸张"辞格的是（　　）

    A. 街上非常热闹,电车不慌不忙地跑着。

    B. 风一吹,朵朵白云从我身边飘过去。

    C. 那溅起的小花,微雨似的纷纷落着。

    D. 五岭逶迤腾细浪,乌蒙磅礴走泥丸。

30. 下列各句中运用"借代"辞格的是（　　）

    A. 一句话溅起了满堂热烈的掌声。

    B. 我向来是不惮以最坏的恶意来推测中国人的。

    C. 当皇帝或蒋介石出来的时候,街道上便打扫干净,洒上清水;可是,他们的大轿车或汽车不过的地方便永远没见过扫帚与水桶。

    D. 年节越来越近,一晃已是腊八。

31. 下列句子中运用了"借喻"的是（　　）

    A. 俺是个老脑筋,但新事新办俺懂。

    B. 他喝啤酒,有"青岛"不喝"北京"。

    C. 老栓按按口袋,硬硬的还在。

    D. 我知道,我们之间已隔了一道可悲的厚障壁了。

32. 下面各例用了"借代"辞格的是（　　）

    A. 不要害怕失败,在失败的身后,站着无数个希望。

    B. 太阳笑吟吟地出来了,又一个艳阳天。

    C. 破毡帽们三个一群,五个一伙,高高兴兴地向集市走去。

D. 灯也要睡着了，昏昏黄黄的光照着街角。

▲33. 我国最早将"修辞"二字连用的典籍是（　　）

A.《易经》　　　　　　　　B.《论语》

C.《说文解字》　　　　　　D.《文心雕龙》

34. 下列句子中含有"借代"修辞格的是（　　）

A. 头顶着蓝天大明镜，延安城照在我心中。

B. 大妈勉强压住火，打量了两位来客一眼。

C. 千声万声呼唤你，母亲延安就在这里。

D. 一进门，两只金色的大耳环恰巧迎面摇过来。

35. "敬爱的周总理，您为祖国山河添光辉，您为中华儿女震声威，您不朽的业绩永世长存，您光辉的名字青史永垂。"本例中将"永垂青史"结构改变的原因是（　　）

A. 声调平仄相同　　　　　B. 韵脚和谐

C. 章节匀称　　　　　　　D. 叠音自然

36. "多可爱的小生灵啊！对人无所求，给人的却是极好的东西。"该例所用的辞格是（　　）

A. 比喻　　　B. 对比　　　C. 反问　　　D. 衬托

37. "我永远有愧于母亲的是，她给我的是心，我给她的是钱。我能稍稍告慰母亲的是，我将以母亲知道的那一支笔，去抒写不尽的挚爱 —— 慈母之爱、亲子之爱、人情之爱……"这段文字是（　　）

A. 以景衬景　　B. 以景衬情　　C. 以情衬情　　D. 以情衬景

38. 比喻的本体和喻体之间具有（　　）

A. 一致性　　B. 相似性　　C. 相关性　　D. 同质性

39. 下列对偶句中属串对的是（　　）

A. 金猴奋起千钧棒，玉宇澄清万里埃。

B. 将军百战死，壮士十年归。

C. 这种态度，有实事求是之意，无哗众取宠之心。

D. 春江水暖，鹅鸭成群鱼跃；青山草茂，牛羊遍野猪肥。

40. "瑰丽端庄的中山公园，绿树成荫，花坛巧布，彩练横空，千红万紫。"

此句中将"万紫千红"改变结构是为了（　　　）

  A. 音节匀称整齐   B. 韵脚和谐

  C. 声调平仄协调   D. 追求结构奇特

41. 整句是指（　　　）

  A. 结构相同或相似的一组句子

  B. 音节参差错落、不求对称的句子

  C. 词语多、结构复杂的句子

  D. 词语少、结构简单的句子

42. "近来呀，我越帮忙，她越跟我好，她越跟我好，我越帮忙，这不越来越对劲儿了吗？"此句运用了（　　　）

  A. 顶真 B. 排比 C. 反复 D. 回环

43. "你（指春蚕）默默地吐着丝，吐着温暖，吐着爱。在用生命织出的丝绸上，人们认识了你的价值。"该例运用了（　　　）

  A. 拈连 B. 夸张 C. 拟物 D. 比喻

44. 下列说法正确的是（　　　）

  A. 对偶的上下联，一般是两个分句，但不能是句子成分。

  B. 层递具有等次性，排比具有平列性。

  C. 顶真只能是词语的顶真，不能是句子的顶真。

  D. 回环一般是句子的回环，不能有短语的回环。

45. "草原是这样无边的平整，就像风平浪静的海洋"一句话的本体和喻体之间的相似点是（　　　）

  A. 草原与海洋在蓝颜色上相似

  B. 草原与海洋的广阔无际相似

  C. 草原与海洋的浩瀚无边平展如砥相似

  D. 草原与海洋在外形上相似

46. 下列说法正确的是（　　　）

  A. 辞格是根据人们的主观臆想而产生出的语言模式。

  B. 辞格是在客观真实的基础上产生的，所以人们不能超脱客观真实的限制而进行主观想象。

C. 辞格是在真实的基础上产生的,但这还必须通过丰富想象,才能产生辞格。

D. 辞格的产生不必有客观基础。

47. "俄国的盲诗人爱罗先珂君带了他那六弦琴到北京之后不多久,便向我诉苦说,寂寞呀,寂寞呀,在沙漠上似的寂寞呀!"该例所运用的辞格是( )

    A. 双关   B. 反复   C. 顶真   D. 回环

48. 借代的本体和借体之间具有( )

    A. 相似性   B. 相同性   C. 相关性   D. 同质性

49. "诗人具有腰缠万贯语言的财宝,并且善于用财,他才可能进入诗国的领土并做一次辉煌的远游。"该例运用了( )

    A. 引喻   B. 强喻   C. 缩喻   D. 曲喻

50. "海鸥般的白浪,高歌阔步冲向前,白浪般的海鸥,振翅腾空上云端。"该例运用了( )

    A. 曲喻   B. 强喻   C. 引喻   D. 互喻

(四)多项选择题

1. "听说四川有一支民歌,大略是'贼来如梳,兵来如篦,官来如剃'的意思。"本例运用的辞格有( )

    A. 引用   B. 层递   C. 排比   D. 比喻

2. 下列各句的辞格,属于层递格的是( )

    A. 我过去的所作所为,现在想起来,真对不起革命,对不起上级,也对不起自己。

    B. 鲁迅是最正确、最勇敢、最坚决、最热忱的空前的民族英雄。

    C. 眼前飞过一只雁,一只麻雀,一只蝴蝶,一只蜻蜓,他都要拿枪瞄瞄。

    D. 延安的歌声,是革命的歌声,战斗的歌声,劳动的歌声。

3. 下列句子运用了设问辞格的是( )

    A. 那边山路上走来了两个老表,一个提着一只竹筒,这是什么?这不是红军的硝盐罐吗?要不是给山头的红军送饭来了吧?

　　B. 虽然天山这边并不是春天,但有哪一个春天的花园能比得过这时繁花无边的天山呢?

　　C. 啊!是梦境啊,是仙境? 此时身在独秀峰。

　　D. 如果用最浓最艳的朱红,画一朵含露乍开的童子面茶花,它不可以象征着祖国的面貌吗?

4. 下列句子运用了拈连辞格的是(　　　)

　　A. 你比雄鹰还英勇。

　　B. 岁月匆匆淌着,可淌不走我们的记忆。

　　C. 驴背上,驮着一片忧郁而清冷的月光。

　　D. 枪上的锈好擦,思想上的锈就不那么容易擦了。

5. 下列句子运用了夸张的有(　　　)

　　A. 这些情景,就像在眼前展开了一样。家里煮的烂狍子肉,烧的热炕头,在等他们回来,甚至他们已经嗅到了肉香,他们的心已经早跑到了夹皮沟。

　　B. 前面的道路被机枪封锁得风雨不透。

　　C. 他们看见那些受人尊敬的小财东,往往垂着一尺长的涎水。

　　D. "七·一"前的夜晚,成千上万的群众,聚集在天安门广场,庆祝香港的回归。

6. 下列各句运用了比喻辞格的是(　　　)

　　A. 中国是一条腾飞的巨龙。

　　B. 柴多火旺,人众气壮。

　　C. 他酒没沾唇,心早就热了。

　　D. 难道偌大的东北,竟然放不下一张课桌?

7. 下列各句中运用了比喻辞格的有(　　　)

　　A. 我的耳朵又不是棉花做的,光听他们的?

　　B. 桃花潭水深千尺,不及汪伦送我情。

　　C. 上海人叫小瘪三的那批角色,也很像我们的党八股,干瘪得很,样子十分难看。

　　D. 我的思想感情的潮水,在放纵奔流着。

8. 下面句子运用了比拟的是（　　）

    A. 小城紧傍着一河流水，安然地偎依在山的怀抱里。

    B. 自小生病多了，他一去医院看见穿白大褂的就害怕。

    C. 行动胜于语言，拳头代替了舌头。

    D. 我们不能取得一点成绩就翘尾巴。

9. 下面句子运用了借代的是（　　）

    A. 大家不因他是个落榜生而歧视他，反而因他有墨水而重用他。

    B. 解决人民内部矛盾，不能用拳头代替舌头。

    C. 白天走了，白天把一盏灯留在办公室里。

    D. 小狗大概有什么心事，躲在墙角不再叫了。

10. 下列句子运用比喻的是（　　）

    A. 那远处跑着的好像是一匹马。

    B. 这种说法仿佛有道理。

    C. 汗水在他那络腮胡子上聚成了一粒粒晶亮的露珠。

    D. 共产党人好比种子，人民好比土地。

11. 下列说法正确的有（　　）

    A. 词语锤炼要富于创新精神。

    B. 词语锤炼就是要追求艳词丽句。

    C. 词语锤炼要对词语调遣得体，以推陈出新。

    D. 词语锤炼要求另创新词。

12. 采用被动句的主要原因有（　　）

    A. 强调主动者

    B. 强调被动者，不需要说出主动者

    C. 为了表意细致深刻

    D. 上句主语是被动者，为了前后分句主语一致

13. "金沙水拍云崖暖，大渡桥横铁索寒。"该句在韵律配合上（　　）

    A. 叠音自然   B. 韵脚和谐

    C. 双声叠韵配合   D. 平仄相间

14. 下列句子属于双重否定句的有（　　）

A. 你是不是不去看他？

B. 古往今来，没有一场真正的革命，不是大大推动社会生产力的发展的。

C. 你难道不能让他去吗？

D. 你难道不知道他的为人吗？

15. 下列句子中的比喻句有（　　　）

A. 这孩子好像高了许多。

B. 半空一片云，遮住邙山身，猛听咩咩叫，原是羊一群。

C. 幸福劳动造，红花汗水浇。

D. 他的言谈笑语仿佛还在耳边。

16. 下列句子运用比喻辞格的有（　　　）

A. 叶子出水很高，像婷婷的舞女的裙。

B. 街上仿佛没有人，道路好像忽然加宽了许多，空旷而没有一点凉气，白花花的令人害怕。

C. 老张看上去是个粗人，其实倒是个好脾气。

D. 用大兵团进剿土匪等于用高射炮打蚊子。

17. 下列说法正确的有（　　　）

A. 构成比拟的客观基础是想象上的变通点。

B. 比拟一旦出现拟体，就变成了比喻。

C. 抽象概念不可以拟人化。

D. 比拟辞格中甲乙两事物一主一从。

18. 下列关于"拈连"的说法，正确的是（　　　）

A. 一般地说，构成拈连的前项事物是具体的，后项事物是较抽象的。

B. 拈连词通常是形容词。

C. 拈连词可以不出现。

D. 拈连词用于前项时是它的本义，用于后项时是它的比喻义或引申义。

19. 下列各例中运用设问辞格的是（　　　）

A. 是谁创造了人类世界?是我们劳动群众。

B. 小孩子天真无邪的面孔是不是使人感到可爱?

C. 长而空不好,短而空就好吗?也不好。

D. 是的,当年的战士们,谁不记得井冈山上的昔日翠竹呢!

20. "孩子不足两岁,塌鼻子,眼睛两条斜缝,眉毛高高在上,跟眼睛远隔得彼此要害相思病,活像报上讽刺画里中国人的脸。"该句是(　　)

A. 超前夸张　　　　　B. 借助于比喻的夸张

C. 借助于比拟的夸张　　D. 扩大夸张

21. 下列说法正确的有(　　)

A. 夸张就是要无限制地夸大或缩小。

B. 夸张要以客观实际为基础,因此不能超出客观实际。

C. 夸张从内容方面着眼可分为程度夸张和超前夸张。

D. 夸张要力求新颖,不落俗套。

22. 下列说法正确的有(　　)

A. 仿词与被仿的词,总是同时出现。

B. 仿词一般是"一对一"的,也有"一词多仿"的。

C. 词、短语(包括成语),都可以仿造。

D. 仿词都是反义连用,没有近义、同义的仿造形式。

23. "战争禁得起主持的人预定着打败仗的计划么?好像戏台上的花脸和白脸打仗,谁输谁赢是早应在后台约定了的。呜呼,我们的'民族英雄'!"该例句是(　　)

A. 风趣反语　B. 以正言反　C. 以反言正　D. 讽刺反语

24. "最后,我倒感到有点不舒服,就是你们突然寄书给我,不是没有原因的。那就是因为我的某几个'战友'曾经指我是什么什么的缘故。"本例运用了(　　)

A. 婉曲　　　B. 双关　　　C. 层递　　　D. 反语

25. 排比的构成应具备的条件有(　　)

A. 三个或三个以上的词、短语或句子

B. 内容上要有层级性

C. 用词不能重复

D. 要求语气一致

▲26. "秋水为神玉为骨,词源如海笔如椽"一对所含辞格主要有(　　　)

  A. 对比   B. 对偶   C. 博喻   D. 明喻

27. "谁家办喜事,他登门祝贺;谁家遭不幸,他安慰周济;谁家屋漏,逢到雨季他必去检查;谁家有病人,他都去探视。"这段运用的辞格是(　　　)

  A. 对偶   B. 排比   C. 整句   D. 散句

28. 下列说法正确的有(　　　)

  A. 构成排比格的语言形式必须是句子或分句。

  B. 构成排比格的语言形式可以是句子、分句,也可以是句子成分。

  C. 句子成分内部的词语一般不能构成排比格。

  D. 排比必须是三项或三项以上,两项不能构成排比。

29. "善似青松恶似花,青松冷淡不如花。有朝一日浓霜降,只见青松不见花。"此段所用主要辞格为(　　　)

  A. 比喻   B. 对比   C. 衬托   D. 排比

30. "许多国民党人肆无忌惮地天天宣传共产党'破坏抗战'、'破坏团结',难道尽撤河防主力,倒叫做增强抗战么?难道进攻边区,倒叫做增强团结么?"此段是(　　　)

  A. 否定疑问表肯定   B. 肯定疑问表否定

  C. 反问连用   D. 反问兼用

31. "朋友们,当你听到这段英雄事迹的时候,你的感想如何呢?你不觉得我们的战士是可爱的吗?你不以我们的祖国有着这样的英雄而自豪吗?"此段所含辞格有(　　　)

  A. 设问   B. 反问   C. 比喻   D. 夸张

32. 下列说法正确的有(　　　)

  A. 评价一段文字优劣,主要看所用的修辞方式是否适合题旨、情景。

  B. 修辞同语言三要素既不是并列关系,也不是从属关系。

  C. 讲究修辞要以合乎语法为基础,因而修辞不能突破语法。

  D. 讲究修辞要合乎逻辑,因而修辞不能突破逻辑的限制。

33. "这次冲锋,像从云端中跃出的闪电,使黄维摆在双堆集上的那些重炮和坦克,统统被取消了发言权。这次冲锋,像个疾雷,使一向狂妄猖獗的'老虎团',在这锐不可当的一击下面被勾销了'户头'。"这段话所用辞格主要有( )

    A. 比喻   B. 婉曲   C. 层递   D. 仿词

34. "只要想想,天地是厂房,深谷是车间,幕天席地,群星环拱,世界上哪个纺织厂有那样的规模呢?"这句所用的辞格主要有( )

    A. 排比   B. 比喻   C. 对比   D. 反问

35. "虚心是进步的幼苗,骄傲是胜利的敌人。"该句运用了( )

    A. 对比   B. 借代   C. 对偶   D. 比喻

36. "茫茫黑夜夜芬芳,闪闪灯光光宁静"一句在声音配合上的特色主要有( )

    A. 韵脚和谐   B. 双声叠韵配合好

    C. 叠音自然   D. 音节整齐匀称

▲37. 下列说法正确的是( )

    A. 衬托无主次之分,对比有主次之分。

    B. 设问是明知故问,有问有答,反问则只问不答。

    C. 重复是一种语病,反复则是一种常用的积极表达手段。

    D. 警语都是由自相矛盾的句子构成的。

38. 下列各项属公文语体特点的有( )

    A. 明确性   B. 简要性   C. 规格性   D. 形象性

▲39. "上次他请同事吃鲁菜,同事很喜欢;这次同事请他吃川菜,他不能不去。来而不往非礼也。"该例是( )

    A. 明引   B. 暗引   C. 直接引用   D. 间接引用

▲40. 下列各句运用了通感的是( )

    A. 天寒热泪也冻成冰,冻不住心头的爱和恨。

    B. 微风过处,送来缕缕清香,仿佛远处高楼上渺茫的歌声似的。

    C. 车子驶过快乐的杨树林,驰过那阳光下奇花盛开的山谷。

    D. 山色逐渐变得柔嫩,很有一伸手就可以触摸到凝脂似的感觉。

（五）实践题

1. 指出下列各例所用的修辞格。

① 小姑娘的天真心灵，不正像一个含苞欲放的花蕾吗？（阎纯德《心愿》）

② 家乡是个贼，它能偷去你的心。（闻一多《红烛·你莫怨我》）

③ 一阵狂笑扯过了大山的耳鼓，那胖子笑成一个会跳的皮球……（端木蕻良《科尔沁旗草原》）

④ 什么是路？就是从没有路的地方踏出来的，从只有荆棘的地方开辟出来的。（鲁迅《生命的路》）

⑤ 忧郁的眼里没有眼泪，／他们坐在织机旁，咬牙切齿：／"德意志，我们在织你的尸布，／我们织进去三重的诅咒——／我们织，我们织！（亨利希·海涅《西里西亚的纺织工人》）

⑥ 哪里有艰难，哪里就有公民的戎行；哪里有风险，哪里就有迷彩的身影；哪里有艰苦，哪里就有子弟兵的劳动。

⑦ 当三个女子从容地转辗于文明人所发明的枪弹的攒射中的时候，这是怎样的一个惊心动魄的伟大啊！中国军人的屠戮妇婴的伟绩，八国联军的惩创学生的武功，不幸全被这几缕血痕抹煞了。（鲁迅《记念刘和珍君》）

⑧ 在高原的土地上种下一株株的树秧，也就是种下了一个美好的希望。

⑨ 群山肃立，江河挥泪，辽阔的祖国大地沉浸在巨大的悲痛之中。

⑩ 生命如果是树，那么，理想是根，勤奋是叶，毅力是干，成功是果。

⑪ 树影再长也离不开树根，雁飞再远也忘不了故乡，人走天边也怀念祖国。

⑫ 可是匪徒们走上这几十里的大山脊，他们没想到包马蹄的麻袋片全踏烂掉在路上，露出了他们的马脚。（曲波《林海雪原》）

⑬ 希望大家积极支持文字改革工作，促进这一工作，而不是"促退"这一工作。（周恩来《当前文字改革的任务》）

⑭ 要不是咱们今天搞到这口袋小米，你们的行军锅就要挂起来当锣敲哩。（杜鹏程《保卫延安》）

⑮ 时代变了，延安的歌就增加了新的曲调，换上了新的内容，歌唱革命，

歌唱抗战，歌唱生产。

⑯ 要而言之，就因为先前可以不动笔，现在却只好来动笔，仍如旧日的无聊的文人，文人的无聊一模一样。（鲁迅《"醉眼"中的朦胧》）

⑰ 敌人害怕您静若悬剑，人民信赖您稳如磐石。（公刘《沉思》）

⑱ 我的许多作品，尤其是剧本，差不多都得到周总理的亲切关怀。他在日理万机之中挤时间读剧本，看演出，提意见，使我深受感动和激励。

⑲ 我急急走前几步伏在他身上，叫着、喊着。灶膛里火光熊熊，他的身体却在我的胸前渐渐变冷了。

⑳ 言简意赅，是凝练、厚重；言简意少，却不过是平淡、单薄。

㉑ 杨嗣信艰难地翻了个身，转脸眺望着窗外。夜空阴云密布，看不见一颗星星。可他那颗跳跃的心却是明亮的。

㉒ 苏州城里，有不少这样别致的小街小巷：长长的，瘦瘦的，曲曲又弯弯；石子路面，经过夜雾洒过，阵雨洗过，光滑、闪亮。在它的旁边，往往淌着一条小河，同样是长长的，瘦瘦的，曲曲又弯弯。

㉓ 山重水复疑无路，柳暗花明又一村。（陆游《游山西村》）

㉔ 荒野里偶尔能看见一种树，树枝上密密麻麻挂满果实。那不是果实，都是鸟巢。（杨朔《生命泉》）

㉕ 同样是领袖，毛主席成功领导了中国革命的胜利，建立了新中国，而蒋介石却只能灰溜溜地败退台湾。

2. 从综合运用的角度分析下文的辞格。

① 桃树、杏树、梨树，你不让我，我不让你，都开满了花赶趟儿。红的像火，粉的像霞，白的像雪。（朱自清《春》）

② 看吧，狂风紧紧抱起一层层巨浪，恶狠狠地将它们甩到悬崖上，把这些大块的翡翠摔成尘雾和碎末。（高尔基《海燕》）

③ 勤奋是点燃智慧的火花，懒惰是埋葬天才的坟墓。

④ 真正的铜墙铁壁是什么？是群众，是千百万真心实意地拥护革命的群众。这是真正的铜墙铁壁，什么力量也打不破的，完全打不破的。（毛泽东《关心群众生活，注意工作方法》）

⑤ 忽然跳出来一只野兔，箭一样地窜过雪堆，爷爷不由得叫起来：逮住

它,逮住它,逮住它!

⑥提高要有一个基础,比如一桶水,不是从地上提高,难道是从空中去提高吗?

⑦他赢而又赢,铜钱变成角洋,角洋变成大洋,大洋又成了叠。(鲁迅《阿Q正传》)

⑧这时,春风送来沁鼻的花香,满天的星星都在眨眼欢笑,仿佛对张老师那美好的设想给予着肯定和鼓励。(刘心武《班主任》)

⑨赶超,关键是时间。时间就是生命,时间就是速度,时间就是力量。(郭沫若《科学的春天》)

⑩耳闻不如目见,目见不如实践。

⑪全国同胞们!平津危急!华北危急!中华民族危急!只有全民族实行抗战,才是我们的出路。(毛泽东《反对日本进攻的方针办法和前途》)

⑫对人民,他像春风,融冰化雪;对敌人,他像步枪,弹雨无情。

⑬春天,在丛丛簇簇的烂漫山花中,映现着翠绿的秧苗;在如霞似火的枫树林中,映现出黄金一般的庄稼。(碧野《人造海》)

⑭《于无声处》是以何是非目睹诸人走出和接着来到的一声响雷终场的。亲属"走了",群众"走了",他们横行霸道的历史也"走了",剩下的只是"四人帮"这样一伙立刻就要被人民审判的向隅而泣的可怜虫。

⑮层层叠叠的叶子中间,零星地点缀着些白花,有袅娜地开着的,有羞涩地打着朵儿的;正如一粒粒的明珠,又如碧天里的星星。(朱自清《荷塘月色》)

⑯瞧瞧那漓水,碧绿碧绿的,绿得像最醇的青梅名酒,看一眼也叫人心醉。(杨朔《画山绣水》)

⑰他们正用劳动建设自己的生活,实际也是在酿蜜——为自己,为别人,也为后世子孙酿造着生活的蜜。(杨朔《荔枝蜜》)

⑱正当我们返回的时候,天渐渐黑了。霎时间,四面八方,电灯明亮,就像万千颗珍珠飞上了天!(谢璞《珍珠赋》)

⑲雨是最寻常的,一下就是三两天。可别恼。看,像牛毛,像花针,像细丝,密密地斜织着,人家屋顶上全笼着一层薄烟。(朱自清《春》)

⑳ 孩子在土里洗澡，爸爸在土里流汗，爷爷在土里埋葬。（臧克家《三代》）

㉑ 三月雨是梦，梦是三月雨，是悠悠扬扬汇成的小溪，在我心坎里绵绵延延滴滴答答荡漾而去。（马欣《依依墟里村》）

㉒ 我妈呀，心里总想着别人，就是不想自己，老是说：咱是人民代表，只能奉献，不能索取。别人家里都现代化了，我们还是一贯制。

㉓ 风来花自舞，春到鸟能言。

㉔ 自然科学的皇后是数学，数学的皇冠是数论，哥德巴赫猜想则是皇冠上的明珠。（徐迟《哥德巴赫猜想》）

㉕ 别人帮忙你帮闲。

㉖ 小品是大众艺术，芭蕾舞是小众艺术。

㉗ 五岭逶迤腾细浪，乌蒙磅礴走泥丸。（毛泽东《七律·长征》）

㉘ 海在我们脚下低吟着，诗人一般。那声音仿佛是朦胧的月光和玫瑰的晨雾那样温柔；又像是情人的蜜语那样芳醇；低低的，轻轻的，像微风拂过琴弦；像花飘零在水面上。（鲁彦《听潮》）

㉙ 大肚能容，容天下难容之事；开口便笑，笑天下可笑之人。

㉚ 不闻不若闻之，闻之不若见之，见之不若知之，知之不若行之。（《荀子·儒效》）

（六）概念解释题

1. 句式　2. 散句　3. 仿词　4. 拈连　5. 暗喻　6. 婉曲　7. 映衬　8. 夸张　9. 层递　10. 顶真　11. 回环　12. 辞格的套用　13. 流水对　14. 语体　▲15. 通感　▲16. 移就

（七）问答题

1. 略述修辞的原则。

2. 整句和散句的修辞效果各是什么？

3. 口语句式和书面语句式的不同主要表现在哪些方面？

4. 句式选择的原则和主要依据是什么？

5. 举例说明比喻和比拟的区别。

6. 举例说明借喻和借代的区别。

7. 举例说明对偶有哪些常见类型。

8. 对比和对偶有何区别与联系？

9. 简述对偶的特点及修辞效果。

10. 层递与排比有什么异同？

11. 举例说明拈连和比拟的区别。

12. 借喻和语义双关有何区别？

13. 说明下文中哪些地方运用了哪种辞格。

　　总理的轿车开动了，我们的心哪，跟着总理向前，向前……忘记了卸装，忘记了时间，忘记了春寒……许久，许久，周总理的音容笑貌，在我脑际萦绕；周总理的谆谆教诲，在我心中回响。

14. 夸张常常借助哪些辞格加强它的表达效果？举例说明。

15. 分析下文中所用的辞格，并简析这段文章的修辞效果。

　　"砰"一声，郎平的一记重扣，激起了全场经久不息的欢呼声和鼓掌声，像海涛击崖，像山洪暴发，像飞瀑倾泻。（鲁光《中国姑娘》）

16. 说明下文中哪些地方运用了哪种辞格。

　　大理花多，多得园艺家定不出名字来称呼。大理花艳，艳得美术家调不出颜色来点染。大理花娇，娇得文学家想不出词语来描绘。大理花香，香得外来人一到苍山下，洱海边，顿觉飘然，不酒而醉。即使在北国还是万里冰封的隆冬吧，在这儿的苍山绿水间却是万紫千红，百花吐芳。

17. 就下面两例进行比较，说明比喻和比拟的区别。

　　① 满天的阳光下，一川的翡翠雕刻似的大瓜，一个个大如斗。

　　② 沙家店一战，把敌人打得晕头转向，一败涂地，再也不敢恋战，只有夹着尾巴冒死南逃了。

18. 就下面两例谈谈排比和层递的相同点和不同点。

　　① 首都人民，全体中国人民，在自己的歌声中，表明了自己的要求，自己的愿望，自己的意志，自己的力量……

　　② 后来我才体会到，这位老教师是怎样关心青年一代，关心教育事业，关心祖国的未来。

19. 下面是鲁迅在《孔乙己》中的两句话，请从词语锤炼的角度指出哪些词用得好，并简要分析其修辞效果。

　　① 他不回答，对柜里说："温两碗酒，要一碟茴香豆。"便排出九文大钱。

　　② 他从破衣袋里摸出四文大钱，放在我手里，见他满手是泥，原来他便用这手走来的。

20. 什么是语体？简述政论语体的特点。

扫描书后二维码可获得以上练习题答案。

第七章　综合练习

现代汉语(上册)期末考试模拟试卷(专科A)

一、单项选择题（每小题1分，共10分）

1. 汉语方言是（　　）

    A. 与普通话并立的独立语言   B. 包含于民族共同语的语言

    C. 汉民族共同语的地域分支   D. 汉民族共同语的高级形式

2. 现代汉语的音节（　　）

    A. 只能有一个元音   B. 不能没有辅音

    C. 不能缺少声调   D. 由辅音加上元音构成

3. 下面各字的韵母属于舌面高元音的是（　　）

    A. 妈   B. 鱼   C. 额   D. 赤

4. 下面各词第一音节变读阳平的是（　　）

    A. 女人   B. 可以   C. 小吃   D. 几率

5. 下面的拼写有错误的是（　　）

    A. gōngfu（工夫）   B. gēbei（胳臂）

    C. nìuwù（谬误）   D. jiàngé（间隔）

6. 能充当韵尾的辅音音素是（　　）

    A. n   B. r   C. m   D. f

7. 汉字是（　　）

    A. 象形文字   B. 音素文字

    C. 音节文字   D. 表意文字

8. 下列各组字，属于左形右声的一组是（　　）

    A. 枯、现、烧   B. 提、鸿、辽   C. 辫、河、射   D. 狗、期、慌

9. 下面各词属于偏正型合成词的是（　　）

  A. 将领   B. 围脖   C. 花朵   D. 主席

10. 下面的单字为不成词语素的是（　　）

  A. 铁（tiě） B. 础（chǔ） C. 吗（ma） D. 了（le）

二、判断题（每小题1分，共10分）

1. 推广普通话的目的就是消灭方言。（　　）

2. 声调是依附在声韵结构中具有区别意义作用的音高变化。（　　）

3. 普通话共有39个韵母。（　　）

4. "机智"这两个音节都属于齐齿呼。（　　）

5.《汉语拼音方案》符合"一个符号一个音素，一个音素一个符号"的原则。（　　）

6. 普通话的清擦音有且只有"f、h、x、sh、s"五个。（　　）

7. "韵"这个音节包含"y、ü、n"三个音素。（　　）

8. 最早采用部首法编排的字典是东汉许慎的《说文解字》，该书把9353个汉字分为540部。（　　）

9. "好"和"不好"是一对反义词。（　　）

10. 一个词只能有一个同义词。（　　）

三、填空题（每空0.5分，共10分）

1. 音素是从_____角度划分出的最小的语音单位。

2. 普通话中唯一的一组清浊对立的辅音是_____和_____。

3. 汉语表示语法意义的手段不大用形态，主要用_____和_____。

4. 北方方言的代表话是_____。

5. 汉民族共同语在春秋时代被称为_____。

6. _____是字书中各部领头的部件或笔画，具有字形归类的作用。

7. 汉字标准化，要求对汉字进行四定，即定量、定形、定音和_____。

8. 词义具有_____性、_____性和_____性。

9. 转义产生的途径主要有两种：_____和比喻。

10. _____把小篆圆转弧形的笔画变成方折平直的笔画，基本摆脱了古文字象形的特点。

11. "农"的声母是＿＿＿，它是由＿＿＿＿＿和＿＿＿＿两个发音器官阻碍气流而形成的音，从发音部位角度来说叫＿＿＿＿＿音。

12. "有读者爱吃比萨"中包含＿＿＿＿个语素，＿＿＿＿个词。

四、概念解释题（每个概念2分，共10分）

1. 音节

2. 韵腹

3. 指事字

4. 语素

5. 惯用语

五、分析实践题（共50分）

1. 分析下列汉字的音节结构。（5分）

汉字	声母	韵母			调值	调类
		韵头	韵腹	韵尾		
写						
字						
光						
回						
问						

2. 根据发音条件写出下列音素的汉语拼音。（5分）

舌面前、送气、清、塞擦音　　　（　　　）

舌尖前、不送气、清、塞擦音　　（　　　）

舌尖后、清、擦音　　　　　　　（　　　）

舌面、前、半低、不圆唇元音　　（　　　）

卷舌、央、中、不圆唇元音　　　（　　　）

3. 标出下列加点词语的实际调值。（5分）

理想　　　管理法　　　海产品　　　朗诵

想想　　　一心一意　　　好不好

4. 指出下列汉字的造字方法。(5分)

尘（　　）鸟（　　）本（　　）功（　　）吐（　　）

5. 写出下列词语中拼音所代表的汉字。(5分)

ān（　　）排　　　　　寒 xuān（　　）　　　　　èr（　　）拾元

dù（　　）假村　　　　chuān（　　）流不息

6. 写出下列汉字的笔顺,并注明笔画数。(5分)

例：成　一厂厅成成成（6画）

区

必

母

考

怅

7. 指出下列合成词的结构类型。(5分)

国家（　　）酸性（　　）给力（　　）年幼（　　）老鼠（　　）

8. 辨析下列同义词。(6分)

竭力－努力

和气－和蔼

9. 写出下列各词的反义词。(4分)

敌人（　　）开始（　　）吝啬（　　）明晃晃（　　）

10. 下面句子都有用词不够妥当的地方,请指出来加以改正,并说明理由。(5分)

① 牛顿是近代最伟大的物理学家之一,著名的万有引力定律就是他发明的。

② 河北省邯郸市肥乡区一名13岁男孩遭三位同学杀害并掩埋,激起了全国网友的极大愤怒。

六、问答题（每小题5分,共10分）

1. 什么是声母？什么是辅音？二者有什么区别？

2. 举例说明同形同音词与多义词的区别。

扫描书后二维码可获得以上试卷答案。

现代汉语(上册)期末考试模拟试卷(专科B)

一、填空题（每空0.5分，共10分）

1. 客家方言以 ＿＿＿＿＿＿ 话为代表，赣方言以 ＿＿＿＿＿＿ 话为代表。

2. 汉语表示语法意义的手段主要用 ＿＿＿＿＿＿＿ 和 ＿＿＿＿＿＿ 。

3. 普通话共有 ＿＿＿＿ 个浊辅音，＿＿＿＿ 个以鼻辅音为韵尾的韵母。

4. 造成不同音色的主要条件有：(1) 发音体不同；(2) ＿＿＿＿＿＿＿＿＿ 不同；(3) ＿＿＿＿＿＿＿＿＿＿＿＿＿＿ 不同。

5. 合成词有复合式、＿＿＿＿＿＿＿ 式和 ＿＿＿＿＿＿＿ 式三种构词方式。

6. 汉字的主要特点是它属于 ＿＿＿＿＿＿ 体系的文字。

7. 词的色彩义包括感情色彩、＿＿＿＿＿＿＿ 色彩和 ＿＿＿＿＿＿＿ 色彩。

8. 词义具有 ＿＿＿＿＿＿＿＿＿ 性、＿＿＿＿＿＿＿ 性和民族性。

9. "趙"简化为"赵"，采用的简化方法是 ＿＿＿＿＿＿ 。

10. "者"的声母是 ＿＿＿，它是由舌尖和硬腭两个发音器官阻碍气流而形成的音，从发音部位来说叫 ＿＿＿＿＿＿ 音。

11. "蝴蝶不喜欢寒冷"中包含 ＿＿＿ 个语素，＿＿＿ 个词。

二、单项选择题（每小题1分，共20分）

1. 现代汉语普通话的标准音是（　　　）

　　A. 北京音　　　　B. 广州音　　　　C. 上海音　　　　D. 北方音

2. 每个普通话音节中一定要有（　　　）

　　A. 声母　　　　B. 韵头　　　　C. 声调　　　　D. 隔音符号

3. 下列声母属于"唇齿音"的是（　　　）

　　A. b　　　　B. k　　　　C. f　　　　D. t

4. 下列每组汉字的声母都属于"浊辅音"的是（　　　）

　　A. 默认　　　　B. 实例　　　　C. 男性　　　　D. 全面

5. 下列元音不能充当韵头的是（　　　）

　　A. a　　　　B. i　　　　C. u　　　　D. ü

6. 描写为"舌面前、高、圆唇"的元音是（　　）

　　A. o 　　　　　B. e 　　　　　C. ü 　　　　　D. u

7. 下列韵母只能构成零声母音节的是（　　）

　　A. ao 　　　　　B. ong 　　　　　C. ueng 　　　　　D. en

8. 下列地名符合拼写规则的是（　　）

　　A. 天津 tiān jīn 　　　　　　　　B. 哈尔滨 Hāěrbīn

　　C. 广州 Guǎngzhōu 　　　　　　D. 北京 BěiJīng

9. 关于声调，下列说法正确的是（　　）

　　A. "第一"中的"一"读阴平

　　B. "去不去"中的"不"读去声

　　C. "七个"中的"七"读上声

　　D. "绿油油"中的第二个"油"读轻声

10. 下列四组词语中，"难"的读音相同的一组是（　　）

　　A. 困难　灾难 　　　　　　　B. 灾难　空难

　　C. 难受　遇难 　　　　　　　D. 国难　为难

11. "延"字具有（　　）

　　A. 6画 　　　　　B. 7画 　　　　　C. 8画 　　　　　D. 9画

12. 汉字"姨"的第一笔是（　　）

　　A. 点 　　　　　B. 横 　　　　　C. 折 　　　　　D. 撇

13. 下列汉字不属于象形字的是（　　）

　　A. 水 　　　　　B. 鹿 　　　　　C. 火 　　　　　D. 下

14. 下列词语书写存在不规范汉字的是（　　）

　　A. 学习 　　　　　B. 秃子 　　　　　C. 劝告 　　　　　D. 周到

15. 下列概念不属于"六书"的是（　　）

　　A. 象形 　　　　　B. 篆书 　　　　　C. 形声 　　　　　D. 会意

16. 下列词语不属于离合词的是（　　）

　　A. 洗澡 　　　　　B. 结婚 　　　　　C. 生气 　　　　　D. 赞同

17. 下列词语中的"瓦"不属于语素的是（　　）

　　A. 瓦片 　　　　　B. 瓦特 　　　　　C. 千瓦 　　　　　D. 瓦解

18. 下列词语构词方式完全相同的一组是（　　　）

    A. 封闭　吸收　害怕　　　　　B. 明天　咖啡　真理

    C. 说明　提高　篇章　　　　　D. 围脖　垦荒　放心

19. 下列各字既不是词也不是语素的一组是（　　　）

    A. 晨　嫩　　　B. 琉　蝴　　　C. 琉　娠　　　D. 绿　化

20. 下列各项不属于词汇规范化原则的是（　　　）

    A. 交际的必要性　　　　　　　B. 使用的普遍性

    C. 意义的明确性　　　　　　　D. 风格的典雅性

三、判断题（每小题1分，共10分）

1. 文学语言不局限于书面语。（　　　）

2. 方言是独立于民族语言之外的另一种语言。（　　　）

3. 湘方言以长沙话为代表。（　　　）

4. 普通话仅有极少数复辅音，比如 zh、ch、sh、ng 等。（　　　）

5. 最小的语音单位是音位。（　　　）

6. "中肯"一词的两个音节都属于开口呼。（　　　）

7. 当前汉字字形最权威的规范标准是《通用规范汉字表》。（　　　）

8. 异体字整理的原则是"从俗、从简、书写方便"。（　　　）

9. 外来词就是从外国语言里借来的词。（　　　）

10. "好—坏"是一组相对反义词。（　　　）

四、概念解释题（每小题2分，共10分）

1. 塞音

2. 撮口呼

3. 形声字

4. 单纯词

5. 基本词

五、分析实践题（共40分）

1. 根据发音条件写出相应的音素。（5分）

    双唇、不送气、清、塞音　　　　（　　　）

    舌尖前、送气、清、塞擦音　　　（　　　）

舌尖中、不送气、清、塞音　　　　（　　）

舌面央、低、不圆唇元音　　　　　（　　）

舌尖后、高、不圆唇元音　　　　　（　　）

2. 分析下列汉字的音节结构。（5分）

汉字	声母	韵母			调值	调类
		韵头	韵腹	韵尾		
迅						
届						
词						
懂						
优						

3. 读词语，写出下列加点词语的实际调值。（5分）

审理　铁拐李　李小姐　小康　傻子　一惊一乍　不去

4. 改正下列词语中的错别字，不错的不要改。（5分）

例如：如火如茶（茶）
　　　　　　　×

暗然失色（　　）　　　走头无路（　　）　　　好高务远（　　）

针扁时弊（　　）　　　浮想联篇（　　）

5. 写出下列汉字的笔顺，并注明笔画数。（5分）

例：成　一厂厅成成成（6画）

为

巨

车

凸

敞

6. 写出下列繁体字的简化字，并注明简化方式。（4分）

繁体字	简化字	简化方式
後		
東		

7.辨析下列同义词。(6分)

团结—勾结

保护—保卫

8.指出下列合成词的结构类型。(5分)

卷曲(　　　)　　　捐资(　　　)　　　雪白(　　　)

阿姨(　　　)　　　星星(　　　)

六、问答题(每小题5分,共10分)

1.简述现代汉语音节结构的特点。

2."星星"和"猩猩"的构词方式是否相同?为什么?

扫描书后二维码可获得以上试卷答案。

现代汉语(下册)期末考试模拟试卷(专科A)

一、单项选择题（每小题1分，共10分）

1. 下面加点的词属于名词的是（　　）

　　A. 很平常　　　B. 面向未来　　C. 金项链　　　D. 勇敢的战士

2. 下列短语切分正确的是（　　）

　　A. 柴鸡/蛋　　　B. 鲜鸡/蛋　　C. 卤鸡/蛋　　　D. 鸡/蛋黄

3. 下列短语的语法属性分析正确的是（　　）

　　A. 美化环境（动词性短语）　　　B. 跑得很快（形容词性短语）

　　C. 酸得很快（副词性短语）　　　D. 价格的开放（动词性短语）

4. 下面各句属于兼语句的是（　　）

　　A. 明天我再请你一顿。　　　B. 你又请客送礼了。

　　C. 请大家静一静。　　　D. 厂里请来了两位专家。

5. 下面问句中属于特指问的是（　　）

　　A. 你说的像话吗？　　　B. 你这个人到底说不说实话？

　　C. 他讲过什么话呢？　　　D. 你是买东西，还是买态度？

6. 下列短语中，连谓短语是（　　）

　　A. 拿着课本走上讲台

　　B. 学习借鉴人类文明的一切有益成果

　　C. 坚持走和平发展道路

　　D. 同世界上一切进步力量携手前进

7. 下列句子属于主谓谓语句的是（　　）

　　A. 老王的意见明天去。

　　B. 我们的老师比你们的老师年纪大些。

　　C. 我的意见今天就走。

　　D. 新建成的大楼的地下室，空气调节很好。

8. 下列句子属于复句的是（　　）

A. 年青的一代，他们是世界的未来。

B. 无论什么人，都不能侵占国家资财。

C. 车子出了村，上了大路。

D. 应用这种罗盘，即使在阴云密布以及黎明或傍晚看不到太阳的时候，也不会迷失方向。

9. "每条岭都是那么温柔，虽然下自山脚，上至岭顶，长满了珍贵的树木，可是谁也不孤峰突起，盛气凌人。"这句话所用的辞格是（　　　）

    A. 比喻　　　 B. 比拟　　　 C. 借代　　　 D. 夸张

10. "打人就要费力气，费力气就要多吃饭，多吃饭就要费钱，费钱就要破坏他的哲学。"这句话用了（　　　）

    A. 排比　　　 B. 层递　　　 C. 回环　　　 D. 顶真

二、判断题（每小题1分，共10分）

1. 语法就是语言的组织法则。（　　　）

2. "纯洁队伍"中的"纯洁"是动词。（　　　）

3. "老王，咱们走吧。"这句话的主语是"老王"。（　　　）

4. 名词短语一般不能受副词修饰。（　　　）

5. 有的语气词也可以用在句子中间。（　　　）

6. 介词短语也可以作定语。（　　　）

7. 出现"即使……也……"这种关联词语的句子一定是复句。（　　　）

8. 整句的修辞效果要好于散句，因此在写作中要多用整句。（　　　）

9. "野火烧不尽，春风吹又生。"这是对偶中的串对（流水对）。（　　　）

10. 辞格的兼用是指同一段话同时用多种辞格。（　　　）

三、填空题（每空1分，共10分）

1. 语法这个术语有两个含义，一个指语法规律，一个指_____。

2. "她欢快地向我奔跑过来。"这句话中的谓语是_____。

3. "啊，你怎么这样啊！"在这句话中，从词性来看，前一个"啊"是_____词，后一个"啊"是_____词。

4. "响起热烈的掌声"这个短语，从结构上说属于_____短语，从功能上说属于_____短语。

5. 从宾语的语义类型上看，"一条船坐五个人"这句话中的宾语属于
_____宾语。

6. "据说，他昨天去了天津。"该句中的"据说"，从句法成分角度来说
是_____。

7. "既然A，就B"在复句中表示_____关系。

8. "两个黄鹂鸣翠柳，一行白鹭上青天。"该句使用的辞格是_____。

四、概念解释题（每小题2分，共10分）

1. 区别词

2. 量词短语

3. 存现句

4. 拈连

5. 仿词

五、分析实践题（共48分）

1. 指出下列各词的词性。（3分）

火热（　　　）　　　大型（　　　）　　　似的（　　　）

哗哗（　　　）　　　以及（　　　）　　　不必（　　　）

2. 用框式图解法按从大到小的顺序分析下列短语（多义短语要作多种
分析）。（17分）

① 在老师和同学们的帮助下

② 来了三个报社的记者

③ 明天早晨六点钟的火车

④ 让他自己去想办法

⑤ 把石头从山坡儿上推下来

3. 用简易符号法分析下列单句。（16分）

① 这里的美丽风光吸引了众多游人。

② 我希望参加去欧洲的旅行团。

③ 山脚下是一片绿油油的庄稼。

④ 她的心事被好友说破了。

⑤ 我，你还信不过吗？

⑥ 我们没有看到日出的奇景。

⑦ 乐团的人都好奇地围过来看热闹。

⑧ 提高整个中华民族的科学文化水平，是亿万人民群众的切身事业。

4. 用竖线法分析下列复句。（6分）

① 一个人，无论他是什么学历，只要善于团结大家一起工作，善于化消极因素为积极因素，善于同党内外同志合作共事，就可以算是个比较好的领导人。

② 文天祥被拘囚在北京一个阴湿地牢里，受尽了折磨，元朝多次派人劝他，只要投降，便可以做大官，但他坚决拒绝，终于在公元1282年被杀害了。

5. 修改病句并说明理由。（6分）

① 本校师生员工出入校门一律凭工作证和学生证。

②《语法修辞讲话》的作者是吕叔湘、朱德熙合写的。

③ 如果作者的想象不合理，反而给人一种不真实的感觉。

六、问答题（每小题6分，共12分）

1. 举例说明兼语句和主谓短语作宾句的区别。

2. 句式选择的基本原则是什么？

扫描书后二维码可获得以上试卷答案。

现代汉语(下册)期末考试模拟试卷(专科B)

一、单项选择题（每小题1分，共10分）

1. 下列加点的词为形容词的是（　　　）

　　A. 我很喜欢梅花　　　　　　　B. 他的技术让我佩服

　　C. 他安详地微笑着　　　　　　D. 大伙待我实在太好了

2. 下列语句中的"实际"属于名词的是（　　　）

　　A. 理论联系实际

　　B. 谈谈实际情况

　　C. 现在的年轻人比我们年轻的时候实际多了

　　D. 听口音像北方人，实际他是上海人

3. "我昨天进的城"中的"的"是（　　　）

　　A. 语气词　　　B. 时间助词　　　C. 语气助词　　　D. 结构助词

4. 下列各句中的"什么"表示虚指的是（　　　）

　　A. 他什么嗜好也没有？　　　B. 你喜欢什么工作？

　　C. 你找什么？　　　　　　　D. 他们正在谈论什么事情。

5. "你想不想吃点儿什么？"该句属于（　　　）

　　A. 是非问　　　B. 特指问　　　C. 正反问　　　D. 选择问

6. 下列各项属于连谓短语的是（　　　）

　　A. 用长形的工具取东西　　　B. 伸直了胳膊取东西

　　C.〔把马〕牵回来　　　　　　D. 到敌人后方去

7. "这种苦日子我们也过过。"下列对这个句子和其中词语的判断，正确的是（　　　）

　　A. 主语是"我们"，宾语是"日子"

　　B. 这两个"过"都是动态助词

　　C. 这是个主谓谓语句

　　D. 这是个宾语前置句

8. 下列句子属于存现句的是（　　　）

　　A. 枪上都上了刺刀。　　　　　　B. 池塘里的水都抽干了。

　　C. 六十岁上得了个孙子。　　　　D. 上半夜下雨了。

9. "'真他娘的倒霉！人不走运，喝凉水都塞牙缝！'孙老大一路上不住地抱怨，有时用拳头狠狠地打驴……好像做买卖赔了钱完全是驴的过错。"这句话所用的修辞格是（　　　）

　　A. 比喻　　　B. 拟人　　　C. 借代　　　D. 夸张

10. "时间就是生命，时间就是速度，时间就是金钱，时间就是力量。"这句话运用的修辞格是（　　　）

　　A. 比喻和夸张　　　　　　　B. 比喻和排比

　　C. 排比和夸张　　　　　　　D. 排比和对偶

二、判断题（每小题1分，共10分）

1. 只有书面语有语法，口语是没有语法的。（　　　）

2. 最小的语法单位是音素。（　　　）

3. 短语是由词构成的、没有句调的语法单位。（　　　）

4. "我没请老王，老王怎么来了呢？"这句是正反问。（　　　）

5. "河里结了很厚的冰，致使轮船停运。"这是因果复句。（　　　）

6. "在哪儿都要认真工作。"这是条件关系的紧缩句。（　　　）

7. "哎哟！这苹果这么贵呀！"其中的"哎哟"是独立语。（　　　）

8. "他画了三幅画了。"其中第二个"了"是语气词。（　　　）

9. "大海睡熟了。"这句运用了比拟的修辞方法。（　　　）

10. "父亲退休后每天都与老朋友下围棋，乐在'棋'中。"这里运用了"仿词"的修辞格。（　　　）

三、填空题（每空1分，共10分）

1. 语法的性质主要有抽象性、稳固性和_____。

2. "心情舒畅是干好工作的前提。"这句话的主语是_____。

3. "哎哟，你怎么才来啊！"在这句话中，从词性来看，"哎哟"是_____词，"啊"是_____词。

4. "暴风雨般的掌声"这个短语，从结构上说属于_____短语，从功能上说属于_____短语。

5.从宾语的语义类型上看,"门口站着一个人"中的宾语属于_____宾语。

6."老师,我能问你一个问题吗?"该句中的直接宾语是_____。

7."不是A,就是B"在复句中表示_____关系。

8."四面荷花三面柳,一城山色半城湖。"该句所使用的修辞格是_____。

四、概念解释题(每小题2分,共10分)

1. 短语

2. 中心语

3. 兼类词

4. 比拟

5. 层递

五、分析实践题(共50分)

1.指出下列各词的词性。(4分)

关于( ) 这么( ) 野生( ) 如果( )

作战( ) 明年( ) 似的( ) 难道( )

2.用框式图解法按从大到小的顺序分析下列短语(多义短语要作多种分析)。(16分)

① 对俄罗斯的政策

② 分析研究一下土壤的元素

③ 偏偏又碰上小李外出去办事

④ 我们的一切工作都要对人民负责

⑤ 这次数学比赛我校选派三名学生参加

3.用简易符号法分析下列单句。(16分)

① 其实呢,他不来也好。

② 林子里飘着一股清香。

③ 这个问题,你能处理好。

④ 你去告诉大家,今晚有大风。

⑤ 我们每个人都希望去艰苦的地方工作。

⑥ 你喜欢学英语吗？

⑦ 我们派人在渺无人烟的野草丛林间种下果树。

⑧ 小王被眼前的一切惊得目瞪口呆。

4. 用竖线法分析下列复句。（6分）

① 我不能说我不珍重这些荣誉，相反，我珍重这些荣誉，并且我承认它很有价值，不过我从来不曾为追求这些荣誉而工作。

② 我讨厌定时约会，到得早，显得太急切；到迟了，人家说你摆架子；准时到，又似乎太拘谨；索性不去，他们就说你没礼貌。

5. 指出下列段落所用的修辞格。（8分）

① 激情，你是灵感的火花，你是创作的动力，你又是爱情的试金石。

② 沉默啊！沉默啊！不在沉默中爆发，就在沉默中灭亡。

③ 萧伯纳说过，许多英国人终生不读莎士比亚，就是因为幼年时老师逼迫他们背诵，由此产生了逆反心理。

④ 假若当时我已经能够记事儿，我必会把联军的罪行写得更具体，更"伟大"，更"文明"。

⑤ 线儿缝在军衣上，情意缝在我心里。

⑥ 有心栽花花不活，无意插柳柳成荫。

六、问答题（每小题5分，共10分）

1. 如何区分时间名词和时间副词？请举例说明。

2. 对偶和对比有什么相同点和不同点？请举例说明。

扫描书后二维码可获得以上试卷答案。

现代汉语(上册)期末考试模拟试卷(本科A)

一、单项选择题(每小题1分,共10分)

1. 送气的清塞音是( )。

    A. b d g   B. p t k   C. j z zh   D. q c ch

2. 下面的单元音中,全为舌面后音的一组是( )。

    A. ɑ o   B. ê i   C. e o   D. u ü

3. u 和 ü 的区别在于( )

    A. 舌位的高低   B. 舌位的前后

    C. 圆唇不圆唇   D. 舌尖和舌面

4. 切分语音中的音素的依据是( )

    A. 音高   B. 音长   C. 音强   D. 音色

5. 下列词语,拼写正确的一项是( )

    A. bào'ēn(报恩)   B. nǚxù(女婿)

    C. ēnài(恩爱)   D. jǔlì(举例)

6. 下列汉字的韵母都属于开口呼的是( )

    A. 东方、海鸥 B. 自在、开恩 C. 宗派、衬衫 D. 风华、正茂

7. 秦朝通行的汉字形体是( )

    A. 小篆和隶书   B. 籀文和隶书

    C. 小篆和楷书   D. 大篆和小篆

8. 下面的词语中,字形规范且没有错别字的一组字是( )

    A. 热情周到   B. 郎才女貌   C. 丰收在望   D. 绕城高速

9. "冰激凌"是( )

    A. 纯音译的外来词   B. 纯意译的外来词

    C. 意译加音译的外来词   D. 音意兼译的外来词

10. 下列各组词中属于绝对反义词的是( )

    A. 好—坏   B. 曲—直   C. 快—慢   D. 先进—落后

二、多项选择题（每小题1分，共5分）

1. 下列各组词，每组声母都是舌尖前音的是（　　）

　　A. 转账 最终　　　　B. 藏族 色彩　　　　C. 替代 网页

　　D. 从此 思索　　　　E. 总则 层次

2. 下列音节，没有韵头的是（　　）

　　A. 孙　　　B. 工　　　C. 酒　　　D. 韦　　　E. 晕

3. 下面各组汉字中，笔画数目完全相同的是（　　）

　　A. 凹—凸　B. 延—麦　C. 尬—沛　D. 曹—象　E. 颐—鼎

4. 成语与惯用语的主要区别是（　　）

　　A. 成语书面语色彩浓，惯用语口语色彩浓。

　　B. 成语以四字格为基本形式，惯用语多为三字格。

　　C. 成语大多是动宾结构，惯用语通常是并列、偏正、补充、主谓等结构。

　　D. 惯用语的来源比成语丰富，惯用语多来源于古典诗文和神话故事，成语多来源于口语。

　　E. 成语含义丰富，惯用语含义相对单纯。

5. 下列每组词各形成一个语义场，属于关系义场的是（　　）

　　A. 初试—复试　　　B. 小学—中学—大学　　　C. 老师—学生

　　D. 笔—墨—纸—砚　　E. 交—接

三、判断题（每小题1分，共5分）

1. 海南岛属于闽方言区。（　　）

2. 按字母表的读音，B应读 [pɛ]。（　　）

3. "畫、書、晝"的简化字分别为"书、画、昼"。（　　）

4. "方"的笔顺是"方：丶一亅方"。（　　）

5. "白雪皑皑"中的"皑皑"是词缀。（　　）

四、填空题（每空1分，共10分）

1. 云南话属于_____方言。

2. 普通话的"勇"，用国际音标标作_____。

3. "发达"按"十三辙"归类应为_____辙。

4. 普通话的去声字主要有两个来源，一部分来源于古代汉语的去声字，另一部分来源于古代汉语的全浊 _____ 字。

5. 轻声具有 _____ 的作用。

6. 楷书是汉代末年从 _____ 发展演变而来的。

7.《通用规范汉字表》收一级汉字 _____ 个。

8. "疆"是形声字，其形旁为 _____。

9. 词义具有 _____、模糊性和民族性。

10. "蒙古语属于阿尔泰语系"中包含 _____ 个词。

五、概念解释题（每小题2分，共10分）

1. 辅音

2. 儿化韵

3. 会意字

4. 词根

5. 基本词

六、分析实践题（共45分）

1. 分析下列汉字的音节结构。（5分）

汉字	声母	韵母			调值	调类
		韵头	韵腹	韵尾		
柳						
时						
五						
东						
外						

2. 用国际音标拼写下列词语（标出实际调值）。（5分）

解渴　　　　　海绵　　　　　甜头

指挥　　　　　不对

3. 指出下列汉字的造字方法。（5分）

穿（　）　鼠（　）　二（　）　灶（　）　切（　）

4. 填表（根据发音条件写出相应音素的汉语拼音和国际音标，或根据汉语拼音写出相应音素的发音条件和国际音标）。（8分）

发音条件	汉语拼音	国际音标
舌面前、不送气、清、塞擦音		
舌尖后、不送气、清、塞擦音		
卷舌央、中、不圆唇元音		
舌面前、低、不圆唇元音		
	ê	
	ü	
	r	
	ng	

5. 写出下列词语中拼音所代表的汉字。（5分）

再接再 lì（　　）　　　　　　　xuān（　　）赫一时

食不 guǒ（　　）腹　　　　　　欢 dù（　　）春节

gǔ（　　）惑人心

6. 写出下列汉字的笔顺，并注明笔画数。（5分）

例：成　一厂厅成成成（6画）

忆

火

迅

丑

考

7. 辨析下列同义词。（6分）

表现—体现

尖刻—苛刻

8. 写出下列各词的反义词。（4分）

肮脏（　　　　　　）　　　　和蔼（　　　　　　　）

明晃晃（　　　　　　）　　　井井有条（　　　　　　　）

9. 指出下列合成词的结构类型。(2分)

火红（　　　）　　　　　　领袖（　　　　）

说明（　　　）　　　　　　姐姐（　　　　）

七、问答题（每小题5分，共15分）

1. 普通话音节结构有什么特点？

2. 举例说明形声字的作用和局限。

3. 举例说明汉语吸收其他民族语言的词的方式。

扫描书后二维码可获得以上试卷答案。

现代汉语(上册)期末考试模拟试卷(本科B)

一、单项选择题（每小题1分，共10分）

1. 苏州话属于（　　）

    A. 吴方言　　　　B. 闽方言　　　　C. 湘方言　　　　D. 赣方言

2. 下列词语中，两个音节都属于齐齿呼韵母的是（　　　）

    A. 姿势　　　　B. 刺绣　　　　C. 表姐　　　　D. 自理

3. 下列音素不能充当韵尾的是（　　）

    A. [o]　　　　B. [i]　　　　C. [u]　　　　D. [n]

4. 普通话中不能构成零声母音节的韵母是（　　）

    A. ia　　　　B. eng　　　　C. er　　　　D. en

5. d、t、n、l四个辅音声母都是（　　）

    A. 舌尖前音　　B. 舌尖中音　　C. 舌尖后音　　D. 舌面音

6. 下列词语中的汉字都符合《通用规范汉字表》的一组是（　　　）

    A. 污水　　　　B. 沒有　　　　C. 体育　　　　D. 充沛

7. 下列词语书写符合《第一批异形词整理表》规定的是（　　　）

    A. 辈份　　　　B. 倒楣　　　　C. 繁衍　　　　D. 脚色

8. 下列各组内的汉字都采用相同简化方式的是（　　　）

    A. 辦—办　为—为　　　　　　B. 赋—赋　臺—台

    C. 後—后　漢—汉　　　　　　D. 捨—舍　響—响

9. "蝴蝶在西双版纳的森林里飞舞。"这句话中包含（　　　）

    A. 7个语素，5个词　　　　　　B. 8个语素，6个词

    C. 13个语素，9个词　　　　　　D. 9个语素，7个词

10. 下列各组词都属于"偏义复词"的一组是（　　　）

    A. 公文、国家　B. 窗户、干净　C. 质量、数量　D. 人物、方圆

二、多项选择题（每小题1分，共10分）

1. 下列每组汉字的声母都属于"浊辅音"的是（　　　）

A. 例如　　B. 狐媚　　C. 目录　　D. 人们　　E. 燃料

2. 普通话每个音节一定不能缺少（　　）

    A. 声母　　　　　　　　B. 韵母　　　　　　　　C. 声调

    D. 隔音符号　　　　　　E. 辅音

3. 现代汉语在语音方面的特点是（　　）

    A. 只有少量的复辅音　　　　　B. 元音占优势

    C. 有声调　　　　　　　　　　D. 音节整齐简洁

    E. 所有音长可以区别意义

4. 下列汉字的笔顺、笔画说明正确的是（　　）

    A. "火"的第二笔是"点"

    B. "万"的第二笔是"撇"

    C. "女"的第二笔是"撇点"

    D. "凹"的第二笔是"横折折折"

    E. "凸"的第四笔是"横折折折"

5. 下列各组汉字全部属于指事字的是（　　）

    A. 本、事　　B. 二、三　　C. 上、火　　D. 亦、下　　E. 至、刃

6. 下列每组汉字的注音都正确的是（　　）

    A. 巷（hàng）道　　　　　戛（jiá）然而止

    B. 狐媚（húmèi）　　　　　恫吓（dònghè）

    C. 劲旅（jìnglǚ）　　　　　瞠（chēng）目结舌

    D. 殷（yīn）红　　　　　　一叶扁（piān）舟

    E. 召（zhào）开　　　　　虚与委蛇（shé）

7. 下列词语属于离合词的是（　　）

    A. 洗澡　　B. 结婚　　C. 生气　　D. 赞同　　E. 争取

8. 下列各组词语都属于联绵词的是（　　）

    A. 蝴蝶　马甲　　　B. 仿佛　伶俐　　　C. 葡萄　鸳鸯

    D. 真正　沙发　　　E. 狼狈　尴尬

9. 下列各项属于词汇规范化原则的是（　　）

    A. 交际的必要性　　　　　　B. 使用的普遍性

C. 意义的明确性　　　　　D. 风格的典雅性

E. 音节的协调性

10. 下列各组中, 加点的词属于同音词的是(　　)

A. 修筑工事/数学公式

B. 共同心愿/共同努力

C. 宫颈检查/恭敬地鞠了躬

D. 我们学校文体活动很丰富/就文体讲, 书信、总结等属于文艺文

E. 语音规范/这个词的用法不规范

三、判断题(每小题1分, 共8分)

1. 汉语广泛运用复合法作为构词方法。(　　)

2. 普通话共有22个辅音声母。(　　)

3.《汉语拼音方案》符合"一音一符"的原则。(　　)

4. 普通话中没有复辅音。(　　)

5. 一个词可以有几个同义词和反义词。(　　)

6. "姥姥"和"舅舅"都是叠音式单纯词。(　　)

7. 同义义场和反义义场都属于关系义场。(　　)

8. 一个汉字可以记录一个音节, 所以汉字是音节文字。(　　)

四、填空题(每空1分, 共12分)

1. 客家方言的代表地点是_____。

2. 一个语音系统中能够区别意义的最小语音单位是_____。

3. 与语法有关的重音叫_____重音。

4. "一"和"不"在非去声前一般读_____。

5. 按《汉语拼音方案》规定, "外汇"应该拼写为_____, "旅游"应该拼写为_____。

6. 表示词的词汇意义的语素叫_____。

7. 当前在汉字字形方面最权威的标准是《_____》, 共收字_____个。

8. "蝴蝶不喜欢寒冷"中包含____个语素, ____个词。

9. "幸福"的反义词是_____。

五、概念解释题（每小题2分，共10分）

1. 调值和调类

2. 儿化

3. 异读词

4. 词缀

5. 古语词

六、分析实践题（共35分）

1. 分析下列汉字的音节结构。（5分）

汉字	声母	韵母			调值	调类
		韵头	韵腹	韵尾		
顺						
雨						
皆						
宣						
持						

2. 填表（在下面的舌位图上填写普通话的七个舌面元音）。（7分）

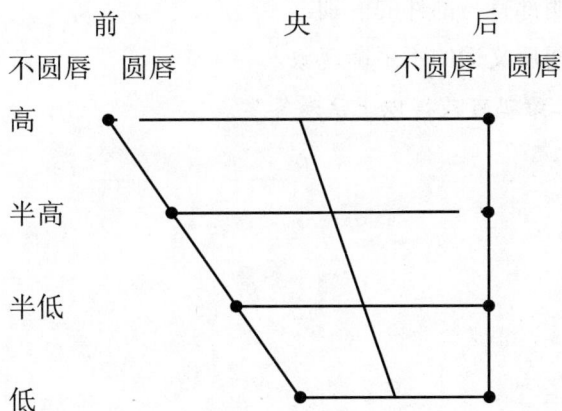

3. 用国际音标拼写下面一句话（尽量用严式音标，声调按实际读法标出调值）。（8分）

你怎么不去审理案子呢？

4. 写出下列汉字的笔顺,并注明笔画数。(5分)

例:成 一 厂 厅 成 成 成(6画)

毋

皮

臣

走

军

5. 下列词语中仅有4个错别字或不规范汉字,请加以改正;正确的不要改。(4分)

例如:如火如荼(荼)

筵席(　　)　　　　坐镇(　　)　　　　传染(　　)

厘米(　　)　　　　突击(　　)　　　　貌合神离(　　)

6. 辨析下列同义词。(6分)

黎明—早晨

充满—充斥

七、问答题(每小题5分,共15分)

1. 用国际音标拼写"似的",并写出所有音素的发音条件。

2. 举例说明部首与部件的区别。

3. 举例说明反义词的不平衡现象。

扫描书后二维码可获得以上试卷答案。

现代汉语(下册)期末考试模拟试卷(本科A)

一、单项选择题（每小题1分，共10分）

1. 下列句子不属于单句的是（　　）

A. 只有探出身子的时候，才知道自己站在深不可测的水沟边。

B. 她后来又去了哪里，我一点儿也不知道。

C. 丰富的生活和深刻的思想，却可以通过贫乏而苍白的语言来表现。

D. 我们在这儿度过了一个愉快的下午，然后怀着满足的心情踏上了归途。

2. 汉语的名词前面可以加数量短语，英语没有这种语法现象；汉语的短语与句法构造相同，英语的短语与句子的句法构造不同。这说明（　　）

A. 语法具有抽象性　　　　　　　B. 语法具有稳固性

C. 语法具有民族性　　　　　　　D. 语法具有递归性

3. 下面加点词的词性判断错误的是（　　）

A. 出身微贱（形容词）　　　　　B. 微利经营（名词）

C. 微量元素（形容词）　　　　　D. 稍微有点热（副词）

4. "一群旅游的"是（　　）

A. 数量短语　　B. 偏正短语　　C. 主谓短语　　D. "的"字短语

5. 下列各组短语，都属于名词性短语的一组是（　　）

A. 买了一本、一本字典

B. 老师和同学、说与做

C. 出身寒微、优美的姿势

D. 生产任务、市场的开放

6. "你看，你听，严格说来，毫无疑问"等用作插说语时，可以表示（　　）

A. 呼应和感叹　　　　　　　　　B. 提醒和强调

C. 推测和估计　　　　　　　　　D. 依据和来源

7. 下面各组重叠词语，都表示形态变化的一组是（　　）

A. 看看、妈妈   B. 说说、娃娃

C. 高高兴兴、研究研究   D. 痛痛快快、盆盆罐罐

8. 下面加点的词语作定语的是（　　）

A. 芯片制造技术   B. 今天才星期四

C. 奶奶已经九十三岁了   D. 慢慢地走过来

9. "他极力压住火说：'我是来工作的，不要在我和干部、群众之间砌上一堵墙。'"这句话加点部分所用的辞格是（　　）

A. 借喻   B. 借代   C. 比拟   D. 夸张

10. 句子在修辞学上有整句和散句之分，有些辞格的句子使用整句，比如（　　）

A. 对偶   B. 层递   C. 映衬   D. 对比

二、双项选择题（每小题1分，共8分）

1. 西方传统语法学把语法分为词法和句法两部分，句法学研究的内容是（　　）

A. 词的分类和构词法

B. 构词法和构形法

C. 短语的结构及分类

D. 句子的结构及分类

2. 下列加点的量词短语充当宾语的是（　　）

A. 大家批评了他一顿。

B. 他来了三趟。

C. 打了五场球，赢了两场。

D. 像这样大的雨，一个月总要下两场。

3. 下列各组加点的词都属于区别词的是（　　）

A. 学校操场　草本植物   B. 男衬衫　临时短语

C. 民办高校　国营企业   D. 纯净水　粗犷的性格

4. 下列各词属于兼类词的有（　　）

A. 幻想：幻想成为月球上的公民／一个美丽的幻想

B. 空门：她已遁入空门／面对空门却把球踢飞了

C. 相机：我刚买了一部新相机／你们相机而动

D. 成就：成就革命大业／经济建设取得了巨大的成就

5. "这几天,我们都忙着筹备普通话培训班。"这句话中,作状语的词语是(　　)

A. 这几天　　　B. 都　　　C. 忙着　　　D. 筹备

6. 能够利用语音条件提高修辞表达效果的辞格有(　　)

A. 对比　　　B. 双关　　　C. 排比　　　D. 拈连

7. 下列各句运用了仿词辞格的是(　　)

A. 有些天天喊大众化的人,其思想往往是小众化。

B. 五岭逶迤腾细浪,乌蒙磅礴走泥丸。

C. 广场上又燃起欢乐的篝火。

D. 满心婆理而满口公理的绅士们,曾受到过鲁迅的批判。

8. 下列各句运用了拈连辞格的是(　　)

A. 然而悲惨的皱纹,却也从他的眉头和嘴角出现了。

B. 蜜蜂是在酿蜜,又是在酿造生活。

C. 哼!你别看我耳朵聋——可我的心并不聋啊!

D. 在苍茫的大海上,狂风卷集着乌云。

三、判断题(每小题1分,共10分)

1. "他的脸长得跟猪腰子一样。"这是比况短语作补语。(　　)

2. "的"字短语经常作定语。(　　)

3. "老李,吃饭了吧?"这句话的主语是"老李"。(　　)

4. 动词一般不能受程度副词修饰,但表示心理活动的动词除外。(　　)

5. 独立语不是句法成分而是语用成分。(　　)

6. 介词不能单独作句法成分。(　　)

7. 助词的附着性最强。(　　)

8. 汉语中相同的句法结构不能层层套叠。(　　)

9. "才饮长沙水,又食武昌鱼。"这是对偶中的正对。(　　)

10. "横眉冷对千夫指,俯首甘为孺子牛。"该句所用的辞格,从形式上来看是对偶,从意义上来看是对比。(　　)

四、填空题（每空1分，共14分）

1. 语法这个术语有两个含义，一个指＿＿＿＿＿＿＿＿＿＿，一个指语法学知识或理论，即语法学者对客观语法事实的说明，带有主观性。

2. "一块钱买两三条鱼很值得。"这句话的谓语是＿＿＿＿＿＿。

3. 最小的语法单位是＿＿＿＿。

4. "哟，你怎么不声不响就来了呢！"在这句话中，从词性来看，"哟"是＿＿＿＿词，"呢"是＿＿＿＿词。

5. "浇得落汤鸡似的"中的补语，从结构上说属于＿＿＿＿＿短语，从功能上说属于＿＿＿＿短语。

6. 助词短语通常包括"的"字短语、＿＿＿＿短语和＿＿＿＿短语。

7. "昨天上午，我们家跑丢了一只猫。"这句话的主语，从意义类型看是＿＿＿＿＿。

8. "词语的锤炼"包括＿＿＿的锤炼和＿＿＿＿的锤炼。

9. "举着红灯的游行队伍河一样流到街上。"该句在辞格运用上是＿＿＿＿和＿＿＿＿的兼用。

五、概念解释题（每小题2分，共8分）

1. 及物动词

2. 同位短语

3. 比拟

4. 借代

六、分析实践题（共35分）

1. 指出下列加点词的词性。（5分）

两个孩子年纪相仿佛 　　　　（　　　）

问题必须从根本上解决 　　　　（　　　）

共同的利益 　　　　（　　　）

我去跟你去一样 　　　　（　　　）

这样做太费事 　　　　（　　　）

古人管眼睛叫"目" 　　　　（　　　）

不叫我去，我偏去 　　　　（　　　）

他轻易不表态　　　　　　　（　　　）

你往跟前站站，让我仔细看看　（　　　）

如果小张能来的话，还是来一趟　（　　　）

2. 用框式图解法从大到小分析下列短语（多义短语要作多种分析）。(12分)

① 他所谈的不过是些生活琐事

② 女儿长得跟妈妈一个样儿

③ 索性花点时间亲自跑一趟

④ 姐姐送我几次电影票

⑤ 讨厌说谎话和骂人的学生

3. 用简易符号法分析下列单句。(10分)

① 雨一阵儿紧一阵儿松地下个不停。

② 领导已经安排他一个重要职务。

③ 银行催促我换银联卡。

④ 这件事，老实说，我也不清楚。

⑤ 中国人民绝不允许任何外来势力欺负、压迫、奴役我们。

4. 用竖线法分析下列复句。(4分)

① 穿的虽然是长衫，可是又脏又破，似乎十多年没有补，也没有洗。

② 想有乔木，想看好花，一定要有好土；没有好土，便没有好花，所以土实在较花木还重要。

5. 修改病句并说明理由。(4分)

① 五月份在困难很多的情况下，棉布计划仍有较大增产，节约工作也取得了一定的进展。

② 犯罪分子一面不断地变换手法，一面终究逃脱不了人民的法网。

七、问答题（每小题5分，共15分）

1. 简述动词和形容词在语法功能上的差别。

2. 简述短语和句子的区别。

3. 什么是语体？简述公文语体有什么特点。

扫描书后二维码可获得以上试卷答案。

现代汉语(下册)期末考试模拟试卷(本科B)

一、单项选择题（每小题1分，共10分）

1. 下列加点的词为形容词的是（　　）

　　A. 他逐渐熟悉了这里的情况　　　B. 突然下起雨来

　　C. 一家大型超市的服务员　　　　D. 一辆红色汽车

2. 下列加点的词属于动词的是（　　）

　　A. 大表哥性格耿直　　　　　　　B. 屋里热得简直待不住了

　　C. 这两条直线彼此垂直　　　　　D. 分析问题不能只凭直感

3. 下列加点的词属于时间助词的是（　　）

　　A. 我前天来的上海　　　　　　　B. 一件洗得发白的蓝衬衫

　　C. 这些东西吃不得　　　　　　　D. 你管不着我

4. 下列各句中的"这""那"属于不定指用法的是（　　）

　　A. 这次事故与那次事故不同。

　　B. 那个月的电费怎么比这个月高这么多？

　　C. 这件衣服不如那件衣服便宜。

　　D. 孩子到了农村的奶奶家，什么都喜欢，一会儿摸摸这，一会儿摸
　　　 摸那。

5. "你想不想带点儿什么回去？"该句属于（　　）

　　A. 是非问　　　B. 特指问　　　C. 正反问　　　D. 选择问

6. 下列句子属于主谓谓语句的是（　　）

　　A. 窗户外面什么都看不清楚。　　B. 大哥，你这是去哪里？

　　C. 老张的心情糟糕透了。　　　　D. 谁都不许回家。

7. 下列句子中的单句是（　　）

　　A. 即使在极端困难的情况下，他仍然坚持支援前线。

　　B. 要是你不来，他绝对不会去。

　　C. 之所以选择这种解决方案，是因为它具有更高的性能和更低的

成本。

D. 这事情太复杂,不容易调查清楚。

8. 下列句子属于存现句的是( )

A. 忽然间下起大雨来。 B. 村子里的鸡都让黄鼠狼偷吃了。

C. 中午以后你可以回家了。 D. 路边有个可以躲雨的草棚。

9. 下列句子用了比喻辞格的是( )

A. 他怎么长得不像他爸爸。 B. 乡愁是一枚小小的邮票。

C. 柏油路也好像要晒化了。 D. 女人们都骂着家里的"狠心贼"。

10. "不包含任何联结词的命题叫作原子命题,至少包含一个联结词的命题叫作复合命题。设 P 和 Q 是任意两个命题,则 $\neg P$, $P \vee Q$, $(P \vee Q)$ $\vee (P \to Q)$, $P \leftrightarrows (Q \vee \neg P)$ 等都是复合命题。"这段话属于( )

A. 公文语体 B. 科技语体 C. 政论语体 D. 文艺语体

二、多项选择题(每小题2分,共10分)

1. "我每天都被他们吊起来打。"该句属于( )

A. 主谓句 B. 兼语句 C. 连谓句 D. "被"字句

2. "这种鱼谁没吃过!"下列对这个句子和其中词语的判断,正确的是( )

A. 主语是"谁",宾语是"这种鱼"

B. 末尾的"过"是动态助词

C. 这是个主谓谓语句

D. 主语是中性的

3. 下列句子中的单句是( )

A. 在山区生活久了,他学会了识别各种野菜。

B. 他拿起书,走出了房间。

C. 老师让学生们认真听讲,积极回答问题。

D. 不管认识的还是不认识的,都得按章程办事。

4. 下列句子运用了夸张的是( )

A. 有的人活着,他已经死了;有的人死了,他还活着。

B. 隔壁千家醉,开坛十里香。

C. 农民们都说，看见这样鲜绿的麦苗，就能嗅出白馒头的香味来了。

D. 他恨不得一分钱掰成两半花。

5. "赤日炎炎似火烧，野田禾苗半枯焦，农夫心内如汤煮，公子王孙把扇摇。"这首诗使用了（　　　）

　　A. 比喻　　　　　B. 夸张　　　　　C. 对比　　　　　D. 衬托

三、判断题（每小题1分，共10分）

1. 语素、词、短语都是没有句调的语言单位。（　　　）

2. 汉语中词、短语和句子的结构基本一致。（　　　）

3. 汉语是绝对没有形态变化的语言。（　　　）

4. 短语和句子是句法研究的对象。（　　　）

5. "办了个热热闹闹的婚礼"这是形容词性短语。（　　　）

6. "他一回到家就被村长叫走了。"这是连谓句。（　　　）

7. "她才五岁呀"中的"才"是定语。（　　　）

8. "在这儿睡不好"是多义短语。（　　　）

9. "摇动的车轮，旋转的锭子，争着发出嗡嗡嘤嘤的声音。"这句话运用了比拟的修辞方法。（　　　）

10. 修辞与语音、文字没有任何关系。（　　　）

四、填空题（每空1分，共10分）

1. 能愿动词又叫助动词，主要用在谓词性词语前面表示客观的可能性、_____性和人的主观意愿，往往有评议的作用。

2. 形容词可分为性质形容词和_____形容词两类。

3. _____在否定时可以前加"非"，不能前加"不"。

4. "每一日蹲窝里把蛋来卧"，其中的"来"从词性来说是_____词。

5. 从语义类型上看，"来了一位客人"中的宾语属于_____宾语。

6. "以免"是表示_____关系的关联词语。

7. 我们把前后连贯、共同表示一个中心意思的几个句子叫作_____。

8. 类似复句而没有完整句调的语言单位，我们称之为_____。

9. 陈望道修辞学的代表作是《_____》。

10. 利用上下文的联系，把用于甲事物的词语巧妙地用于乙事物，这种辞格叫_____。

五、概念解释题（每小题2分，共10分）

1. 黏宾动词

2. 状语

3. 助词短语

4. 婉曲

5. 设问

六、分析实践题（共36分）

1. 指出下列加点词的词性。（4分）

① 农业的出路在于机械化　　　　　　　（　　　）

② 偏偏把他给忘了　　　　　　　　　　（　　　）

③ 问老张借本小说　　　　　　　　　　（　　　）

④ 袖珍英汉词典　　　　　　　　　　　（　　　）

⑤ 明年又是一个丰收年　　　　　　　　（　　　）

⑥ 难道我说错了　　　　　　　　　　　（　　　）

⑦ 慢慢地爬起来　　　　　　　　　　　（　　　）

⑧ 来了三天了　　　　　　　　　　　　（　　　）

2. 用框式图解法按从大到小的顺序分析下列短语（多义短语要作多种分析）。（10分）

① 你们笑够了没有

② 许多朋友送来的礼物

③ 高兴得几乎跳了起来

④ 他们俩谁也不比谁差

3. 用简易符号法分析下列单句。（10分）

① 平静的湖面照出了岸边杨柳的倒影。

② 你怎么花钱买来放着不用？

③ 录音机、电视机我们家也买上了。

④ 大家劝他你有病就别看书了。

⑤ 1944年10月23日，空军战士王光复在巡航途中，发现敌军的一个火

车站内停有一长串被油布盖得严严实实的车厢。

4. 用竖线法分析下列复句。（4分）

① 因为特定的内容和语境决定了最佳表达形式只有一种，表达者必须有效地通过修辞活动，觅求到这唯一的语言形式，才能产生所追求的最佳表达效果。

② 人是生活在纪律里面的：守纪律，无论做什么，都有成功的可能；不守纪律，就必然要遭到损失和失败。

5. 改正下列病句，并说明理由。（4分）

① 我国的石油蕴藏量是亚洲最丰富的地区。

② 对你的这项改革，厂里的领导不但支持，工人们也坚决支持。

6. 从综合运用的角度分析下段文字的修辞格。（4分）

① 桃树、杏树、梨树，你不让我，我不让你，都开满了花赶趟儿。红的像火，粉的像霞，白的像雪。

② 你是革命第一，工作第一，他人第一，而有些人却是出风头第一，休息第一，与自己第一。

七、问答题（第1小题8分，第2小题6分，共14分）

1. "把"字句有什么特点？请举例说明。

2. 对比和映衬这两种辞格有什么不同？请举例说明。

扫描书后二维码可获得以上试卷答案。

2024年4月高等教育自学考试全国统一命题考试

现代汉语(A)

第一部分　选择题

一、单项选择题：本大题共20小题，每小题1分，共20分。在每小题列出的备选项中只有一项是最符合题目要求的，请将其选出。

1. 现代汉民族共同语的词汇基础是（　　）

　　A. 北方方言　　　B. 吴方言　　　C. 闽方言　　　D. 粤方言

2. 演奏同一个音符，小提琴和长笛的声音首要的不同是（　　）

　　A. 音高　　　　B. 音强　　　　C. 音长　　　　D. 音色

3. 下列各词，两个音节的声母都属于双唇音的是（　　）

　　A. 品质　　　　B. 颁发　　　　C. 爆破　　　　D. 道德

4. 下列各词，两个音节韵母相同的是（　　）

　　A. 安全　　　　B. 忠诚　　　　C. 天坛　　　　D. 骆驼

5. 下列音节，声调是阴平的是（　　）

　　A. 友　　　　　B. 硬　　　　　C. 州　　　　　D. 从

6. 说下列各词时，音节"不"的调值会变为阳平的是（　　）

　　A. 绝不　　　　B. 不愧　　　　C. 不如　　　　D. 不满

7. 下列各词中的"子"，不读轻声的一项是（　　）

　　A. 原子　　　　B. 筷子　　　　C. 孩子　　　　D. 桌子

8. 记录汉语的书写符号系统是（　　）

　　A. 元音　　　　B. 音节　　　　C. 语素　　　　D. 汉字

9. 属于笔画的相接关系的一项是（　　）

　　A. 儿　　　　　B. 工　　　　　C. 大　　　　　D. 九

10. 不属于联绵词的一项是（　　）

　　A. 参差　　　　B. 徘徊　　　　C. 伶俐　　　　D. 人物

11. 属于短语的是（　　）

　　A. 眼红　　　　B. 杀青　　　　C. 铁门　　　　D. 白菜

12. 属于贬义词的是（　　）

　　A. 勾结　　　　B. 繁荣　　　　C. 爱心　　　　D. 月亮

13. 具有敬谦义的词是（　　）

　　A. 爬行　　　　B. 请教　　　　C. 电脑　　　　D. 山川

14. 属于古语词的是（　　）

　　A. 原则　　　　B. 说明　　　　C. 道路　　　　D. 黎民

15. 属于体词的是（　　）

　　A. 难免　　　　B. 彩色　　　　C. 雪白　　　　D. 操场

16. 属于连动短语的是（　　）

　　A. 拿笔写字　　　　　　　B. 工人和农民

　　C. 说得清楚　　　　　　　D. 今天晴天

17. 下列句子的主语属于施事主语的是（　　）

　　A. 苹果被他吃了。　　　　B. 汽车让王华开走了。

　　C. 四加四等于八。　　　　D. 我吃了一碗饭。

18. 下列句子,属于祈使句的是（　　）

　　A. 多么壮丽的风景啊!　　B. 不准吸烟!

　　C. 怎么搞的!　　　　　　D. 飞机!

19. 甲说:"考上了研究生,你太厉害了!"乙说:"哪里,运气好罢了。"从语用学的角度分析,乙的回答方式是维护交际中的（　　）

　　A. 关联准则　　　　　　　B. 慷慨准则

　　C. 质量准则　　　　　　　D. 谦虚准则

20. "第八条:县级以上人民政府应当鼓励支持高等院校和科研机构开展少数民族语言文字研究;鼓励支持文艺工作者使用少数民族语言文字从事文学艺术的创作和演出;支持培养少数民族语言文字编辑、记者和作家。"这段话属于（　　）

　　A. 文艺语体　　　　　　　B. 科技语体

　　C. 公文语体　　　　　　　D. 政论语体

第二部分　非选择题

二、术语解释题：本大题共3小题，每小题2分，共6分。

21. 调值

22. 同音词

23. 句子

三、判断说明题：本大题共6小题，每小题3分，共18分。判断下列各题正误，正确的打"√"，错误的打"×"，并说明理由。

24. 普通话就是北京话。

25. "乌鸦"一词中，两个音节的声母都是零声母。

26. 指事是用线条描绘事物的形象，以此来表示字义的造字方法。

27. "国"和"圆"从结构方式上看，属于全包围结构。

28. "黄昏"和"晚间"词义的界限是不明确的，体现了词义的概括性。

29. "我一进来就看到她了。"这是一个单句。

四、改错题：本大题共3小题，第30、31小题各2分，第32小题9分，共13分。

30. 改正拼写错误的音节。

(1) 利率 lì lù

(2) 温暖 ēn nuǎn

31. 改正下列词语中的错别字。

(1) 穿流不息

(2) 一望无银

32. 修改病句并说明理由。

(1) 刘红拥有强壮的体格和头脑，同学们都十分羡慕。

(2) 今年八月，中国男子篮球队前往雅加达举办比赛。

(3) 小赵的学习成绩不甚理想，况且运动能力出色。

五、分析题：本大题共7小题，第33、34、35、36、37小题各5分，第38、39小题各4分，共33分。

33. 完成下表中的音节结构分析，并按②～⑥的编号将答案答在答题卡上。

例字	声母	韵母			调类
		韵头	韵腹	韵尾	
倍	①	无	e	②	去声
门	m	无	③	n	阳平
女	n	无	④	无	上声
宽	k	⑤	a	n	阴平
江	j	i	a	ng	⑥

作答示例：①　<u>b</u>

②　____　③　____　④　____　⑤　____　⑥　____

34.把下面表里各单位中包含的语素、词、字、音节的数量填入空格，并将该表抄写在答题卡上作答。

	语素	词	字	音节
例：小说	2	1	2	2
蜡烛				
劳动者				
高尔夫				
苹果派				
看一本书				

35.指出下列复合词的结构方式（在答题卡上抄写各词，在横线上写出对应的构词方式序号）。

①并列式　②支配式　③偏正式　④补充式　⑤陈述式　⑥重叠式

作答示例：霜降　<u>⑤</u>

美容　____　　开关　____　　漆黑　____　　推广　____　　渐渐　____

36.指出下列各组同义词的差异（在答题卡上抄写各词，在横线上写出对应的类型序号）。

①词义轻重程度不同　　　　②词义的适用对象不同

③词性不同　　　　　　　　④感情色彩不同

⑤词义所指范围大小不同　　⑥词义的概括与具体不同

作答示例：气候—天气　⑤

爱护—爱戴 ____　　　　赞美—奉承 ____　　　　睡觉—睡眠 ____

批评—批判 ____　　　　山—山脉 ____

37. 指出下列各词所属的词类（在答题卡上抄写各词，并写出对应的词类序号）。

①副词　②代词　③形容词　④动词　⑤名词　⑥量词

作答示例：怎么 ②

绿油油 ____　　北京 ____　　举行 ____　　本 ____　　总共 ____

38. 用层次分析法分析短语（将下面的文字抄写在答题卡上作答）。

　　李华最后拿到朋友的信

39. 指出下面这段话中运用的修辞格。

　　于是，在大雪纷飞中，在夕阳残照里，在风狂雨骤间，在云烟明灭时，这些绝壁松都像一个个活着的人：像站立在船头镇定又从容地与激浪搏斗的艄公，战场上永不倒下的英雄，沉静的思想者，超逸又具风骨的文人……在一片光亮晴空的映衬下，它们的身影就如同用浓墨画上去的一样。

（冯骥才《黄山绝壁松》）

六、简答题：本大题共2小题，每小题5分，共10分。

40. 简述同印欧语系语言相比，现代汉语的词汇的特点。

41. 简述名词的语法特点。

扫描书后二维码可获得以上试卷答案。

2024年4月高等教育自学考试全国统一命题考试
现代汉语(B)

第一部分　选择题

一、单项选择题：本大题共20小题，每小题1分，共20分。在每小题列出的备选项中只有一项是最符合题目要求的，请将其选出。

1. 现代汉语是现代汉民族使用的语言，包括（　　）
  A. 各行业用语和日常用语　　　　B. 中国各地域的语言
  C. 各民族语言和普通话　　　　　D. 共同语和方言

2. 现在最常用来记录汉语语音的符号系统是国际音标和（　　）
  A. 拉丁字母　　　　　　　　　　B. 注音字母
  C. "国罗"和"北拉"　　　　　　D.《汉语拼音方案》

3. 两个音节声母相同的是（　　）
  A. 能量　　　　B. 浏览　　　　C. 复活　　　　D. 瀑布

4. 两个音节韵母相同的是（　　）
  A. 源泉　　　　B. 礼遇　　　　C. 亲情　　　　D. 神圣

5. 调类是上声的是（　　）
  A. 形　　　　B. 开　　　　C. 井　　　　D. 并

6. 说出下列各词时，第一个音节的调值会变为35的是（　　）
  A. 指挥　　　　B. 选举　　　　C. 一直　　　　D. 不想

7. 说话时，语气词"啊"会变读为"呀"的是（　　）
  A. 快来啊　　　B. 真高啊　　　C. 天啊　　　D. 冲啊

8. 第二个音节习惯上读为轻声的是（　　）
  A. 体面　　　　B. 前进　　　　C. 双向　　　　D. 野炊

9. 我国历史上第一次汉字规范化的产物是秦代的（　　）
  A. 大篆　　　　B. 小篆　　　　C. 秦隶　　　　D. 铭文

10. 不属于汉字简化工作范畴的是（　　）

    A. 精简字数   B. 规范字形

    C. 简化笔画   D. 匡正读音

11. 鉴别一个成分是词还是短语，一般可用的方法是（　　）

    A. 组合法   B. 抽取法   C. 替换法   D. 扩展法

12. "老"属于词根的是（　　）

    A. 老鹰   B. 老头儿   C. 老乡   D. 老鼠

13. 属于敬词的是（　　）

    A. 大子   B. 翱翔   C. 赐教   D. 抗议

14. 属于词义扩大的是（　　）

    A. 理：治玉→治理一切

    B. 禽：鸟兽的总称→鸟类

    C. 兵：兵器→士兵

    D. 交通：互相勾结→运输和邮电事业的总称

15. 有短时、尝试义的是（　　）

    A. 认认真真   B. 飘来飘去

    C. 商量商量   D. 唧唧复唧唧

16. 属于谓词的是（　　）

    A. 中式   B. 漫长   C. 前面   D. 七十

17. 中间的"的"用不用都能说的是（　　）

    A. 取包裹的人   B. 牡丹盛开的时候

    C. 古代的文学   D. 朋友的老师

18. 正确的疑问句是（　　）

    A. 他的计划是，立即去弄明白别的队员的意见怎么样的？

    B. 我是树叶落下来怕打破头的人，多会儿也没干过缺德事？

    C. 我国粮食安全形势如何？

    D. 大家看看这个标准怎么样？

19. 从会话的合作原则看，"英国的首都是旧金山"这个说法违反的是（　　）

A. 方式准则 　　　　　　　B. 数量准则

C. 关联准则 　　　　　　　D. 质量准则

20．"流域作为自然界中水资源的空间载体,承载着人类各项经济社会活动,孕育出丰富多样的人类文明。随着社会活动的加剧,重金属污染物被排放进流域中,生态环境安全和人民群众健康日渐受到挑战。"从语用学角度看,这段话的语体类型最有可能是(　　　)

A. 政论语体 　　　　　　　B. 公文语体

C. 科技语体 　　　　　　　D. 文艺语体

第二部分　非选择题

二、术语解释题:本大题共3小题,每小题2分,共6分。

21．浊音

22．多义词

23．句式

三、判断说明题:本大题共6小题,每小题3分,共18分。判断下列各题的正误,正确的划上"√",不需要说明理由;错误的划上"×",并说明理由。

24．客家方言以广东梅县话为代表。

25．"二"和"偶"的韵母都是复元音韵母。

26．"腰"字的一级部件是"月""西""女"。

27．"忙"和"忘"靠构字部件的结构方式来区分。

28．"糊里糊涂"不能被"非常"修饰,所以不是形容词。

29．"遛弯儿"和"散步"的语体色彩不同。

四、改错题:本大题共3小题,第30、31题各2分,第32题9分,共13分。

30．改正拼写错误的音节,将正确答案写在答题卡上。

(1) 标准　biāozhuěn

(2) 饥饿　jìè

31．用横线标出并改正下列词语中的错别字,将正确答案写在答题卡上。

(1) 鞠躬尽粹

(2) 一番风顺

32.修改病句并说明理由,将正确答案写在答题卡上(不抄原题原句)。

① 这种类型的跨介质出水方式的难点在于垂直起降系统的设计和控制系统的匹配。

② 社区与垃圾清运公司做了沟通,此后本小区垃圾处理请移步河边大型垃圾箱,希望您的理解。

③ 为防范居民信息二次泄露,新北区人民检察院还采取了积极的预防措施,其联合公安机关将所查获的信息数据全部销毁。

五、分析题:本大题共7小题,第33、34、35、36、37题各5分,第38、39题各4分,共33分。

33.完成下表中的音节结构分析,按表中数字序号的位置和顺序在答题卡上依次写出正确答案。

例字	声母	韵母			调类
		韵头	韵腹	韵尾	
等	①	无	②	ng	上声
构	g	无	o	③	去声
徐	x	无	④	无	阳平
状	zh	⑤	a	ng	去声
门	m	无	e	n	⑥

作答示例:　①　d

②＿＿＿　③＿＿＿　④＿＿＿　⑤＿＿＿　⑥＿＿＿

34.写出下面表格里各单位中包含的语素、词、字、音节的数量,将表格抄写在答题卡上作答。

	语素	词	字	音节
例:小说	2	1	2	2
枇杷				
夜猫子				
热乎乎				

续表

	语素	词	字	音节
心理学家				
打两个滚儿				

35.分析复合词的结构方式,将各词依次抄写在答题卡上,并在横线上写出构词方式的序号。

①并列式 ②支配式 ③偏正式 ④补充式 ⑤陈述式 ⑥重叠式

作答示例:妈妈 ⑥

寒冷 ____ 刷新 ____ 火热 ____ 拉手 ____ 耳鸣 ____

36.分析同义词的差异,将各组词依次抄写在答题卡上,并在横线上写出词义差异类型的序号。

①词义轻重程度不同　　②适用对象不同

③词性不同　　④感情色彩不同

⑤词义所指范围大小不同　　⑥词义的概括与具体不同

作答示例:湖一湖泊 ⑥

拘泥一拘谨 ____ 家族一家属 ____ 贴切一确切 ____

相当一非常 ____ 名誉一荣誉 ____

37.指出下列各词所属的词类,将各词抄写在答题卡上,并写出词类的序号。

①副词 ②代词 ③形容词 ④动词 ⑤名词 ⑥量词

作答示例:辆 ⑥

观察 ____ 各 ____ 今天 ____ 深刻 ____ 偶尔 ____

38.用层次分析法分析短语,将下面的文字抄写在答题卡上作答。

　　主动维护好大脑健康

39.指出下面这段话中运用的修辞格,将答案写在答题卡上。

　　一天,湖面一处,一大片冰面竟像沉船那样陷落下去,破碎的冰片斜插水里,好像出了什么事!这除非是用重物砸开的,可什么人、又为什么要这样做呢?但除此之外,并没发现任何异常的细节。那么你从这冰面无缘无故的坍塌中是否隐隐感到了什么……刚刚从裂开的冰洞里露出的湖水,漆黑又明亮,使你想起一双因为爱你而无限深邃又默默的眼睛。

这坍塌的冰洞是个奇迹,尽管寒潮来临,水面重新结冰,但在白日阳光的照耀下又很快地融化和洞开。冬的伤口难以愈合。冬的黑子出现了。

冬天与春天的界限于是瓦解。冰的坍塌不是冬的风景,而是隐形的春所创造的第一幅壮丽的图画。

（节选自冯骥才《逼出来的春天》）

六、简答题:本大题共2小题,每小题5分,共10分。

40.结合语言实例,简述普通话异读词产生的原因。

41.结合语言实例,简述倒装句的特点。

扫描书后二维码可获得以上试卷答案。

用手机扫描下列二维码，获得本书增强练习答案和扩展资源。

练习答案

扩展资源